Mit verdeckter Botschaft

mentor Grundwissen

Spanisch

bis zum Abitur

Alle wichtigen Themen

Belinda Valencia
Klaus Kothmayr

Die Autoren:
Belinda Valencia ist gebürtige Kolumbianerin und studierte außer Soziologie und
BWL Spanisch als Fremdsprache. Sie arbeitet als Spanischlehrerin in Augsburg.
Klaus Kothmayr studierte Linguistik in Augsburg und Dublin und arbeitete als
Lehrer. Heute ist er Übersetzer in Brüssel.

Lektorat: Dr. Olga Balboa-Sánchez
Layout: Peter Pleischl
Vignetten: Ulf Marckwort

mentor Grundwissen Band 19

Der Text dieses Bandes entspricht der seit dem 1.8.2006 verbindlichen
deutschen Rechtschreibung.

Umwelthinweis: Gedruckt auf chlorfrei gebleichtem Papier.

Printed in Germany
www.mentor.de

ISBN: 978-3-580-64019-4

1. 2. 3. 4.   2010 09 08 07

Vorwort   7

Alphabet, Aussprache, Satzbildung

Artikel und Substantiv

Verb

Indirekte Rede, Passiv, unpersönliche Sätze

Zahlen und Zahlenangaben

Stolpersteine

Anhang

Vorwort

Die spanische Sprache öffnet weltweit Horizonte. Die Zahl der **hispanohablantes** wird auf ungefähr 350 Millionen Menschen geschätzt. Somit ist Spanisch eine der meistgesprochenen Sprachen der Welt. Zwar hat Spanien nur rund 40 Millionen Einwohner, aber durch die früheren Kolonien konnte sich die Sprache vor allem in Südamerika ausbreiten.

Spanisch ist die offizielle Sprache in über zwanzig Staaten, darunter in Spanien, außer in Brasilien auch in ganz Zentral- und Lateinamerika (im Text „LA" abgekürzt), sowie in Äquatorialguinea in Afrika. Darüber hinaus wird Spanisch auch auf den Philippinen, in Andorra und den USA gesprochen, es gibt sogar noch einige Sefardim in Israel, die eine archaische Form des Spanischen beherrschen.

Spanisch ist eine sehr lebendige Sprache, da sie durch viele verschiedene Kulturen ständig beeinflusst wird. Sie schafft dennoch das Kunststück, alle Kulturen zu verbinden, da die Verständigung auf der ganzen Welt fast ohne Probleme funktioniert.

Wir wünschen allen Spanischlernerinnen und -lernern viel Spaß und Erfolg beim Erwerb dieser interessanten Sprache.

Autoren und Verlag

Alphabet, Aussprache

Satzbildung

Das spanische Alphabet ist bis auf zwei Buchstaben mit dem deutschen Alphabet identisch. Zusätzlich hat das Spanische Sonderbuchstaben. Umlaute wie *ä*, *ö* oder *ü* gibt es nicht.

Wer Französisch lernt, weiß, dass sich die Aussprache oft von der Schreibung unterscheidet. Für das Spanische gilt: Gesprochen wird, wie man schreibt. Nur wenige Regeln müssen beachtet werden.

Auch die Betonung und Akzentsetzung im Spanischen bereiten kaum Schwierigkeiten, da es nur einen Akzent gibt.

Alfabeto

1 Alphabet

		Bezeichnung	Beispiele
A	a	a	Amanda
B	b	be	Beatriz
C	c	ce	Carlos
Ch	ch	che	Chema
D	d	de	Darío
E	e	e	Elena
F	f	efe	Fernando
G	g	ge	Gerardo
H	h	hache	Héctor
I	i	i	Iván
J	j	jota	Juan
K	k	ka	Karen
L	l	ele	Luz
Ll	ll	elle	Guillermo
M	m	eme	Míriam
N	n	ene	Nora
Ñ	ñ	eñe	Iñaki
O	o	o	Omar
P	p	pe	Pedro
Q	q	cu	Enrique
R	r	erre	Rosa
	rr	erre doble	Gutiérrez
S	s	ese	Sara
T	t	te	Teresa
U	u	u	Hugo
V	v	uve	Víctor
W	w	uve doble	Walter
X	x	equis	Ximena
Y	y	i griega	Yolanda
Z	z	zeta	Zamira

Das spanische Alphabet besteht aus 26 Buchstaben (A–Z) Letras
und drei Sonderbuchstaben **ch, ll, ñ**. Bei den Buchstaben **ch** ch, ll, ñ
und **ll** handelt es sich um eigenständige Buchstaben, sie
werden nicht getrennt. Im Alphabet werden sie nach *c* bzw.
nach *l* eingeordnet. In den Wörterbüchern findet man sie
ebenfalls unter *c* bzw. *l* einsortiert. Auch beim *ñ* handelt es
sich um einen eigenständigen Buchstaben. In spanischen
Wörterbüchern folgt *ñ* als eigener Eintrag auf *n*.

Das Doppel-R (**rr**, erre doble) ist kein Sonderbuchstabe, son- rr
dern man zählt *rr* zum einfachen *r*. Auch das *rr* wird nie getrennt.

In wenigen spanischen Wörtern stößt man auf das **ü**. Dabei ü: diéresis
handelt es sich allerdings nicht um einen Umlaut wie im
Deutschen. Die Punkte auf dem *ü*, sie heißen auf Spanisch
diéresis, bedeuten, dass ein *u* zwischen *g* und *e/i*, das stumm
wäre, doch ausgesprochen wird: vgl. *guitarra* (das *u* ist
stumm), aber: *cigüeña* (das *u* wird gesprochen).

Groß- und Kleinbuchstaben stehen im Alphabet nebenei-
nander. Auch für die drei Sonderbuchstaben gibt es jeweils
eine Groß- und Kleinschreibung **Ll, Ch, Ñ**.

2 Aussprache

Pronunciación

Bei der Aussprache des Spanischen muss man sich daran
gewöhnen, dass Konsonanten etwas weicher und Vokale
immer gleich lang ausgesprochen werden. Die wenigen Aus-
spracheregeln beherrscht man recht schnell.

2.1 Vokale

Vocales

Bei der Aussprache der fünf spanischen Vokale *a, e, i, o, u* gilt
es zu beachten, dass sie immer gleich lang gesprochen werden. Die Vokale *e* und *o* werden im Spanischen immer offen
gesprochen: das *e* wie ein deutsches *ä*, das *o* wie in *Wolle*
und nicht wie in *Ofen*.

a	kurzes helles *a* wie in *Abend*	mano
e	kurzes offenes *e* wie in *ändern*	llover
i	kurzes *i* wie in *bitte*	mina
o	kurzes offenes *o* wie in *Wolle*	rosa
u	kurzes geschlossenes *u* wie in *Mund*	pluma

Diptongos ## 2.2 Diphthonge

Diphthonge (Vokalverbindungen) bestehen aus einem geschlossenem Vokal (*i* oder *u*) und einem offenen (*a, e, o*) oder aus zwei geschlossenen Vokalen. Dabei ist das *i* bzw. *u* sehr schwach.

Die Aussprache von Diphthongen ist vom Deutschen grundverschieden. Während im Deutschen Diphthonge oft anders gesprochen werden, als man sie schreibt, spricht man sie im Spanischen, wie man sie schreibt:

Euro   → deutsch: [oiro]
         → spanisch: [ä-uro]

Spanische Diphthonge

ai	aire	ia	historia
ei	reina	ie	quiere
oi	boina	io	situación
ui	ruido	iu	ciudad
au	Austria	ua	cuatro
eu	euro	ue	pueblo
ay	hay	uo	cuota
oy	hoy		
uy	muy		

Wenn in einer betonten Silbe ein Diphthong steht, wird in der Regel das *a, e* oder *o* betont. Sollen jedoch *i* oder *u* betont werden, so erhalten sie einen Akzent: *María, geografía*. Beide Vokale bilden dann keine Einheit mehr, der Diphthong erlischt.

2.3 Konsonanten

Die Konsonanten f, l, m, n, y werden ähnlich wie im Deutschen ausgesprochen. Für die Aussprache der restlichen Konsonanten müssen einige Regeln beachtet werden.

p, t, k

Allgemein ist die spanische Aussprache weicher als die deutsche. Am deutlichsten merkt man dies bei den sogenannten Plosivlauten, also *p, t, k* und *b, d, g*. Im Deutschen werden sie vor allem am Wortanfang recht hart und zum Teil behaucht ausgesprochen. Im Spanischen sind diese Laute kaum noch als Plosivlaute zu erkennen.

b, v

Die Buchstaben *b* und *v* werden identisch ausgesprochen. Am Wortanfang und nach *n* oder *m* lauten beide *b*. Sie sind allerdings weicher als im Deutschen:

bonita, bueno, Venezuela, Valencia, Verónica

Im Wortinneren, zwischen zwei Vokalen, werden *b* und *v* als Reibelaut ausgesprochen, der ähnlich wie ein deutsches *w* klingt.

abanico, avaricia, Eva, caballo

c vor a, o, u

c wird vor *a, o* und *u* wie ein *k* ausgesprochen.

casa, cuenta, coco

c vor e, i

Vor *e* und *i* wird *c* ausgesprochen wie das stimmlose englische *th* wie im Wort *thin*. In manchen Regionen Spaniens, besonders in Andalusien, sowie in ganz Lateinamerika wird es wie ein scharfes *s* ausgesprochen.

cielo, concierto, Barcelona, Cervantes, gracias

ch

ch spricht man aus wie *tsch*, wie z. B. in *klatschen*:

chico, chao, chocolate, cucaracha, leche

ga, go, gu   g vor a, o, u

g wird vor *a, o* und *u* ähnlich wie das deutsche *g* ausgesprochen:

gato, gota, agua, agobiar, Guadalajara

gue, gui, güe, güi   gue – güe

In den Kombinationen *gue* und *gui* ist das *u* stets stumm. Es dient dazu, die Aussprache des *g* vor *e* und *i* zu ermöglichen.

Miguel, guitarra, guerra, Guinea, Guillermo

Soll das *u* in dieser Lautfolge ausgesprochen werden, wird es durch ein *u* mit zwei Punkten *ü* ("u con diéresis") gekennzeichnet:

cigüeña, vergüenza, antigüedad

g vor e, i

ge, gi   Vor *e* und *i* wird *g* wie ein deutsches *ch* (wie in *Dach*) ausgesprochen:

gigante, Gibraltar, Gerona, agencia, agitar

h

h   wird nie gesprochen:

hola (gespr. ola), Honduras, Alhambra, ahorrar

j

j   spricht man wie *ch* in *machen*:

Julia, jardín, José, jefe, lujo, lujuria

Das deutsche **ch** hat zwei Laute: den *Ich*- und *Ach*-Laut. Das *ch* in *ich* wird im Mund weiter vorne gebildet als das *ch* in *ach*. Man sollte bei der Aussprache des spanischen *ge, gi, ja, je, ji, jo, ju* darauf achten, dass es im Mundraum weiter hinten gebildet wird, ähnlich wie das *ach in Dach*. Er sollte allerdings nicht zu weit im Rachen artikuliert werden.

k

k

ist wie das deutsche *k*. Es kommt nur in Fremdwörtern vor und wird nicht behaucht:

kilo, kilómetro, kilovatio

ll

ll

wird wie ein deutsches *j* ausgesprochen. Regional wird *ll* wie *lj* in *Familie* ausgesprochen:

Sevilla, estrella, Mallorca, paella

ll kann auch am Wortanfang stehen:

llave, llamarse, Lloret de Mar

ñ

ñ

wird wie *nj* ausgesprochen:

año, señor, señora, niño, ñoño

q

q

tritt nur in Verbindung mit *u* auf. Im Gegensatz zum Deutschen wird das Spanische *qu* nur als *k* ausgesprochen und nicht als *kw*:

queso, quién, quinientos, quince

r

r

Das *r* wird im Spanischen gerollt. Zwischen Vokalen oder am Ende eines Wortes wird es einmal gerollt. Am Anfang eines Wortes wird es doppelt oder mehrfach gerollt:

radio, rosa, Perú, Caracas

rr

rr

Doppelt bis mehrfach gerolltes Zungenspitzen-*r*:

cigarro, ferrocarril, carro, Andorra, Montserrat

w

w

Das *w* kommt nur in Fremdwörtern vor und ist wie in der jeweiligen Sprache auszusprechen:

Walter, Wendy

x
x

wird wie das deutsche *x* als *ks* ausgesprochen, wenn es zwischen zwei Vokalen steht:

taxi, exacto, exilio

Vor Konsonanten lautet das *x* in der Umgangsprache meist als stimmloses scharfes *s (ss)*:

extranjero, exposición, experimento

Ausnahme: In Mexiko lautet das *x* in manchen Wörtern wie das *ch* (in Dach):

México, Ximena

y
y

am Ende eines Wortes wird wie *i* ausgesprochen:

hay, estoy, soy

vor einem Vokal und am Wortanfang wie *j*:

Goya, Soraya, yoga, yogur

Als Konjunktion wird *y (und)* ebenfalls als *i* ausgesprochen:

Martín y María, patatas y tomates

z
z

wird in Spanien wie die Kombination *ce, ci* als stimmloses englisches *th* (wie im Wort *thin*) ausgesprochen. In Andalusien und in Lateinamerika wird kein *th*, sondern ein scharfes *s* gesprochen:

zapato, corazón, Zaragoza, zanahoria

Consonantes iguales / pronunciación diferente

Gleiche Aussprache unterschiedlicher Konsonanten

Folgende Konsonanten werden bei unterschiedlicher Schreibweise gleich ausgesprochen:

Konsonant	Aussprache	Beispiele
c + a, o, u	k	camino, cama, correr, coco, cuenta, Cuernavaca
qu + e, i		queso, que, quién
k + Vokal		kilo, Katrin, Whisky, kilómetro
c + e, i	th / s (LA)	cielo, Cecilia, Celina
z + a, o, u		corazón, zapato, Zapata, Zurriaga
b, v am Wortanfang	b, weicher als im Dt.	Barcelona, Bogotá, burro; vaso, vaca
b, v nach m, n		embalse, envase, invierno
g + e, i	ch	general, gente gigante, Gibraltar
j		mujer, jarrón, jugar
y vor Vokal	j, regional lj	yo, Goya, yoga,
ll		lluvia, llamar

Konsonantenverdoppelung

Consonantes dobles

Nur selten kommen im Spanischen Doppelkonsonanten vor. Zu den häufigsten Konsonantenverdoppelungen gehören **-rr-, -cc-** und **-nn-**.

> **-cc-** → acción, accidente, acceso
> **-nn-** → innecesario, innegable, innovación, innato
> **-rr-** → ferrocarril, arroyo, barril

Dazu zählt nicht *-ll-*, da es ein eigener Buchstabe im Alphabet ist.
Die Konsonantenverdoppelungen von *-cc-* und *-nn-* folgen aber nicht demselben Schema wie die Verdoppelung von *-rr-*. In den Beispielen *ac-ción [ak-thion], ac-cidente [ak-thidente], in-negable [in-negaßle], in-nato [in-nato]* ist zwischen den Doppelkonsonanten eine Silbengrenze, d. h. sie werden getrennt voneinander ausgesprochen. Bei *ac-* und *in-* handelt es sich oft um ehemalige Vorsilben.

Die Verdoppelung von -rr- ist aber eine Konsonantenverdoppelung, die eine Veränderung der Aussprache bewirkt: -rr- wird doppelt gerollt: *arroyo [aRojo], barril [baRil]*.

Deutsche Wörter mit Doppelkonsonanten werden im Spanischen meistens nur mit einfachem Konsonanten geschrieben. Es gibt im Spanischen kein *ss* und kein *tt*:

interessant	→	interesante
essenziell	→	esencial
offizielle	→	oficial

3 Akzent und Betonung

Der Akzent hat im Spanischen nur die Aufgabe, die Betonung eines Wortes anzuzeigen. Er ändert nichts an der Aussprache des Vokals, der den Akzent trägt. Die Regeln, nach denen ein Akzent gesetzt wird, sind relativ einfach. Man muss sich lediglich drei Regeln merken:

Wörter, die auf einen Vokal, auf -n oder -s enden, werden auf der vorletzten Silbe betont:
España, **Car**men, Hon**du**ras, **me**sa
Wörter, die auf einen Konsonanten (außer -n und -s) enden, werden auf der letzten Silbe betont:
espa**ñol**, Ecua**dor**, pa**red**, a**rroz**
Alle Wörter, deren Betonung von diesen Regeln abweicht, erhalten einen Akzent (von links unten nach rechts oben):
Perú, café, túnel, condición, francés, lápiz
Dazu zählen auch alle Wörter, die auf der drittletzten und viertletzten Silbe betont werden:
teléfono, América, lámpara, llévatelo

Fragewörter tragen **immer** einen Akzent:

Interrogativos con acento

¿Cómo? ¿Qué?
¿Adónde vas después de la clase?
¿Quién dijo semejante cosa de mí?
¿Cuánto cuesta?

Auch dann, wenn diese Fragewörter in Befehlssätzen (Imperativen) oder indirekten Fragesätzen benutzt werden:

¡Cómo se te ocurre decirlo!
Me pregunto cómo lo supo.

Einsilbige Wörter tragen in der Regel keinen Akzent. Bei gleichlautenden Wörtern mit verschiedener Bedeutung erhält eines einen Unterscheidungsakzent:

Acento diacrítico

el	*der*	él	*er*
mi	*mein*	mí	*mich, mir*
te	*dich, dir*	té	*Tee*
se	*sich, man*	sé	*ich weiß*
si	*wenn, ob*	sí	*ja, sich*
de	*von*	dé	*geben Sie!*
aun	*sogar*	aún	*noch*

4 Zeichensetzung

Puntuación

Die wichtigsten Satzzeichen im Spanischen sind:

punto (.)	→	Punkt
coma (,)	→	Komma
comillas ("")	→	Anführungszeichen
dos puntos (:)	→	Doppelpunkt
signos de interrogación (¿?)	→	Fragezeichen
signos de admiración (¡!)	→	Ausrufezeichen

Punto **4.1 Punkt**

Mit dem Punkt wird ein Satz beendet. Man verwendet ihn wie im Deutschen auch bei Abkürzungen:

> Señor – Sr.
> Señorita – Srta.
> página – pág.

Coma **4.2 Komma**

Das Komma wird ähnlich wie im Deutschen verwendet
→ zur Trennung von zwei gleichberechtigten Sätzen:

> ¡Qué coincidencia! Lucía tiene el mismo vestido que yo, pero en otro color.

→ bei nebenordnenden Konjunktionen:

> Unos bailaban, otros gozaban y todos parecían estar contentos.

→ bei Aufzählungen:

> En el jardín de Míryam había manzanos, ciruelos, perales y mucho más.

→ nach Wörtern, die die Aufmerksamkeit des Gesprächspartners wecken sollen, also bei der Anrede oder z. B. nach *perdone*:

> Perdone, ¿tiene hora?
> Tania, ¿eres cubana o dominicana?
> Señorita, perdone, ¿hay un teléfono por aquí?

→ in Antworten, um das *ja* oder *nein* abzutrennen:

> No, no quiero salir con él.
> ¿Café? Sí, quiero uno, pero con leche.

→ wenn ein Verb ausgelassen wird:

> Ellos están en el cine y yo, aquí.

Anders als im Deutschen steht kein Komma
→ vor Relativsätzen, die für das Verständnis der Hauptaussage notwendig sind:

Esa es la chica que cuida a mi madre.

→ nach *que (dass)*:

Dijo que no iba a venir.

→ bei indirekten Fragen:

No sabe si viene.
No sabemos por qué no viene.

→ bei der Briefanrede. Im Spanischen steht dafür ein Doppelpunkt:

Estimados señores:
Querida Lourdes:

4.3 An- und Abführungszeichen

Comillas

Die Anführungszeichen ("") stehen im Spanischen am Anfang und am Ende des Satzes oben. Sie werden ähnlich wie im Deutschen verwendet, wobei man aber in der direkten Rede eher den Gedankenstrich *(la raya)* setzt.

4.4 Frage- und Ausrufezeichen

Signos de interrogación
y de admiración

In Fragesätzen stehen stets zwei Fragezeichen: ein umgedrehtes (¿) am Anfang des Satzes und ein „normales" (?) am Ende des Satzes. Das gleiche gilt für Ausrufesätze (Imperative, Ausrufe, etc.). Zu Beginn steht ein umgedrehtes (¡) am Ende das herkömmliche (!) Ausrufezeichen.

Mit den umgedrehten Zeichen soll die Betonung der jeweiligen Sätze schon am Beginn eines Satzes angezeigt werden (steigende Betonung bei Fragesätzen, fallende bei Ausrufen):

¿Trabajas para la universidad?
Cuando lo viste, ¿qué hiciste?
¡Florencia, pero qué guapa estás!
Y David dijo: ¡Cómo nieva!

**Estructura
de la oración**

5 Satzbildung

Ein Satz ist ganz allgemein eine selbstständige, abgeschlossene (sprachliche) Einheit. Er ist nach festen Regeln aufgebaut und ist inhaltlich abgeschlossen. In wenigen Fällen bildet man Sätze, die nur aus einem einzigen Wort bestehen, wie z. B.: *¿Vamos?*

Estructura
de la oración

Darin unterscheidet sich das Deutsche nicht vom Spanischen, wobei natürlich die Situation (Kontext) klar sein muss.

Partes de la oración

5.1 Satzglieder

Meistens bestehen Sätze aber aus mehreren Wörtern, die man in Satzglieder aufteilt. Die wichtigsten spanischen Satzglieder sind:

Subjekt	Sujeto
Prädikat	Predicado
direktes Objekt	Objeto directo
indirektes Objekt	Objeto indirecto
adverbiale Bestimmung	Complemento circunstancial

Feste Bestandteile eines Satzes sind das Subjekt und Prädikat. Meistens kommen noch eine oder mehrere Ergänzungen hinzu. Ergänzungen sind z. B. Objekte oder adverbiale Bestimmungen. Das spanische direkte Objekt entspricht dem deutschen Akkusativobjekt (Wen-Fall):

> Compro estas flores. (Akk)
> Hoy he visto a Teresa. (Akk)

Handelt es sich bei dem direkten Objekt um eine bereits bekannte Person, wird die Präposition a verwendet:

> ¿Conoces a Pedro González? Es el diseñador más conocido del momento.
> ¿Conoces a la Sra. Martínez?

Das indirekte Objekt entspricht dem deutschen Dativobjekt (Wem-Fall). Es steht immer mit der Präposition a:

> Le regalo a mi padre esta foto. ¿Te parece bonita?

Beim direkten Objekt steht die Präposition **a**, wenn es sich beim Objekt um eine bekannte Person handelt. Beim indirekten Objekt steht immer die Präposition **a**. Diese beiden Formen können deshalb leicht verwechselt werden.

Adverbien und adverbiale Bestimmungen sind Angaben des Ortes, der Zeit, der Häufigkeit, des Grundes und der Art und Weise. Sie können entweder am Satzanfang oder -ende stehen, ohne dass sich die Bedeutung des Satzes ändert:

El viernes a las 7, en el restaurante "Doña Carlota", quedé a comer con Margarita.
Quedé a comer con Margarita **el viernes a las 7, en el restaurante "Doña Carlota".**
El viernes a las 7, quedé a comer con Margarita **en el restaurante "Doña Carlota".**
En el restaurante "Doña Carlota" el viernes a las 7, quedé a comer con Margarita.

5.2 Satzarten

Tipos de oración

Unter Satzarten versteht man Aussagesätze, Fragesätze und Ausrufe- bzw. Aufforderungssätze. Die beiden wichtigsten Satzarten sind der Aussage- und der Fragesatz.

Der Aussagesatz

Oraciones declarativas

Behauptungen, Erzähltes und Antworten werden für gewöhnlich in Aussagesätzen ausgedrückt.

Der Fragesatz

Oraciones interrogativas

Die Wortstellung in Fragesätzen ist nicht identisch mit der Wortstellung in Aussagesätzen. Wenn die Frage mit einem Fragewort eingeleitet wird, steht das Prädikat vor dem Subjekt.

¿Quién es el hombre de la corbata azul?
¿Dónde está el supermercado "El éxito"?
¿Quién es tu madre?
¿Desde cuándo estáis saliendo juntos?

Spanische Fragewörter (vgl. auch Kap. Pronomen):

cuándo	wann
dónde	wo
adónde	wohin
de dónde	woher
cómo	wie
qué	was
quién	wer, wen
a quién	wem
de quién	von wem, wen
por qué	wieso, warum
cuál/cuáles	welche (Pl. Form)
cuánto tiempo	wie lange

In der Umgangsprache verwendet man oft *¿qué tal?* anstelle
von *cómo*:

> ¿Qué tal está el pescado? (Wie schmeckt der Fisch?)
> ¿Qué tal te parece el vestido negro? (Wie findest du das
> schwarze Kleid?)

Das Prädikat kann auch bei Fragen ohne Fragewort vor dem
Subjekt stehen:

> ¿Ha visitado Pedro a tus padres este fin de semana?
> ¿Ha vivido Javier en Canadá?

Bestätigungsfragen

Am Ende einer Aussage kann man nach Bestätigung fragen.
Dafür verwendet man die Partikel *¿no?, ¿verdad?*:

> Vienes a la fiesta, ¿no?
> Cuento con tu ayuda para la mudanza, ¿verdad?

Auf einen Blick:
Alphabet, Aussprache, Satzbildung

▬Alphabet

- Das spanische Alphabet hat insgesamt 29 Buchstaben (A–Z).
- Drei davon sind typische spanische Buchstaben: **ch, ll, ñ**.

▬Aussprache

gesprochen:	geschrieben:
k	c + a, o, u
	qu + e, i
	k + Vokal (in Fremdwörtern)
th	c + e, i
	z + a, o, u
b	b, v am Wortanfang und nach m, n
w	b, v zwischen Vokalen
ch	g + e, i
	j + Vokal
j	y vor Vokal

▬Akzente und Betonung

- Wörter, die mit einem Konsonanten (außer **n** und **s**) enden, werden normalerweise auf der letzten Silbe betont: *catedral, vocal, cantar.*
- Wörter, die auf Vokal, **n** oder **s** enden, werden auf der vorletzten Silbe betont: *mesa, casas.*
- Alle anderen Wörter tragen einen Akzent (´): *México, lápiz, canción, música.*

Satzbildung

Subjekt	Sujeto
Prädikat	Predicado
Direktes Objekt	Objeto directo
Indirektes Objekt	Objeto indirecto
Adverbiale Bestimmung	Complemento circunstancial

- Unterscheidung zwischen direktem und indirektem Objekt.
- Direktes Objekt für Personen wird mit der Präposition **a** angeschlossen.
- Indirektes Objekt steht mit der Präposition **a**.

Artikel und Substantiv

Die Artikel, die bestimmten und die unbestimmten, stehen meistens vor einem Substantiv (Hauptwort). Substantive haben im Spanischen nur eine Form für den Singular (Einzahl) und eine für den Plural (Mehrzahl). Sie werden nicht wie im Deutschen in den vier Fällen (Nominativ, Genitiv, Dativ, Akkusativ) dekliniert. Die Substantive sowie die Artikel haben nur zwei grammatische Geschlechter (Genera, Singular: Genus). Sie sind entweder maskulin (männlich) oder feminin (weiblich). Ein Neutrum wie im Deutschen gibt es nicht.

Artículo

1 Artikel

Wie im Deutschen gibt es auch im Spanischen die bestimmten und unbestimmten Artikel. Die bestimmten Artikel bezeichnen konkrete oder bekannte Dinge, die unbestimmten Allgemeines oder Neues. Artikel stehen entweder direkt vor Substantiven *(el hombre)* oder vor einem Adjektiv, das das Substantiv näher beschreibt *(el hermoso paisaje)*. Artikel können aber auch vor alleinstehenden Adjektiven stehen *(el mayor de todos)*. Artikel und Substantive stimmen im Genus und im Numerus überein. Die Fälle spielen im Spanischen keine Rolle, da es nur eine Form der Substantive für alle Fälle gibt. Obwohl die spanischen Substantive nur feminin oder maskulin sind, gibt es trotzdem einen neutralen Artikel, *lo*. Dieser wird allerdings nur vor Adjektiven und Adverbien verwendet *(lo mejor es ... → das Beste ist ...)*.

Artículo determinado ## **1.1 Der bestimmte Artikel**

Formas

	maskulin	feminin
Singular	el	la
Plural	los	las

del / al Mit der Präposition **de** und **a** verschmilzt der Artikel **el** zu **del** und **al**:

Elena sale del colegio a las doce y media.
Quiero ir al cine.

Usos Der bestimmte Artikel wird verwendet

Lo conocido, lo ya presentado → bei Personen oder Sachen, die schon bekannt sind oder bereits genannt wurden:

La chica del vestido azul es mi amiga Laura.

→ bei Personen- bzw. Verwandtschaftsbezeichnungen sowie vor Titeln:

Le presento a la señora Pérez.
Mi tía Carlota va a venir a vernos el domingo.
Perdón, necesito hablar con el Dr. González.

Nicht bei der Anrede:

¡Buenos días, señor Ramos!

→ bei der Angabe der Uhrzeit:

La fiesta empieza a las seis de la tarde.

→ bei vielen anderen Zeitangaben:

El próximo invierno queremos ir al Caribe.
Los sábados tengo clase de natación.
El año pasado fuimos a Barcelona, pasamos unas
vacaciones fantásticas.

→ bei Farben:

El marrón es el color que más me gusta.
El rosa le gusta a Lorena.

→ bei allgemeinen Aussagen über Gattung oder Art:

El perro es el mejor amigo del hombre.
La vaca da la leche.

→ bei der Behandlung von abstrakten Themen:

El desempleo es un problema universal.
La guerra es algo muy cruel.

→ mit den Verben *gustar* und *encantar*:

Me gustan mucho los libros de aventuras.
Me encanta la pizza con mucho salami.

→ bei *tocar* oder *jugar*:

Guillermo toca la guitarra y Pablo el piano.
Boris juega al tenis muy bien.
Ronaldo juega al fútbol con el equipo municipal.

Verbo tener → bei dem Verb *tener*:

Mi amigo Héctor tiene el pelo castaño y los ojos azules.
Sara tiene el coche más rápido del barrio.

Lenguas → wenn man über eine Sprache spricht:

El inglés es el idioma universal.
El chino es el primer idioma como lengua materna.

Nicht:

Hablo español y alemán.
Luis estudia francés.

Artículo indeterminado
1.2 Der unbestimmte Artikel

Der unbestimmte Artikel steht vor Substantiven, die Personen oder Dinge bezeichnen, die noch nicht bekannt sind oder zum ersten Mal im Gespräch erwähnt werden. Im Deutschen gibt es den unbestimmten Artikel nur im Singular *(ein Buch, eine Vase)*. Im Spanischen hingegen gibt es auch einen unbestimmten Artikel für den Plural.

Die Pluralform des unbestimmten Artikels entspricht im Deutschen *einige, mehrere, ein paar*. Der Artikel kann auch weggelassen werden *(Bücher, Vasen)*.

Formas

	maskulin	feminin
Singular	un	una
Plural	unos	unas

Usos
Lo nuevo / lo presentado por primera vez
Der unbestimmte Artikel wird benutzt, um Neues, noch nicht Erwähntes einzuführen:

Necesito un ordenador mejor.
Tienes que comprarte un buen diccionario.

Der unbestimmte Artikel wird weiterhin verwendet
Número indeterminado → bei der Angabe einer unbestimmten Anzahl im Plural:

En el centro de la ciudad hay unos buenos restaurantes.
En el supermercado tienen unas flores hermosas.

→ bei Zahlen- oder Mengenangaben. Hier bedeutet der un- Números y medidas
bestimmte Artikel „ungefähr" oder „in etwa":

> Para que esta receta quede bien, necesitamos unos 250
> gramos de carne picada.
> En el partido había unas 60.000 personas.

Der unbestimmte Artikel wird im Spanischen **nicht** verwen- Sin artículo
indeterminado
det
→ wenn nicht etwas Konkretes, sondern eine Kategorie Categorías, géneros
oder Gattung gemeint ist:

> Vamos al supermercado porque queremos comprar man-
> zanas para la tarta.
> Cerca del bosque hay casas muy bonitas.
> ¿Tienes móvil?
> ¿Tienes perro?
> Hoy no tengo tiempo. Tengo que estudiar.

→ im Gegensatz zum Deutschen vor *halb (medio/media)* medio, otro
oder *anderer, andere (otro/otra)*:

> Quisiera media botella de agua mineral.
> Por favor, medio kilo de tomates.
> Necesito otra falda, por favor. Ésta me queda muy grande.
> Camarero, ¡otro vaso de zumo de naranja, por favor!

Aber wenn man sagen möchte, dass es noch ungefähr eine
halbe Stunde dauert, kann man *media* mit einem unbe- Espacio de tiempo
impreciso
stimmten Artikel kombinieren:

> Tuvimos que esperar a Margarita una media hora.

2 Substantiv

Substantive, also Wörter wie *hombre, mujer, niño*, werden im Spanischen generell kleingeschrieben. Großgeschrieben werden u. a. Eigennamen von Personen, Ländern, Bergen etc. (zu der Großschreibung s. S. 249–251). Spanische Substantive sind entweder maskulin oder feminin. Ein Neutrum wie im Deutschen (z. B. *das Buch*) gibt es nicht. Nicht immer ist das Geschlecht des deutschen Substantivs mit dem des spanischen Substantivs identisch *(der Mond = la Luna)*. Deshalb ist es ratsam, die Substantive immer gleich mit dem dazugehörigen Artikel zu lernen.

Género

2.1 Genus

Substantive, die auf *-o* enden, sind meistens maskulin:

el teléfono, el zapato, el edificio, el bolígrafo, el chico

Dagegen sind Substantive, die auf -a enden, meistens feminin:

la señora, la playa, la chica, la Luna

Für Substantive, die auf *-e, -u, -i* oder Konsonant enden, gibt es keine Regel, sie sind entweder maskulin oder feminin:

la calle, el coche, el sol, la capital

Sustantivos masculinos

Terminados en –o

Maskulin sind in der Regel Substantive,

→ die auf *-o* enden:

el chico, el hermano, el libro, el cuaderno
Nicht: la mano, la foto, la moto

Terminados en –ama, –ema, –oma

→ die auf *-ma* enden und ihren Ursprung im Griechischen haben:

el problema, el esquema, el programa, el clima, el idioma, el tema, el poema. **Nicht:** la crema

Terminados en –ete

→ die auf *-ete* enden:

el juguete, el paquete, el billete

→ die auf *-aje* enden:

Terminados en –aje

el masaje, el reportaje, el garaje, el pasaje

→ die auf *-or* enden:

Terminados en –or

el amor, el olor, el dolor, el horror. **Nicht:** la flor

Substantive aus folgenden Bereichen sind maskulin:
→ Flüsse und Meere:

Ríos y mares

el Danubio, el Amazonas, el Caribe, el Pacífico

→ Farben und Zahlen:

Colores y números

el amarillo, el rosa, el naranja, el uno, el ocho

→ Jahreszeiten:

Estaciones

el invierno, el verano, el otoño. **Nicht:** la primavera

→ Wochentage:

Días de la semana

el domingo, el martes, el lunes, el jueves

→ Verkehrsmittel:

Medios de transporte

el tren, el tranvía, el coche, el avión, el camión

Feminin sind in der Regel Substantive,
→ die auf *-a* enden:

Sustantivos femeninos

Terminados en –a

la chica, la casa, la mesa
Nicht: el día, el mapa, el problema, el planeta, el tranvía

→ die auf *-ión* , *-sión*, *-ción* enden:

Terminados en –ión,
-sión, -ción

la región, la decisión, la habitación, la situación
Nicht: el avión, el camión

→ die auf *-dad* oder *-tad* enden:

Terminados en –dad
o –tad

la universidad, la ciudad, la amistad, la libertad

→ die auf *-ud* enden:

Terminados en –ud

la salud, la juventud, la plenitud. **Nicht:** el ataúd

Terminados en –is → die auf –*is* enden:

la tesis, la hipnosis, la síntesis

Letras → die Buchstaben bezeichnen:

la b, la d, la z, la i griega

La misma palabra para Einige Substantive können ohne Bedeutungsunterschied in los dos géneros beiden Geschlechtern verwendet werden.

Terminados en –ista → Substantive auf –*ista*:

el/la periodista, el/la taxista, el/la turista

Terminados en –nte → einige Substantive auf –*nte*:

el/la oyente, el/la televidente, el/la estudiante

Terminados en –a → einige Substantive auf –*a*:

el/la pirata, el/la colega, el/la guía

Nacionalidades → einige Nationalitäten:

el/la hindú, el/la canadiense, el/la iraquí, el/la marroquí

Grupos individuales → sowie einzelne Substantive, die keiner Gruppe zugehören:

el/la joven, el/la modelo

La persona / la víctima Immer feminin sind die Substantive la **persona** und la **víctima**, ungeachtet des natürlichen Geschlechts.

Sustantivos Es gibt einige Substantive, die bis auf die Endung identisch casi idénticos sind. Sie haben allerdings unterschiedliche Bedeutungen:

maskulin	feminin
el puerto	la puerta
der Hafen	*die Tür*
el banco	la banca
die Bank	*das Bankwesen*
el bolso	la bolsa
die Handtasche	*die Tüte, die Börse*
los medios	las medias
die Medien	*die Strümpfe*

Andere Substantive haben je nach Genus ganz unterschiedliche Bedeutungen:

el Papa	der Papst
la papa	die Kartoffel (LA)
el capital	das Kapital
la capital	die Hauptstadt
el policía	der Polizist
la policía	die Polizei, die Polizistin
el cura	der Pfarrer
la cura	die Kur
la radio	der Sender, der Rundfunk
el radio	der Radius, die Radspeiche
el frente	die Front
la frente	die Stirn
el orden	die Ordnung
la orden	die Bruderschaft, der Orden
el pendiente	der Ohrring
la pendiente	der Abhang
el guardia	der Wachposten
la guardia	die Bewachung
el cólera	die Cholera
la cólera	der Zorn

Feminine Substantive, die mit betontem *a-* oder *ha-* beginnen *(el agua, el águila, el hada)*, stehen im Singular mit dem maskulinen Artikel. Das hat rein phonetische Gründe: **el águila, el hada** ist wesentlich einfacher auszusprechen als **la águila, la hada.** Im Plural wird aber wieder der weibliche Artikel verwendet, und Adjektive werden im Singular und Plural stets in der femininen Form benutzt:

Sustantivos femeninos en a-/ha- acentuada

El aula es pequeña.
Las aulas son pequeñas.
El hada madrina protege.
Las hadas madrinas protegen.

Das Genus bei Tieren

Im Spanischen gibt es Tiernamen, die stets mit dem maskulinen oder femininen Artikel gebraucht werden. Dabei spielt das natürlich-biologische Geschlecht der Tiere keine Rolle.
Maskulin:

> el mosquito, el lince, el escorpión, el sapo, el pez

Feminin:

> la mosca, la liebre, la araña, la rana, la serpiente

Um das natürliche Geschlecht eines Tieres besonders zu betonen, kann man die Substantive *macho* (Männchen) und *hembra* (Weibchen) hinzufügen:

lince macho	lince hembra
cebra macho	cebra hembra
rana macho	rana hembra

Bei anderen Tiernamen ändern sich die Endungen und die Artikel je nach natürlichem Geschlecht:

el perro	la perra
el oso	la osa
el gato	la gata
el león	la leona
el pájaro	la pájara
el ratón	la ratona

Für einige Tierarten gibt es einen eigenen femininen Ausdruck:

el caballo	la yegua
el toro	la vaca
el gallo	la gallina
el carnero	la oveja

Ableitung femininer Substantive aus dem
Maskulinum

Formación del
femenino a partir del
masculino

Viele Substantive haben eine feminine Form, die man aus
der maskulinen ableiten kann:

maskulin	feminin
auf -o: el chico,	auf -a: la chica,
el ingeniero	la ingeniera
auf -e: el estudiante	auf -e: la estudiante
auf -a: el guitarrista	auf -a: la guitarrista
auf Konsontanten:	auf Konsonanten + a:
el profesor	la profesora

In einigen Fällen lässt sich die feminine Form nicht nach den
obigen Regeln von der maskulinen ableiten; in anderen Fällen werden das Maskulinum und das Femininum mit unterschiedlichen Wörtern bezeichnet:

maskulin	feminin
el hombre	la mujer
el padre	la madre
el rey	la reina
el actor	la actriz

2.2 Pluralbildung

Formación del plural

Substantive können entweder nur eine Person bzw. Sache
bezeichnen (Singular) oder mehrere davon (Plural).
Den Plural erkennt man am Artikel und an der Substantiv-
endung. Spanische Substantive haben im Plural immer ein
-s. Wie der Plural bei den Substantiven gebildet wird, lässt
sich den folgenden Aufstellungen entnehmen.

Terminados en
-a, -e, -o Endet ein Substantiv, gleich welchen Genus, auf *-a, -e, -o,*
wird im Plural einfach ein *-s* an das Wort angehängt:

Singular	Plural
la niña	las niñas
la semana	las semanas
la llave	las llaves
el coche	los coches
el teléfono	los teléfonos
el libro	los libros

Terminados en
consonante Endet ein Substantiv auf einen Konsonanten, hängt man ein
-es an das Wortende:

Singular	Plural
el hostal	los hostales
el señor	los señores
la universidad	las universidades
la mujer	las mujeres

Terminados en –i /–u Bei Substantiven, die auf *-i* oder *-u* enden, wird ebenfalls ein
-es angehängt:

Singular	Plural
el esquí	los esquíes
el israelí	los israelíes
el tabú	los tabúes
el hindú	los hindúes

Terminados en -z Bei Substantiven, die im Singular auf *-z* enden, wird *-z*
durch *-ces* ersetzt:

Singular	Plural
el pez	los peces
la vez	las veces
la voz	las voces
la raíz	las raíces

Substantive, die auf einen Konsonanten enden und einen Akzent auf der letzten Silbe haben, erhalten im Plural -es am Wortende und verlieren dabei ihren Akzent:

Palabras acentuadas

Singular	Plural
el avión	los aviones
el francés	los franceses
el autobús	los autobuses

Auch an Substantive, die im Singular auf -y enden, wird im Plural ein -es angehängt:

Terminados en –y

Singular	Plural
la ley	las leyes
el rey	los reyes

Einige spanische Substantive, die im Singular auf -s enden, haben für den Plural dieselbe Form. Je nach Numerus ändert sich der Artikel, das Substantiv selbst ändert sich nicht. Solche Substantive gibt es in beiden Geschlechtern:

Singular / plural: iguales

el/los paraguas	la/las crisis
el/los cumpleaños	la/las tesis
el/los sábados	la/las hipótesis

Manche Substantive werden ausschließlich im Plural verwendet. Sie haben keine entsprechende Form im Singular:

Sólo en plural

las vacaciones, las gafas

Ein paar Substantive stehen meist im Plural. Sie werden aber auch im Singular verwendet:

el pantalón, los pantalones
la tijera, las tijeras

Daneben gibt es auch Substantive, die wegen ihrer Bedeutung nur im Singular verwendet werden können:

Sólo en singular

el dinero, la gente, la ropa, el arroz, el tráfico

Masculino plural Die männliche Form des Plurals bezeichnet nicht nur die Gesamtheit aller männlichen Personen, sie gilt auch für gemischte Gruppen aus Frauen und Männern:

los profesores → die Lehrer, die Lehrer und Lehrerinnen

Plural del parentesco Geschlechtsneutrale Oberbegriffe wie „Eltern" oder „Geschwister" gibt es im Spanischen nicht:

el padre	→ der Vater
los padres	→ die Väter, die Eltern
el hermano	→ der Bruder
los hermanos	→ die Brüder, die Geschwister
el hijo	→ der Sohn
los hijos	→ die Söhne, die Kinder
el tío	→ der Onkel
los tíos	→ die Onkel, die Tante und der Onkel
el abuelo	→ der Großvater
los abuelos	→ die Großväter, der Großvater und die Großmutter

Bei Familiennamen wird im Plural der maskuline Artikel verwendet:

el señor García	→ Herr García
la señora García	→ Frau García
los señores García	→ das Ehepaar García
los García	→ die Garcías

Im Deutschen wird hier im Plural ein -s an den Familiennamen angehängt, wie z. B. *die Müllers, die Meiers.*

Auf einen Blick: Artikel und Substantiv

▬Artikel

Bestimmter Artikel

maskulin: *el* (Singular), *los* (Plural)
feminin: *la* (Singular), *las* (Plural)
Der bestimmte Artikel wird gebraucht:

- wenn das Substantiv als bekannt vorausgesetzt werden kann
- bei Personen- bzw. Verwandtschaftsbezeichnungen, bei der Angabe der Uhrzeit und vielen anderen Zeitbestimmungen, bei Farben
- bei allgemeinen Aussagen und abstrakten Themen
- mit den Verben *gustar, encantar, tocar, jugar, tener*
- wenn man über eine Sprache spricht

Unbestimmter Artikel

maskulin: *un* (Singular), *unos* (Plural)
feminin: *una* (Singular), *unas* (Plural)
Der unbestimmte Artikel wird gebraucht:

- wenn etwas Neues, noch nicht Erwähntes eingeführt wird
- um eine unbestimmte Anzahl im Plural anzugeben und vor Zahlen und Mengenangaben mit der Bedeutung von *ungefähr*
- auch in einer Pluralform und wird dann mit *mehrere, ein paar* übersetzt

▬Substantiv

Substantive werden im Spanischen generell kleingeschrieben (außer Eigennamen).

Genus

- Maskuline Substantive enden oft auf:
  –o (el hermano),
  –ma (el problema),
  –ete (el paquete),
  –aje (el masaje),
  –or (el amor).
  Gewässernamen, Farbbezeichnungen, Zahlen, Jahreszeiten, Wochentage und Verkehrsmittel sind ebenfalls meist maskulin.
- Feminine Substantive enden meistens auf:
  –a (la mesa),
  –ión, –sión, –ción (la región, la situación),

–dad (la bondad),
–tad (la amistad),
–ud (la salud),
–is (la tesis).
Bezeichnungen für Buchstaben sind ebenfalls feminin.

- Substantive auf *–e, –i, –u* oder Konsonant folgen keiner Regel und sind entweder maskulin oder feminin:
  la noche ↔ *el coche*
  la luz ↔ *el sol*

- Einige Substantive sind bis auf die Endung identisch. Sie haben allerdings unterschiedliche Bedeutungen:
  el puerto (der Hafen) ↔ *la puerta* (die Tür),
  el banco (die Bank) ↔ *la banca* (das Bankwesen)

- Andere Substantive unterscheiden sich nur durch den Artikel, sie haben aber je nach Genus ganz unterschiedliche Bedeutungen:
  el Papa (der Papst) ↔ *la papa* (die Kartoffel)

Genus bei Tieren

- maskulin: *el gato, el mosquito, el lince, el sapo, el pez*
- feminin: *la mosca, la liebre, la rana, la serpiente*

Ableitung femininer Substantive aus dem Maskulinum

maskulin	feminin
auf –o: el perro	auf –a: la perra
auf –e: el estudiante	auf –e: la estudiante
auf –a: el tenista	auf –a: la tenista
auf Konsontanten:	auf Konsonanten + a:
el director	la directora

Pluralbildung

- An Substantive, die auf *–a, –e, –o* enden, hängt man ein *–s* an:
  la semana → *las semanas*

- Substantive, die auf einen Konsonanten, auf *–i, –u* oder *–y* enden, haben im Plural ein *–es*:
  el hostal → *los hostales, el esquí* → *los esquíes, la ley* → *las leyes*

- Substantive mit der Endung *–z* haben im Plural die Endung *–ces*:
  el pez → *los peces*

Verb

Das Verb (Tunwort, Tätigkeitswort) enthält Informationen zu den Personen und zum Zeitpunkt einer Handlung. Diese Informationen stehen im Spanischen in den Endungen der Verben.

Es gibt drei Arten von Verben: Vollverb (*dormir*), Hilfsverb (*ser, estar, hay*) und Modalverb (*poder*). Während Vollverben alleine stehen können, stehen Hilfsverben und Modalverben immer mit einem Vollverb.

Die natürlichen Zeiten Vergangenheit, Gegenwart und Zukunft werden durch grammatische Zeiten (Tempora) wiedergegeben. Das Spanische unterteilt die Vergangenheit anders als das Deutsche.

1 Konjugationsgruppen

Die Veränderung der Verben nach Person, Numerus (Anzahl der Personen), Tempus (Zeitform) und Modus (Aussageweise) nennt man **Konjugation** (Beugung). Spanische Verben können in drei **Konjugationsgruppen** eingeteilt werden. Im Infinitiv (Grundform) enden alle Verben entweder auf **–ar, –er** oder **–ir**: *habl-***ar**, *corr-***er**, *sub-***ir**.

Alle **regelmäßigen Verben** haben in den jeweiligen Konjugationsgruppen dieselben Endungen. Diese Endungen werden an den Verbalstamm gehängt. Der Stamm ist das Verb in der Grundform, ohne dessen Endung: *dormir* → **dorm** + -ir.

Im Spanischen enthalten die Endungen der Verben viele Informationen. Neben der Person und dem Numerus kann auch das Tempus und Modus herausgelesen werden.

Bei den Informationen zur Person handelt es sich um Angaben, wer die Handlung ausführt. Insgesamt gibt es sechs Personen, drei im Singular (Einzahl) und drei im Plural (Mehrzahl). Die Bezeichnungen Singular und Plural können unter dem Begriff Numerus zusammengefasst werden:

Singular	1. Person	yo
	2. Person	tú
	3. Person	él/ella, usted
Plural	1. Person	nosotros/-as
	2. Person	vosotros/-as
	3. Person	ellos/-as, ustedes

Verbos regulares Die Endungen in den Konjugationsgruppen bleiben bei regelmäßigen Verben stets gleich. Ein Beispiel aus der *-ar*-Konjugation im Indikativ Präsens :

	–ar	**habl–ar**
yo	–o	habl-o
tú	–as	habl-as
él/ella, usted	–a	habl-a
nosotros/-as	–amos	habl-amos
vosotros/-as	-áis	habl-áis
ellos/-as, ustedes	–an	habl-an

Die Endung **–an** in **hablan** enthält die Informationen:
→ **Person:** 3. Person
→ **Numerus:** Plural
→ **Tempus:** Präsens
→ **Modus:** Indikativ

Bei regelmäßigen Verben kann dieses Schema ohne Einschränkungen angewendet werden. Dazu muss man jedoch wissen, dass die Mehrheit der spanischen Verben unregelmäßig konjugiert wird und die Anzahl der regelmäßigen Verben relativ gering ist. Bei der Konjugation der **unregelmäßigen Verben** kann sich der Stamm oder die Endung ändern. Welche Verben regelmäßig und welche unregelmäßig sind, ist Lernsache. Von unregelmäßigen Verben muss man meistens die kompletten Konjugationsmuster auswendig lernen.

2 Die Zeiten des Indikativs

**Indicativo:
Tiempos**

Im Spanischen gibt es drei Modi: Indikativ, Konjunktiv und Imperativ. Der Indikativ ist der Modus der Aussage, der Wirklichkeit. Der Konjunktiv (im Spanischen *Subjuntivo*) ist der Modus der Wünsche und der Irrealität (zum *Subjuntivo* s. S. 76). Der Imperativ ist der Modus der Befehle oder Empfehlungen (s. S. 89–97).
Handlungen, Tätigkeiten oder Zustände im Indikativ können in der Vergangenheit, Gegenwart oder Zukunft stattfinden. Vergangenheit, Gegenwart und Zukunft sind die **natürlichen Zeiten**, die durch grammatische Zeitformen ausgedrückt werden. Im Deutschen stehen uns zur Einteilung der natürlichen Zeiten sechs Zeitformen zur Verfügung:
3. Vergangenheit (Plusquamperfekt, vollendete Vergangenheit)
2. Vergangenheit (Perfekt, vollendete Gegenwart)
1. Vergangenheit (Imperfekt, Vergangenheit)
Gegenwart (Präsens)

Zukunft (Futur I)

Zukunft (Futur II, vollendete Zukunft)

Das Spanische teilt die natürlichen Zeiten anders ein. Es gibt neun Zeitformen, die von den Zeitformen im Deutschen unterschiedlich sind. Vor allem die Vergangenheit wird im Spanischen anders unterteilt. Statt drei Vergangenheitszeiten gibt es vier, was am Anfang teilweise für Verwirrung sorgen kann:

Die Zeiten des Indikativs im Spanischen:

<u>Gegenwart</u>

Presente → **Presente** (Präsens)

Susi camina por el parque.

Susi geht im Park spazieren.

<u>Vergangenheit</u>

Pretérito Perfecto → **Pretérito Perfecto** (Perfekt)

Esta tarde Susi ha caminado por el parque.

Heute Nachmittag ist Susi im Park spazieren gegangen.

Pretérito Indefinido → **Pretérito Indefinido** (Historische Vergangenheit)

La semana pasada Susi caminó por el parque.

Letzte Woche ging Susi im Park spazieren.

Pretérito Imperfecto → **Pretérito Imperfecto** (Imperfekt)

Todos los días Susi caminaba por el parque.

Jeden Tag ist Susi im Park spazieren gegangen.

Pretérito → **Pretérito Pluscuamperfecto** (Plusquamperfekt)
Pluscuamperfecto

Susi había comido ya, cuando fue a caminar.

Susi hatte schon gegessen, als sie spazieren ging.

<u>Zukunft</u>

Futuro Imperfecto → **Futuro Imperfecto** (Futur I)

Susi caminará por el parque.

Susi wird im Park spazieren gehen.

Futuro Perfecto → **Futuro Perfecto** (Futur II)

Cuando salga de casa, habrá leído ya mi carta.

Wenn sie aus dem Haus ausgeht, wird sie meinen Brief schon gelesen haben.

Condicional Imperfecto → **Condicional Imperfecto** (Konditional I, Bedingungsform)

Susi dijo que me ayudaría.

Susi sagte, dass sie mir helfen würde.

> → **Condicional Perfecto** (Konditional II, Vollendete Bedingungsform)
> Susi dijo que me habría ayudado, si hubiera tenido tiempo.
> Susi sagte, dass sie mir geholfen hätte, wenn sie Zeit gehabt hätte.

Condicional Perfecto

2.1 Präsens

Presente

Mit dem Präsens werden Handlungen oder Zustände beschrieben, die in der Gegenwart stattfinden. Bei Handlungen, die sich gleichzeitig zum Sprechzeitpunkt ereignen, benutzt man im Spanischen das Gerundium (Verlaufsform). Die Verlaufsform wird im Deutschen mit **gerade** wiedergegeben (s. S. 103–106).

Gebrauch

Usos

Neben **gegenwärtigen** Handlungen oder Zuständen verwendet man das Präsens auch:

Acciones o estados actuales

→ bei wiederholten oder gewohnheitsmäßigen Handlungen.

Acciones repetidas

> Todos los días por la mañana, bebo un café y leo el periódico.

→ bei allgemeingültigen Aussagen oder allgemeinen Wahrheiten.

Generalidades

> Tres por tres (3 x 3) son nueve.
> El león es el rey de la selva.
> La Tierra es redonda.

→ beim Sprechen über zukünftige Handlungen.

Acciones futuras

> En verano voy a las Canarias.
> El curso de música empieza en septiembre.

→ beim Berichten über Vergangenes (historisches Präsens).

Presente histórico

Erzählt man über vergangene Ereignisse im Präsens, wird die Erzählung lebendiger.
Auch im Deutschen gibt es das historische Präsens (z. B.: Also, gestern geh ich einkaufen und da läuft mir doch Frau Maier über den Weg.):

Cuando los españoles llegan a América y ven todo el oro y las riquezas que los indios poseen, se despierta su avaricia. Cuando Bolívar gana la batalla de Boyacá, surge la gran Colombia.

Órdenes

Befehle kann man anstatt mit dem Imperativ (Befehlsform) auch mit dem Präsens ausdrücken:

¡Y ahora vas a la calle y compras el pan, vamos!

Formación

Bildung

Im Präsens und den anderen Zeitformen gibt es regelmäßige und unregelmäßige Verben. Die Zahl der unregelmäßigen Verben überwiegt im Spanischen. Regelmäßige sowie unregelmäßige Verben werden in die drei Konjugationsgruppen untergliedert.

Verbos regulares

Regelmäßige Verben

Bei den regelmäßigen Verben hat jede Konjugationsgruppe im Präsens sechs Endungen, die an den Verbalstamm gehängt werden.

Alle **regelmäßigen Verben** derselben Konjugationsgruppe haben im Indikativ Präsens (und den anderen Zeitformen) dieselben Endungen. Sie werden ohne Veränderungen an den Verbalstamm gehängt.

Presente de la primera conjugación, -ar

Regelmäßige Verben mit der Endung -ar

Infinitiv	habl -ar	estudiar
yo	habl -o	estudio
tú	habl -as	estudias
él/ella, usted	habl -a	estudia
nosotros/-as	habl -amos	estudiamos
vosotros/-as	habl -áis	estudiáis
ellos/-as, ustedes	habl -an	estudian

Weitere regelmäßige Verben auf -ar sind z. B.:
ayudar, practicar, nadar, fumar, preguntar, explicar, contestar, tomar, escuchar, comprar, bailar, cantar, caminar, trabajar

Nosotros estudiamos la gramática.
La niña baila ballet.
En Sudamérica se habla español.
Vosotras camináis en las montañas.
Tú cantas muy bien.

Regelmäßige Verben mit der Endung –er

Presente de la segunda conjugación, –er

Infinitiv	corr –er	aprender
yo	corr –o	aprendo
tú	corr –es	aprendes
él/ella, usted	corr –e	aprende
nosotros/–as	corr –emos	aprendemos
vosotros/–as	corr –éis	aprendéis
ellos/–as, ustedes	corr –en	aprenden

Weitere regelmäßige Verben auf –er sind z. B.:
beber, comer, leer, creer, coser, comprender, vender, esconder, romper, temer

Laura aprende español.
Luis y Ángel corren por el parque.
Pedro vende fruta en el mercado.

Regelmäßige Verben mit der Endung –ir

Presente de la tercera conjugación, –ir

Infinitiv	sub –ir	escribir
yo	sub –o	escribo
tú	sub –es	escribes
él/ella, usted	sub –e	escribe
nosotros/–as	sub –imos	escribimos
vosotros/–as	sub –ís	escribís
ellos/–as, ustedes	sub –en	escriben

Weitere regelmäßige Verben mit der Endung –ir sind z. B.:
vivir, abrir, cubrir, partir, recibir, prohibir, decidir, imprimir

Tú escribes un correo electrónico para la empresa
Infotrónica.
Vosotros vivís en Barcelona.
Nosotros subimos al autobús para ir al zoológico.

Particularidades **Besonderheiten**

Die Endungen der -er- und -ir-Konjugation sind im Indikativ Präsens fast identisch. Nur die ersten beiden Personen Plural weichen voneinander ab.

In der -er-Konjugation steht in der 1. Person Plural ein **–e–** und in der 2. Person Plural steht vor der Endung **–ís** zusätzlich ein **–e–** (**–éis**).

Diferencias entre **Unterschiede in der –er– und ir–Konjugation**
–er / –ir

Infinitiv	corr –er	sub –ir
yo	corr –o	sub –o
tú	corr –es	sub –es
él/ella, usted	corr –e	sub –e
nosotros/-as	corr **–emos**	sub **–imos**
vosotros/-as	corr **–éis**	sub **–ís**
ellos/as, ustedes	corr –en	sub –en

Verbos irregulares **Unregelmäßige Verben**

Unregelmäßige Verben bilden im Spanischen die größere Gruppe. Wie im Englischen, werden auch diese Verben nur selten nach festen Regeln konjugiert. Deshalb sind die Verben immer mit ihrer Konjugation zu lernen. Einige kleine Lernhilfen gibt es dennoch, da manche Verben nach ähnlichen Mustern konjugiert werden. Die Unregelmäßigkeiten betreffen nicht nur den Stamm, sondern auch die Endungen oder sogar beides. Nur die **1. und 2. Person Plural** sind immer regelmäßig:

In der 1. und 2. Person Plural (*nosotros, vosotros*) sind alle unregelmäßigen Verben regelmäßig.

Irregularidad en la **Unregelmäßigkeiten in der 1. Person Singular**
1. persona singular Einige Verben sind nur in der 1. Person Singular unregelmäßig.

Terminación –go **Endung –go**

Die 1. Person Singular wird bei den Verben **hacer, salir, poner** u. a. und deren Zusammensetzungen **suponer, proponer** etc. mit **–go** gebildet:

	hacer
yo	ha**go**
tú	haces
él/ella, usted	hace
nosotros/-as	hacemos
vosotros/-as	hacéis
ellos/-as, ustedes	hacen

Yo pongo un poco de música, el ambiente está un poco triste.
Pepe pone la mesa para los invitados.
Propongo ir al cine o a la disco.
Yo supongo que hoy va a llover... el cielo está muy gris.
Proponemos salir mañana temprano, antes que se congestionen las carreteras.

Endung –igo

Terminación –igo

Die 1. Person Singular wird bei den Verben **traer, caer, atraer** u. a. mit –**igo** gebildet:

	traer
yo	trai**go**
tú	traes
él/ella, usted	trae
nosotros/-as	traemos
vosotros/-as	traéis
ellos/-as, ustedes	traen

¿Traes tú los platos? – No, los traigo yo.
¡Qué susto, casi me caigo!

Ausnahmen

Excepciones

Die Verben **decir** und **tener** haben zwar diese Unregelmäßigkeit ebenfalls in der ersten Person (**digo, tengo**). Sie gehören aber nicht zu dieser Gruppe, da sie in den anderen Personen weitere Unregelmäßigkeiten aufweisen.

Endung –zco

Terminación –zco

Viele Verben mit der Endung –**acer**, –**ucir**, –**ecer** haben die Endung –**zco** in der 1. Person Singular Präsens:

	crecer
yo	crezco
tú	creces
él/ella, usted	crece
nosotros/-as	crecemos
vosotros/-as	crecéis
ellos/-as, ustedes	crecen

Zu dieser Gruppe gehören die Verben:

aparecer	→	aparezco
conducir	→	conduzco
conocer	→	conozco
desaparecer	→	desaparezco
favorecer	→	favorezco
introducir	→	introduzco
obedecer	→	obedezco
ofrecer	→	ofrezco
permanecer	→	permanezco
pertenecer	→	pertenezco
reconocer	→	reconozco
traducir	→	traduzco

Yo conozco París, pero tú todavía no lo conoces.
Permanezco hasta tarde en la oficina.
Yo obedezco siempre, bueno, casi siempre.

ver, escoger, saber   Daneben gibt es noch Verben, die zwar ebenfalls nur in der 1. Person Singular von der regelmäßigen Konjugation abweichen, die aber nicht weiter zusammengefasst werden können. Dazu gehören die Verben **ver**, **escoger** und **saber**:

	ver	escoger	saber
yo	veo	escojo	sé
tú	ves	escoges	sabes
él/ella, usted	ve	escoge	sabe
nosotros/-as	vemos	escogemos	sabemos
vosotros/-as	veis	escogéis	sabéis
ellos/-as, ustedes	ven	escogen	saben

No veo a Miguel desde hace mucho tiempo.
Yo escojo el vestido azul... es mucho más bonito y elegante que el rojo.
Y vosotros que escogéis, ¿un zumo o un helado?
¿Sabe usted dónde está la calle Arenal? – No, lo siento, no lo sé.

Unregelmäßigkeiten in der 1. Person Singular betreffen nur einen Teil der spanischen Verben. Weitaus mehr Verben sind auch in den anderen Personen unregelmäßig und verändern dabei häufig ihren Stamm.

Verben mit Vokaländerung im Stamm

Irregularidades en la raíz

Bei einer Reihe unregelmäßiger Verben gibt es Veränderungen im **Stammvokal**. Zu diesen Veränderungen gehören die Bildung eines Doppellauts **(Diphthongierung)**, der **Vokalwechsel** und der **Betonungswechsel**.

> Die Diphthongierung, der Vokalwechsel und der Betonungswechsel betreffen nur den Stamm eines Verbs. Die Endungen bleiben unverändert. Ebenso unverändert bleiben die Stammvokale in der 1. und 2. Person Plural.

Dass die 1. und 2. Person Plural keine Stammvokalveränderungen haben, liegt an ihrer Betonung. Nur die stammbetonten Formen werden verändert.

Bildung von Doppellauten (Diphthongierung)

Diptongación

Unter **Diphthongierung** versteht man den Wechsel von einem einzigen Vokal **(Mono**phthong) zu einem Doppellaut **(Di**phthong). Im Spanischen gibt es zwei Diphthongierungen: die Wechsel von **–o–** zu **–ue–** und von **–e–** zu **–ie–**. Die Aussprache der Diphthonge ist im Spanischen anders als im Deutschen. Spanische Diphthonge, z. B. **ie** oder **ue**, werden als zwei einzelne Vokale **i + e** und **u + e** ausgesprochen. Wichtig ist, den Diphthong **ie** nicht mit dem gedehnten deutschen **i (ie, ih)** zu verwechseln.

o → ue **o → ue**

Zu dieser Gruppe gehören Verben mit dem Stammvokal –o–
und deren Zusammensetzungen.

	contar	dormir
yo	cuento	duermo
tú	cuentas	duermes
él/ella, usted	cuenta	duerme
nosotros/-as	contamos	dormimos
vosotros/-as	contáis	dormís
ellos/-as, ustedes	cuentan	duermen

Weitere Verben dieser Gruppe:
volar, acostarse, demostrar, encontrar(se), soñar, rogar,
soler, mover, volver, poder, devolver, morir

Vuelo mañana al Caribe.
La médica se encuentra muy ocupada.
Si quieres te demuestro que yo no tengo la culpa.
Rosa no está, pero vuelve enseguida.
¿Puedo hacerte una pregunta?
Vicente duerme siempre después de comer.

Auch das Verb *jugar* zählt zu dieser Gruppe, obwohl hier das
–u– und nicht das –o– zu –ue– wird:

u → ue **u → ue**

	jugar
yo	juego
tú	juegas
él/ella, usted	juega
nosotros/-as	jugamos
vosotros/-as	jugáis
ellos/-as, ustedes	juegan

Juego al tenis todos los sábados.
¿Jugamos a las cartas?

e → ie

e → ie

Hierzu gehören einige Verben mit dem Stammvokal **–e–**.

	pensar	querer
yo	pienso	quiero
tú	piensas	quieres
él/ella, usted	piensa	quiere
nosotros/-as	pensamos	queremos
vosotros/-as	pensáis	queréis
ellos/-as, ustedes	piensan	quieren

Weitere Verben dieser Gruppe:
calentar, defender, cerrar, comenzar, empezar, recomendar, entender, atravesar, encender, defender, preferir, sentir

Maria piensa estudiar Medicina.
Martín prefiere ir a un concierto de música clásica.
Pedro enciende la chimenea porque hace mucho frío.
El camarero recomienda el pescado con gambas.

Wechsel des Stammvokals

Bei einigen Verben der -ir-Konjugation mit dem Stammvokal **–e–** wird der Stammvokal durch ein **–i–** ersetzt. Auch hier bleiben die 1. und 2. Person Plural unverändert.

Cambio de la vocal de la raíz

e → i

e → i

	pedir	reír
yo	pido	río
tú	pides	ríes
él/ella, usted	pide	ríe
nosotros/-as	pedimos	reímos
vosotros/-as	pedís	reís
ellos/-as, ustedes	piden	ríen

Weitere Verben dieser Gruppe:
vestirse, despedir, impedir, repetir, servir, concebir, elegir, medir

Sandra se viste para la fiesta.

Carmen se despide porque se va de viaje a Latinoamérica.

El café lo servimos en el jardín.

Nosotros nos reímos mucho con la película. Pero tú no te ríes.

Cambio de la vocal final **Wechsel des Endvokals**

Neben dem Wechsel des Stammvokals wird bei einigen Verben der *-ir*-Konjugation das **–i–** der Endung durch ein **–y–** ersetzt. Dies betrifft jedoch nur Verben, deren Stamm auf **unbetontem –u–** endet (z. B. **constru–ir**).

 i → y   i → y

	constru–ir	concluir
yo	constru–yo	concluyo
tú	constru–yes	concluyes
él/ella, usted	constru–ye	concluye
nosotros/-as	constru–imos	concluimos
vosotros/-as	constru–ís	concluís
ellos/-as, ustedes	constru–yen	concluyen

> Weitere Verben dieser Gruppe:
> constituir, contribuir, destruir, disminuir, distribuir, excluir, huir, incluir, influir, sustituir

El arquitecto que construye este edificio es un genio.

El tráfico disminuye en las vacaciones.

La cuenta incluye la propina.

El artista huye de la prensa y los fotógrafos.

Cambio en la **Betonungswechsel**
acentuación

Bei einer Gruppe von Verben, die auf **–iar** und **–uar** enden, wechselt die Betonung von **–i–** oder **–u–**. In dieser Gruppe sind nur Verben der *-ar*-Konjugation. Der sonst unbetonte Vokal **–i–** oder **–u–** am Ende des Verbalstamms wird betont:

i → í

i → í

	enviar
yo	envío
tú	envías
él/ella, usted	envía
nosotros/-as	enviamos
vosotros/-as	enviáis
ellos/-as, ustedes	envían

> Weitere Verben dieser Gruppe:
> variar, guiar, coreografiar, confiar, caligrafiar, biografiar

Camila envía flores a Lorena por su cumpleaños.
Confío mucho en mis compañeros.

u → ú

u → ú

	continuar
yo	continúo
tú	continúas
él/ella, usted	continúa
nosotros/-as	continuamos
vosotros/-as	continuáis
ellos/-as, ustedes	continúan

> Weitere Verben dieser Gruppe:
> actuar, fluctuar, licuar, puntuar, situar, acentuar

El nuevo ministro continúa con los proyectos del anterior
gobierno.
Hoy actúa en la plaza del pueblo un grupo de teatro.

Verben mit mehr als einer Unregelmäßigkeit

Verbos con varias
irregularidades

Für einige Verben gibt es kaum Lernhilfen, da sie mehr als
eine Unregelmäßigkeit haben; man muss sie auswendig lernen. Neben einer unregelmäßigen 1. Person Singular gibt es
weitere Veränderungen im Stamm, wie z. B. die Diphthongierung, Vokal- oder Betonungswechsel.

decir, seguir, elegir Die Verben **decir**, **seguir**, und **elegir** sind in 1. Person Singular unregelmäßig und verändern ihren Stammvokal von –e– zu –i– in allen Personen, außer der 1. und 2. Person Plural.

decir	seguir	elegir
digo	sigo	elijo
dices	sigues	eliges
dice	sigue	elige
decimos	seguimos	elegimos
decís	seguís	elegís
dicen	siguen	eligen

tener, venir Bei den Verben **tener** und **venir** ist neben der 1. Person Singular der Stamm verändert. Der Stammvokal –e– wird zu –ie– in der 2. und 3. Person Singular und in der 3. Person Plural.

tener	venir
tengo	vengo
tienes	vienes
tiene	viene
tenemos	venimos
tenéis	venís
tienen	vienen

oler, errar Das Verb **oler** gehört zur Gruppe der Verben, deren Stammvokal –o– zu –ue– wird. Vor dem Diphthong –ue– steht hier allerdings ein h–. Beim Verb **errar** ist dies ähnlich. Es gehört zur Gruppe der Verben, deren Stammvokal –e– zu –ie– wird. Bei **errar** wird das anlautende i– als y– geschrieben:

oler	errar
huelo	yerro
hueles	yerras
huele	yerra
olemos	erramos
oléis	erráis
huelen	yerran

Bei den Verben **ir, ser** und **haber** wird der ganze Stamm ausgetauscht. Ausgenommen ist der Plural bei **ser**. **Oír** erhält ein **–y–** im Stamm, was sich nur auf die Rechtschreibung auswirkt. Die Aussprache bleibt unverändert.

ir, ser, haber, oír

ir	ser	haber	oír
voy	soy	he	oigo
vas	eres	has	oyes
va	es	ha	oye
vamos	somos	hemos	oímos
vais	sois	habéis	oís
van	son	han	oyen

2.2 Perfekt

Pretérito Perfecto

Mit dem Perfekt (**Pretérito Perfecto**) beschreibt man Handlungen, die in der Vergangenheit begonnen haben, sich aber bis in die Gegenwart auswirken. Dabei kann die Handlung in der Gegenwart immer noch vollzogen werden, oder das Resultat ist noch relevant.

Bildung

Formación

Das Perfekt wird gebildet mit der Präsensform des Hilfsverbs *haber* und dem Partizip des Verbs. Zwischen dem Hilfsverb *haber* und dem Partizip steht kein anderes Wort. Das Partizip endet stets auf **–o** und ist unveränderlich. Alle Angaben zur Person und Numerus sind im Hilfsverb enthalten. Nur das Hilfsverb wird konjugiert. Bestimmte Verben haben eine unregelmäßige Partizipform (s. S. 101).

	haber	Partizip
yo	he	vivido
tú	has	vivido
él/ella, usted	ha	vivido
nosotros/-as	hemos	vivido
vosotros/-as	habéis	vivido
ellos/-as, ustedes	han	vivido

Verb

Marcadores temporales ## Signalwörter

Es gibt feste Ausdrücke, die das *Pretérito Perfecto* fordern.
Dazu gehören:

> hoy, hoy en/por la mañana (la tarde, la noche), esta
> semana, este fin de semana, esta mañana, esta tarde,
> esta noche, este año, este verano, esta primavera, aún,
> todavía, aún no, todavía no, ya, ya no, nunca, siempre.

¿Ha salido el tren? – No, aún no ha salido.
Este fin de semana hemos estado en la sierra.

Usos ## Gebrauch

En relación con el presente Das Perfekt wird verwendet bei abgeschlossenen Handlungen
in der Vergangenheit, die bis in die **Gegenwart hineinreichen**:

Hoy me he levantado tarde y no he llegado a la clase de
gimnasia.
Mi madre me ha visitado este año.
Este invierno he esquiado en los Alpes suizos.
Esta película la he visto muchas veces.

Pasado emocional Manchmal verwenden Sprecher das Perfekt auch für Handlungen, die zwar in der Vergangenheit stattgefunden haben
und abgeschlossen sind, die aber für den Sprecher immer
noch von großer Bedeutung in der Gegenwart sind *(pasado
emocional)*:

Mi abuela ha muerto hace ocho años.
El verano pasado he perdido mi empleo.
El año pasado me han regalado un perrito.

Información intemporal Auch um Informationen zu einer Person zu erfragen, kann
das Perfekt verwendet werden *(información intemporal)*. Der
Zeitpunkt ist hierbei unwichtig, wichtig ist nur die Realisierung der Handlung:

¿Has estado ya en el nuevo restaurante español? Dicen que
es muy bueno. – Sí, Andy y yo hemos estado este fin de
semana. Tienen una paella fantástica.
¿Has leído ya la última novela de Javier Marías?

2.3 Historische Vergangenheit

Gebrauch

Die historische Vergangenheit (auch **Pretérito Indefinido** oder nur **Indefinido**) wird verwendet, wenn eine abgeschlossene Handlung in einem abgeschlossenen Zeitraum stattgefunden hat. Sie wird auch als **Erzählzeit** bezeichnet.

Signalwörter

Folgende Wörter signalisieren den Gebrauch des *Indefinido*:

> anoche, ayer, el otro día, la semana pasada, el mes pasado, el año pasado, el verano pasado, en 1.997, de repente, de pronto

> Mi hijo nació en el año 2.000.
> Viajé por primera vez a Europa en los años 60.
> Mi abuelo murió hace más de veinte años.
> La semana pasada estuve enferma.
> El mes pasado trabajamos mucho.
> Leí mi primer libro con ocho años.

Bildung

Regelmäßige Verben werden allerdings auch im *Indefinido* regelmäßig konjugiert. Dabei haben die Verben auf **–er** und **–ir** dasselbe Konjugationsmuster.

Regelmäßige Verben auf –ar

	–ar	hablar
yo	–é	hablé
tú	–aste	hablaste
él/ella, usted	–ó	habló
nosotros/-as	–amos	hablamos
vosotros/-as	–asteis	hablasteis
ellos/-as, ustedes	–aron	hablaron

■ Verbos regulares en -er Regelmäßige Verben auf -er

	-er	aprender
yo	-í	aprendí
tú	-iste	aprendiste
él/ella, usted	-ió	aprendió
nosotros/-as	-imos	aprendimos
vosotros/-as	-isteis	aprendisteis
ellos/-as, ustedes	-ieron	aprendieron

■ Verbos regulares en -ir Regelmäßige Verben auf -ir

	-ir	escribir
yo	-í	escribí
tú	-iste	escribiste
él/ella, usted	-ió	escribió
nosotros/-as	-imos	escribimos
vosotros/-as	-isteis	escribisteis
ellos/-as, ustedes	-ieron	escribieron

> Einige Besonderheiten müssen beachtet werden:
> In der 2. Person Singular (*tú*) gibt es kein -s am Ende. Es heißt also nicht: *escribiste-s*.
> Die 3. Person Singular (*él/ella, usted*) der **-ar-Verben** wird mit einem betonten **-ó** gebildet, das nicht mit dem **-o** der 1. Person Singular Präsens (*yo*) verwechselt werden darf. Der Unterschied ist der Akzent.
> Die 1. Person Plural (*nosotros*) ist gleich mit der 1. Person Plural **Präsens**.

> Nosotros llamamos, cuando llegamos a Valencia.
> Mi padre trabajó unos años para una empresa internacional.
> ¿Qué comiste en casa de Soledad?
> Por su cumpleaños, Yiseth recibió un viaje a Viena.
> La semana pasada conocí a Juanjo, el novio de Eugenia.

Unregelmäßige Verben im Indefinido

■ Verbos irregulares en Indefinido Beim *Indefinido* gibt es in den Konjugationsgruppen eine Reihe unregelmäßiger Verben. Allerdings können einige Verben mit denselben oder ähnlichen Unregelmäßigkeiten in Gruppen zusammengefasst werden.

Verben mit Vokaländerung im Stamm

Wechsel des Stammvokals

Bei einigen Verben der *-ir*-Konjugation mit dem Stammvokal **-e-** bzw. **-o-** wird der Stammvokal in der 3. Person Singular und Plural durch ein **-i-** bzw. ein **-u-** ersetzt:

e → i, o → u

Verbos con cambio
vocálico
Cambio de la vocal de la
raíz

e → i, o → u

	e → i	o → u
	pedir	dormir
yo	pedí	dormí
tú	pediste	dormiste
él/ella, usted	pidió	durmió
nosotros/-as	pedimos	dormimos
vosotros/-as	pedisteis	dormisteis
ellos-/as, ustedes	pidieron	durmieron

> Weitere Verben dieser Gruppe:
> elegir, medir, reír(se), repetir, seguir, sentir, morir

> Tere me pidió ayer tu número de teléfono.
> Eligieron un nuevo portavoz del equipo.
> No se durmió hasta que no volvieron sus padres.

Wechsel des Endvokals

Bei Verben, deren Stamm auf einen Vokal endet (<u>ca</u>-er, <u>cre</u>-er, <u>le</u>-er, <u>constru</u>-ir), wird das unbetonte **-i-** in der 3. Person Singular und Plural zu einem **-y-**.

i → y

Cambio de la vocal
final

i → y

	caer	construir
yo	caí	construí
tú	caíste	construiste
él/ella, usted	cayó	construyó
nosotros/-as	caímos	construimos
vosotros/-as	caísteis	construisteis
ellos/-as, ustedes	cayeron	construyeron

> Weitere Verben dieser Gruppe:
> creer, leer, poseer u. a.

Pedro se cayó y se rompió una pierna.

Este museo lo construyó un famoso arquitecto en los años setenta.

Andere Schreibweise

Bei einigen Verben verändert sich die Schreibweise, um die Aussprache zu erhalten:

Bei Verben auf **–gar** wird vor der Endung **–é** das **–g–** zu **–gu**:

g → gu   g → gu

	pagar
yo	pagué
tú	pagaste
él/ella, usted	pagó
nosotros/-as	pagamos
vosotros/-as	pagasteis
ellos/-as, ustedes	pagaron

Weitere Verben dieser Gruppe: llegar, negar

¿Pagó María la cuenta ayer? – No, la pagué yo.

Llegué muy tarde de Barcelona. Por eso no te llamé.

Bei Verben auf **–car** wird vor der Endung **–é** das **–c–** zu **–qu**:

c → qu   c → qu

	buscar
yo	busqué
tú	buscaste
él/ella, usted	buscó
nosotros/-as	buscamos
vosotros/-as	buscasteis
ellos/-as, ustedes	buscaron

Weitere Verben dieser Gruppe: tocar, secar

Busqué un taxi por todas partes y al final vine en autobús.

Mira, sequé estas flores y ahora he hecho un cuadro con ellas.

Bei Verben auf **–zar** wird vor der Endung **–é** das **–z–** zu **–c–**:

z → c

	empezar
yo	empecé
tú	empezaste
él/ella, usted	empezó
nosotros/–as	empezamos
vosotros/–as	empezasteis
ellos/–as, ustedes	empezaron

Weitere Verben dieser Gruppe:
comenzar, almorzar, avergonzar

Con catorce años empecé a estudiar alemán.
La semana pasada almorcé todos los días fuera de casa.

Verben mit einem neuen Stamm

Viele Verben haben im *Indefinido* einen neuen Stamm. Sie haben die gleichen Endungen, unabhängig davon, ob sie zur 1., 2. oder 3. Konjugation gehören, z. B.:

	estar	hacer	decir
yo	estuv–e	hic–e	dij–e
tú	estuv–iste	hic–iste	dij–iste
él/ella, usted	estuv–o	hiz–o	dij–o
nosotros/–as	estuv–imos	hic–imos	dij–imos
vosotros/–as	estuv–isteis	hic–isteis	dij–isteis
ellos, ustedes	estuv–ieron	hic–ieron	dij–eron

Weitere Verben, die einen neuen Stamm haben:		
caber	**cup–**	cupe, cupiste, cupo...
estar	**estuv–**	estuve, estuviste, estuvo...
querer	**quis–**	quise, quisiste, quiso...
poner	**pus–**	puse, pusiste, puso...
saber	**sup–**	supe, supiste, supo...
tener	**tuv–,**	tuve, tuviste, tuvo...
traer	**traj–**	traje, trajiste, trajo...
venir	**vin–**	vine, viniste, vino...

Sowie die Verben, die im Infinitiv auf *-ucir* enden:		
conducir	**conduj–**	conduje, condujiste...
producir	**produj–**	produje, produjiste...
traducir	**traduj–**	traduje, tradujiste...
reducir	**reduj–**	reduje, redujiste...

No supe responder a la pregunta del profesor.
Carolina trajo unos bombones muy ricos.
Mi hermana quiso comprar los pasajes por Internet.
La profesora no tradujo los ejercicios. Los tradujimos
nosotras en casa.

Bei den Verben, die im neuen Stamm ein *j* haben, fällt das -
i- der Endung der 3. Person Plural weg:
decir → dijeron
traer → trajeron

Lo dijeron en la radio.

Im Vergleich zu den regelmäßigen Verben fällt die Betonung
bei den Verben mit neuem Stamm in der 1. und 3. Person
Singular auf den Stamm statt auf die Endung:

regelmäßiges Verb: cantar → canté, cantaste, cantó...
Verb mit neuem Stamm: tener → tuve, tuviste, tuvo...

Verben mit mehr als einer Unregelmäßigkeit

Das Verb **dar** ist völlig unregelmäßig. Die Verben **ser** und **ir**
haben im *Indefinido* dieselben Formen. Man kann dann nur
anhand des Satzzusammenhangs herausfinden, um welches
Verb es sich handelt:

	dar	**ir, ser**
yo	di	fui
tú	diste	fuiste
él/ella, usted	dio	fue
nosotros/-as	dimos	fuimos
vosotros/-as	disteis	fuisteis
ellos/-as, ustedes	dieron	fueron

Fernando me dio saludos para ti.
Mi abuelo fue médico. (**ser**)
„Barbarroja" fue un pirata muy peligroso. (**ser**)
Fui caminando al supermercado. (**ir**)
Mis hijos y yo fuimos a Tenerife el verano pasado. (**ir**)

2.4 Imperfekt

Pretérito Imperfecto ▪

Im Gegensatz zum *Indefinido* ist das Imperfekt keine Erzählzeit, wird also nicht verwendet bei abgeschlossenen Handlungen in einem abgeschlossenen Zeitraum. Es ist daher
auch nicht mit dem deutschen Imperfekt identisch. Im
Deutschen werden Erzählungen, Handlungen und Gewohnheiten in der Vergangenheit mit dem Imperfekt ausgedrückt.
Das spanische Imperfekt hat mehrere Funktionen.

Bildung

Formación ▪
Verbos regulares

Die Bildung des Imperfekts ist relativ einfach. Bis auf drei
Verben werden **alle regelmäßig konjugiert**. Die *er-* und *ir-*
Verben haben dieselben Endungen:

	–ar	–er	–ir
yo	-aba	-ía	-ía
tú	-abas	-ías	-ías
él/ella, usted	-aba	-ía	-ía
nosotros/-as	-ábamos	-íamos	-íamos
vosotros/-as	-abais	-íais	-íais
ellos/-as, ustedes	-aban	-ían	-ían

Regelmäßige und unregelmäßige Verben haben dieselben
Endungen. Veränderungen im Stamm gibt es in dieser Zeitform nicht:

	jugar	tener	venir
yo	jugaba	tenía	venía
tú	jugabas	tenías	venías
él/ella, usted	jugaba	tenía	venía
nosotros/-as	jugábamos	teníamos	veníamos
vosotros/-as	jugabais	teníais	veníais
ellos/-as, ustedes	jugaban	tenían	venían

Nur die Verben **ser**, **ir** und **ver** sind im Imperfekt unregelmäßig. Dabei haben **ser** und **ir** einen Stamm, der nicht von Infinitivformen abgeleitet werden kann.

	ser	ir	ver
yo	era	iba	veía
tú	eras	ibas	veías
él/ella, usted	era	iba	veía
nosotros/-as	éramos	íbamos	veíamos
vosotros/-as	erais	ibais	veíais
ellos/-as, ustedes	eran	iban	veían

Usos ## Gebrauch

Costumbres y acciones repetidas en el pasado
Bei Gewohnheiten oder sich wiederholenden Handlungen in der Vergangenheit steht der Imperfekt:

> Cuando era pequeña bebía mucha leche.
> Mientras estudiaba, trabajaba de camarera.

Descripciones en el pasado
Auch Zustände in der Vergangenheit von ungewisser Dauer stehen im Imperfekt:

> Mi madre de joven era una mujer guapísima y muy elegante.
> El niño estaba enfermo, le dolía mucho el estómago.
> Mientras el médico atendía a mi padre mi madre estaba muy nerviosa.

Imperfecto de cortesía
Höflichkeit kann ebenfalls durch das Imperfekt ausgedrückt werden. Man benutzt es auch, wenn man Zurückhaltung, Bescheidenheit oder eine Bitte versprachlichen möchte. Solche Situationen findet man vor allem zwischen Verkäufer und Kunden. Ein sicheres Zeichen für das Imperfekt der Höflichkeit sind die Verben *querer, poder, desear*:

> ¿Qué desea? – Deseaba una falda como la del escaparate. Talla 38.
> Y usted, ¿qué va a tomar? – Quería la ensalada mixta y la merluza a la plancha.
> Perdona, Petra, ¿qué decías? – Pues te estaba contando que mi nuevo profesor de español es peruano y....

Das Imperfekt spielt auch in der Kindersprache eine große Rolle. Kinder drücken ihre Fantasien und Vorstellungen für gewöhnlich im Imperfekt aus. Teilweise können auch Märchen im Imperfekt stehen, da sie ja ebenfalls kindliche Vorstellungen beinhalten können:

Imperfecto en el
lenguaje infantil

> Había una vez...
> Caperucita Roja iba caminando por el bosque....
> En la torre más alta, en una habitación, dormía una hermosa princesa.
> Juguemos a que yo era el médico y tú el paciente.
> Yo era la princesa y tú la bruja.

Signalwörter

Marcadores temporales

Folgende Wörter sind ein Zeichen für die Verwendung des Imperfekts:

> antes, normalmente, cada día, con frecuencia, en aquel entonces, en aquella época, de niño/a

> Antes viajábamos siempre de vacaciones a Italia, ahora vamos a España.
> Mientras Susana preparaba los bocadillos, Pepe empacaba todo en el coche.
> Aún erais unos niños cuando murió la abuela.
> En aquel entonces en este pueblo no había nada de turismo.
> Normalmente salíamos de paseo en el coche los domingos.

(Zum Gebrauch von Imperfekt und *Indefinido* s. auch S. 230–232.)

2.5 Plusquamperfekt

Pretérito
Pluscuamperfecto

Wie im Deutschen benutzt man das Plusquamperfekt (**Pluscuamperfecto**), wenn eine Handlung in der Vergangenheit vor einer anderen Handlung in der Vergangenheit stattgefunden hat. Mit dem Plusquamperfekt wird also die **Vorvergangenheit** ausgedrückt.

Ayer a esta hora ya habíamos llegado a la playa.

¿Quién comió la tarta que yo había puesto encima de la mesa?

Juanita, mi prima, nunca había visto el mar, hasta que fue a las Islas Canarias.

Yo siempre había soñado con la Torre Eiffel y por fin la vi el año pasado cuando estuve en París.

Formación | Bildung

Das Plusquamperfekt wird mit dem Hilfsverb *haber* im Imperfekt und dem Partizip Präsens gebildet.

	Präsens	Partizip
yo	había	hablado
tú	habías	estudiado
él,ella	había	trabajado
usted	había	leído
nosotros/-as	habíamos	escrito
vosotros/-as	habíais	visto
ellos/-as	habían	hecho
ustedes	habían	puesto

Futuro Imperfecto | **2.6 Futur I**
Formación | Bildung
Verbos regulares | Regelmäßige Verben

Die Bildung des Futurs **(Futuro Imperfecto)** ist relativ einfach. Alle Konjugationsgruppen haben die gleichen Endungen, die direkt an den Infinitiv angehängt werden. Die Endungen lauten:

yo	-é
tú	-ás
él/ella, usted	-á
nosotros/-as	-emos
vosotros/-as	-éis
ellos/-as, ustedes	-án

Diese Endungen werden an den Infinitiv der Verben ange- Terminaciones
hängt:

	–ar	–er	–ir
Infinitiv	contar	comer	vivir
yo	contaré	comeré	viviré
tú	contarás	comerás	vivirás
él/ella, usted	contará	comerá	vivirá
nosotros/-as	contaremos	comeremos	viviremos
vosotros/-as	contaréis	comeréis	viviréis
ellos/–as, ustedes	contarán	comerán	vivirán

Te contaré lo que pasó otro día.
Seguro que en Mallorca vivirán mejor.

Unregelmäßige Verben

Verbos irregulares
Verbos con otra raíz

Manche Verben haben im Futur einen anderen Stamm als
im Infinitiv. Die Endungen sind jedoch regelmäßig:

caber	cabr–	cabré, cabrás, cabrá...
decir	dir–	diré, dirás, dirá...
haber	habr–	habré, habrás, habrá...
hacer	har–	haré, harás, hará...
poder	podr–	podré, podrás, podrá...
poner	pondr–	pondré, pondrás, pondrá...
querer	querr–	querré, querrás, querrá...
saber	sabr–	sabré, sabrás, sabrá...
salir	saldr–	saldré, saldrás, saldrá...
tener	tendr–	tendré, tendrás, tendrá...
valer	valdr–	valdré, valdrás, valdrá...
venir	vendr–	vendré, vendrás, vendrá...

Ana María hará el viaje que siempre soñó.
Teresa sabrá mejor español después de su viaje a México.
Mañana diremos al jefe que haremos vacaciones colecti-
vas en verano.
Pedro y Patricia saldrán mañana para Madrid.

Gebrauch

Das Futur wird verwendet, wenn man über zukünftige Handlungen spricht, die unsicher oder abhängig von bestimmten Voraussetzungen sind.

> En diciembre viajaré al Caribe.
> En junio empezaré a trabajar en una empresa internacional.
> Tendré que estudiar más para mis exámenes.

Auch Vermutungen können im Futur ausgedrückt werden.

> Creo que pronto lloverá.
> Pienso que Miguelina aprobará sus exámenes.

Mit dem Futur kann man auch Befehle (Gebote oder Verbote) ausdrücken. Dadurch wird einem Befehl ein hohes Maß an Autorität verliehen:

> Hoy no verás televisión.
> Estudiarás más y mejorarás tus notas.
> Niños, no comeréis más pastel. Ya habéis comido suficiente.

Eine zukünftige Handlung kann man auch mit der Infinitivkonstruktion **ir a + Infinitiv** ausdrücken (s. S. 98). Im Unterschied zum Futur I wird *ir a* + Infinitiv vor allem bei Absichten und Plänen für die Zukunft verwendet:

> Vamos a buscar una casa nueva en un barrio tranquilo.
> Aber:
> Si tenemos tiempo, buscaremos una casa nueva.
> ¿Qué vais a hacer esta primavera?

2.7 Futur II
Bildung
Das Futur II **(Futuro Perfecto)** wird mit dem Futur des Verbs *haber* und dem Partizip Perfekt gebildet:

yo	habré	llegado
tú	habrás	llegado
él/ella, usted	habrá	llegado
nosotros/-as	habremos	llegado
vosotros/-as	habréis	llegado
ellos/-as, Uds.	habrán	llegado

Gebrauch

Das Futur II wird wie im Deutschen bei Vorgängen verwendet, die zu einem bestimmten Zeitpunkt in der Zukunft abgeschlossen sein werden, bevor eine andere zukünftige Handlung eintritt:

Cuando vuelvas de Valencia , habré terminado ya el libro.

Das Futur II drückt auch eine Vermutung oder Wahrscheinlichkeit in der Vergangenheit aus:

¿No se encuentra bien? – No, le habrá sentado mal la comida.

2.8 Konditional I

Bildung
Regelmäßige Verben

Wie bei der Zukunft dient beim Konditional (**Condicional Imperfecto**) der Infinitiv als Stamm. Alle Konjugationsgruppen haben die gleichen Endungen, die direkt an den Infinitiv angehängt werden. Die Endungen lauten:

yo	-ía
tú	-ías
él/ella, usted	-ía
nosotros/-as	-íamos
vosotros/-as	-íais
ellos/-as, ustedes	-ían

Diese Endungen werden an den Infinitiv der Verben angehängt:

	–ar	–er	–ir
	contar	comer	vivir
yo	contaría	comería	viviría
tú	contarías	comerías	vivirías
él/ella, usted	contaría	comería	viviría
nosotros/as	contaríamos	comeríamos	viviríamos
vosotros/as	contaríais	comeríais	viviríais
ellos/as, ustedes	contarían	comerían	vivirían

¿Dónde vivirías en España?
Yo que tú, no compraría ese piso.
Sería conveniente lavar la ropa hoy mismo.

Verbos irregulares Unregelmäßige Verben

Wie im Futur haben einige Verben einen anderen Stamm im Konditional. Die Endungen sind jedoch regelmäßig:

caber	cabr-	cabría, cabrías, cabría…
decir	dir-	diría, dirías, diría…
haber	habr-	habría, habrías, habría…
hacer	har-	haría, harías, haría…
poder	podr-	podría, podrías, podría…
poner	pondr-	pondría, pondrías, pondría…
querer	querr-	querría, querrías, querría…
saber	sabr-	sabría, sabrías, sabría…
salir	saldr-	saldría, saldrías, saldría…
tener	tendr-	tendría, tendrías, tendría…
valer	valdr-	valdría, valdrías, valdría…
venir	vendr-	vendría, vendrías, vendría…

De tener dinero, haría un viaje por todo el mundo.
Podríamos ir al cine el sábado.
Si hicieras una fiesta en tu casa, seguro que vendría mucha gente.

Usos Gebrauch

Cortesía, deseos Der Konditional wird verwendet, um eine höfliche Bitte oder einen Wunsch auszudrücken:

¿Podrías dejarme el diccionario un momento?
Querría dos kilos de manzanas, por favor.

Estilo indirecto Der Konditional wird in der indirekten Rede gebraucht (s. S. 201), wenn im Hauptsatz eine Vergangenheitszeit steht und die betreffende Handlung in die Zukunft weist:

Javier dijo que daría una fiesta en su casa.
Mi hermana me prometió que vendría a vernos en Navidad.

Der Konditional steht im Hauptsatz eines irrealen Bedin-
gungssatzes (s. S. 87), im Nebensatz der *Imperfecto de Sub-*
juntivo:

Si volviéramos pronto a casa, llamaría a Dolores.
Si hiciera buen tiempo el sábado, iríamos al campo.

Der Konditional kann Zweifel, Möglichkeit oder Vermutung
in der Vergangenheit ausdrücken:

¿Cuántas cosas compraría Mariela en su viaje?
¿Cuánto pagaría entonces mi padre por este regalo?

2.9 Konditional II
Bildung

Der Konditional II **(Condicional Perfecto)** wird mit dem Konditional I des Verbs *haber* und dem Partizip Perfekt gebildet:

	haber	Partizip
yo	habría	llegado
tú	habrías	llegado
él/ella, usted	habría	llegado
nosotros/-as	habríamos	llegado
vosotros/-as	habríais	llegado
ellos/-as, ustedes	habrían	llegado

Gebrauch

Der Konditional II drückt eine Handlung aus, die nicht verwirklicht werden konnte, weil die entsprechende Voraussetzung fehlte, z. B. in irrealen Bedingungssätzen. Im Neben-
satzt mit *si* steht *Pluscuamperfecto de Subjuntivo*:

Si nos hubiéramos levantado antes, no habríamos perdido
el tren.

Der Konditional II drückt auch eine Möglichkeit, Vermutung
oder Wahrscheinlichkeit in der Vergangenheit aus:

No sé por qué no me llamó Pedro ayer. – No habría tenido
tiempo, no te preocupes.

3 Die Zeiten des Subjuntivo

Neben dem Indikativ gibt es im Deutschen den Konjunktiv, der für Wahrscheinliches bzw. Nicht-Wahrscheinliches, für Wünsche oder indirekte Aufforderungen steht. Mit dem Indikativ und Konjunktiv werden Aussagen unterschiedlich **modifiziert**, weshalb Konjunktiv und Indikativ **Modi** sind (Singular: **Modus**).

Im Spanischen gibt es neben dem Indikativ den sog. **Subjuntivo**. Dieser ist **nicht** mit dem deutschen Konjunktiv identisch. Da es für den *Subjuntivo* keine direkte deutsche Entsprechung gibt, wird hier nur der spanische Begriff *Subjuntivo* verwendet. Er hat mehrere Funktionen. Sprecher verwenden ihn, wenn sie einen Wunsch äußern, Empfindungen ausdrücken oder ihre persönlichen, **subjektiven** Einstellungen vermitteln möchten.

Wie beim Indikativ gibt es auch im *Subjuntivo* unterschiedliche Zeiten: *Presente, Pretérito Imperfecto, Pretérito Perfecto, Pretérito Pluscuamperfecto.* In diesen Zeiten werden die Verben regelmäßig und unregelmäßig gebildet.

Presente de Subjuntivo
Verbos regulares

3.1 Presente de Subjuntivo
Regelmäßige Verben
Die Endungen des Verbs im *Subjuntivo* sind denen im Präsens ähnlich. Bei *ar*-Verben wird das **–a–** der Präsensendungen zum **–e–**.

Primera
conjugación, -ar

Infinitiv	habl –ar	
	Indikativ Präsens	Presente de Subjuntivo
yo	habl -o	habl -e
tú	habl -as	habl -es
él/ella, usted	habl -a	habl -e
nosotros/-as	habl -amos	habl -emos
nosotros/-as	habl -áis	habl -éis
ellos/-as, ustedes	habl -an	habl -en

Bei regelmäßigen Verben der -er-Konjugation wird das **–e–** Segunda conjugación, –er
im Präsens zum **–a–** im *Subjuntivo*:

Infinitiv	corr –er	
	Präsens Ind.	Subjuntivo
yo	corr –o	corr –a
tú	corr –es	corr –as
él/ella, usted	corr –e	corr –a
nosotros/–as	corr –emos	corr –amos
vosotros/–as	corr –éis	corr –áis
ellos/–as, ustedes	corr –en	corr –an

Regelmäßige *ir*-Verben haben im *Subjuntivo* dieselben En- Tercera conjugación, –ir
dungen wie regelmäßige *er*-Verben.

Infinitiv	sub –ir	
	Präsens Ind.	Subjuntivo
yo	sub –o	sub –a
tú	sub –es	sub –as
él/ella, usted	sub –e	sub –a
nosotros/–as	sub –imos	sub –amos
vosotros/–as	sub –ís	sub –áis
ellos/–as, ustedes	sub –en	sub –an

Unregelmäßige Verben

Verbos irregulares

Endung –ga, –iga, –zca

Zu den unregelmäßigen Verben zählen Verben, die im Indikativ Präsens eine unregelmäßige 1. Person Singular haben.
Im *Subjuntivo* Präsens behalten sie jedoch diese Unregelmäßigkeit in allen Personen. Die Endungen sind regelmäßig:

Infinitiv	hacer	traer	conducir
	–g–	–ig–	–zc–
1. P. Sg. Präsens Ind.	hago	traigo	conduzco
Präsens Subj.	haga	traiga	conduzca
	hagas	traigas	conduzca
	haga	traiga	conduzcamos
	hagamos	traigamos	conduzcas
	hagáis	traigáis	conduzcáis
	hagan	traigan	conduzcan

–g–, –ig–, –zc–

Weitere Verben mit dieser Unregelmäßigkeit:
–g–: oír, tener, poner, venir, valer
–ig–: traer, caer, atraer
–zc–: Verben die im Infinitiv, auf *-acer, -ecer, -ucir* enden,
z. B. traducir, conocer, producir etc.

Diptongación   **Bildung von Doppellauten (Diphthongierung)**

Verben mit Dipththongierung werden auch im *Subjuntivo* diphthongiert. Ausgenommen von dieser Unregelmäßigkeit sind die 1. und 2. Person Plural.

e → ie
o → ue

Diphthongierung	–e– → –ie–	–o– → –ue–
Infinitiv	pensar	poder
yo	piense	pueda
tú	pienses	puedas
él/ella, usted	piense	pueda
nosotros/-as	pensemos	podamos
vosotros/-as	penséis	podáis
ellos/-as, ustedes	piensen	puedan

Weitere Verben mit Diphthongierung:
e → ie: querer (quiera), cerrar (cierre), empezar (empiece), mentir (mienta), recomendar (recomiende)
o → ue: volver (vuelva), encontrar (encuentre), almorzar (almuerce), soñar (sueñe), mostrar (muestre)

Bei **jugar** wird das **u** zu **ue**: *juegue, juegues* etc.

Cambio de la vocal de   **Wechsel des Stammvokals**
la raíz   Wie im Indikativ Präsens wird bei manchen Verben das **–e–** des Stamms zu **–i–**. Im *Subjuntivo* betrifft dies alle Personen:

e → i

	–e– → –i–
Infinitiv	pedir
yo	pida
tú	pidas
él/ella, usted	pida
nosotros/-as	pidamos
vosotros/-as	pidáis
ellos/-as, ustedes	pidan

Weitere Verben mit Vokalwechsel **e → i**:
reír(se), vestir(se), despedir(se), impedir, repetir, servir, concebir

Dipthongierung und Vokalwechsel

Diptongación y cambio de vocal

Die Verben der 3. Konjugation, die **–ie–** anstatt **–e–** bzw. **–ue–** anstatt **–o–** im Indikativ Präsens haben, behalten diese Veränderung im *Subjuntivo*. Außerdem wird in der 1. und 2. Person Plural **–o–** zu **–u–** und **–e–** zu **–i–**:

Diphthongierung Vokalwechsel	–e– → –ie– –e– → –i–	–o– → –ue– –o– → –u–
Infinitiv	sentir	dormir
yo	sienta	duerma
tú	sientas	duermas
él/ella, usted	sienta	duerma
nosotros/-as	sintamos	durmamos
vosotros/-as	sintáis	durmáis
ellos/-as, ustedes	sientan	duerman

Wechsel des Endvokals

Cambio de la vocal final

Bei Verben, die auf **–uir** enden, wird das **–i–** der Endung durch ein **–y–** ersetzt. Dies betrifft im *Subjuntivo* alle Personen:

i → y

	–i– → –y–
Infinitiv	construir
yo	construya
tú	construyas
él/ella, usted	construya
nosotros/-as	construyamos
vosotros/-as	construyáis
ellos/-as, ustedes	construyan

Weitere Verben dieser Gruppe:
constituir, contribuir, destruir, disminuir, distribuir, excluir, huir, incluir, influir, sustituir

Betonungswechsel

Cambios de acentuación

Auch der Wechsel der Betonung findet sich im *Subjuntivo* wieder. Bei einigen Verben wechselt das unbetonte **–i–** oder

–u– am Ende des Verbalstamms zu einem betontem –í– bzw.
–ú–. Ausgenommen sind die 1. und 2. Person Plural.

i → í
u → ú

	–i– → –í–	–u– → –ú–
Infinitiv	enviar	continuar
yo	envíe	continúe
tú	envíes	continúes
él/ella, usted	envíe	continúe
nosotros/as	enviemos	continuemos
vosotros/as	enviéis	continuéis
ellos/as, ustedes	envíen	continúen

Weitere Verben dieser Gruppe:
–i– → –í–: variar, guiar, coregrafiar, confiar u. a.
–u– → –ú–: actuar, fluctuar, licuar, puntuar u. a.

Verbos con varias
irregularidades

Verben mit mehr als einer Unregelmäßigkeit

Auch im *Subjuntivo* gibt es eine Gruppe von Verben, die
nicht weiter zusammengefasst werden kann. Die Unregelmäßigkeiten müssen hier gelernt werden.

estar, dar

	estar	dar
yo	esté	dé
tú	estés	des
él/ella, usted	esté	dé
nosotros/-as	estemos	demos
vosotros/-as	estéis	deis
ellos/-as, ustedes	estén	den

Bei den einsilbigen Verben **ser** und **ver** werden die Endungen
der *er*-Konjugation an *se–* und *ve–* angehängt.

ser, ver

	ser	ver
yo	sea	vea
tú	seas	veas
él/ella, usted	sea	vea
nosotros/-as	seamos	veamos
vosotros/-as	seáis	veáis
ellos/-as, ustedes	sean	vean

Bei den Verben **ir, saber** und **haber** kann der Stamm im *Sub-* ir, saber, haber
juntivo nicht von der Grundform abgeleitet werden:

	ir	saber	haber
yo	vaya	sepa	haya
tú	vayas	sepas	hayas
él/ella, usted	vaya	sepa	haya
nosotros/-as	vayamos	sepamos	hayamos
vosotros/-as	vayáis	sepáis	hayáis
ellos/-as, ustedes	vayan	sepan	hayan

Das Verb **decir** hat mehrere Unregelmäßigkeiten: decir

	decir
yo	diga
tú	digas
él/ella, usted	diga
nosotros/-as	digamos
vosotros/-as	digáis
ellos/-as, ustedes	digan

Cambios ortográficos

Verben mit einer Änderung der Schreibweise
–g– → –j– g → j
Bei Verben mit der Endung **–ger** oder **–gir** (**escoger, elegir**)
wird im *Subjuntivo* das **–g–** zu **–j–**. Geht dem **–g–** ein **–e–** voraus, wird dieses zu **–i–**:
escoja, escojas, escoja, escojamos, escojáis, escojan
elija, elijas, elija, elijamos, elijáis, elijan

–gu– → –g– gu → g
Bei Verben mit der Endung **–guir** (**seguir**) entfällt das **–u–**.
seguir: siga, sigas, siga, sigamos, sigáis, siga

> Weitere Verben dieser Gruppe:
> conseguir, perseguir

Einige unregelmäßige Verben der *-ar*-Konjugation haben
folgende Gemeinsamkeiten:

c → qu **–c– → –qu–**

Die Endung **–car** wird zu **–qu–**, wie z. B. in **sacar** → **saque**.

> Weitere Verben dieser Gruppe :
> equivocar, retrancar, justificar, reivindicar, edificar, secar

g → gu **–g– → –gu–**

Manche Verben mit der Endung **–gar** haben einen Wechsel zu **–gu–**, wie z. B. in **llegar** → **llegue**.

> Weitere Verben dieser Gruppe:
> plegar, restregar, renegar, regar

z → c **–z– → –c–**

Bei manchen Verben mit der Endung **–zar** kann die Endung im *Subjuntivo* zu **–c** werden, wie z. B. in **empezar** → **empiece**.

> Weitere Verben dieser Gruppe sind:
> comenzar, desraizar, cazar, popularizar

gu → gü **–gu– → –gü–**

Verben mit der Endung **–guar** haben im *Subjuntivo* die Endung **–gü–**. Bei **–ü–** handelt es um ein **diéresis**. Das **u** wird extra ausgesprochen: **averiguar** → **averigüe**.

> Weitere Verben: santiguarse, menguar, desaguar

Pretérito Imperfecto de Subjuntivo
Verbos regulares

3.2 Pretérito Imperfecto de Subjuntivo
Regelmäßige Verben

Der *Subjuntivo* Imperfekt wird von der 3. Person Plural des *Pretérito Indefinido* abgeleitet. An diesen Stamm werden die entsprechenden Endungen angehängt. Der *Subjuntivo* Imperfekt hat zwei Formen, auf **–ra** und auf **–se**, die alternativ gebraucht werden können. Die Form auf **–ra** lautet:

	hablar	comer	vivir
Indefinido	hablaron	comieron	vivieron
yo	hablara	comiera	viviera
tú	hablaras	comieras	vivieras
él, usted	hablara	comiera	viviera
nosotros	habláramos	comiéramos	viviéramos
vosotros	hablarais	comierais	vivierais
ellos, Uds.	hablaran	comieran	vivieran

Die Form auf **–se** lautet:

Infinitiv	hablar	comer	vivir
Indefinido	hablaron	comieron	vivieron
yo	hablase	comiese	viviese
tú	hablases	comieses	vivieses
él, usted	hablase	comiese	viviese
nosotros	hablásemos	comiésemos	viviésemos
vosotros	hablaseis	comieseis	vivieseis
ellos, Uds.	hablasen	comiesen	viviesen

Unregelmäßige Verben

Verbos irregulares

Verben, die im *Pretérito Indefinido* Unregelmäßigkeiten haben, behalten diese im *Subjuntivo* Imperfekt in allen Personen bei. Einige Beispiele:

Infinitiv	pedir	estar
Indefinido	pidieron	estuvieron
yo	pidiera/ pidiese	estuviera/ estuviese
tú	pidieras/ pidieses	estuvieras/ estuvieses
él, usted	pidiera/ pidiese	estuviera/ estuviese
nosotros	pidiéramos/ pidiésemos	estuviéramos/ estuviésemos
vosotros	pidierais/ pidieseis	estuvierais/ estuvieseis
ellos, Uds.	pidieran/ pidiesen	estuvieran/ estuviesen

3.3 Pretérito Perfecto und Pluscuamperfecto de Subjuntivo

Pretérito Perfecto y Pluscuamperfecto de Subjuntivo

Der *Subjuntivo* Perfekt wird mit dem *Subjuntivo* Präsens von *haber* und dem Partizip Perfekt gebildet. Der *Subjuntivo* Plusquamperfekt wird mit dem *Subjuntivo* Imperfekt von *haber* gebildet:

Infinitiv	hablar	
Subjuntivo	Perfekt	Plusquamperfekt
yo	haya hablado	hubiera/hubiese hablado
tú	hayas hablado	hubieras/hubieses hablado
él, usted	haya hablado	hubiera/hubiese hablado
nosotros	hayamos hablado	hubiéramos/hubiésemos hablado
vosotros	hayáis hablado	hubierais/hubieseis hablado
ellos, Uds.	hayan hablado	hubieran/hubiesen hablado

Usos del Subjuntivo

En oraciones subordinadas introducidas por "que"

Tras verbos de deseo, petición, permiso, prohibición o recomendación

Tras verbos que expresan sentimientos como miedo, alegría o esperanza

3.4 Gebrauch des Subjuntivo

Subjuntivo in *que*-Sätzen

Der Konjunktiv steht oft in Nebensätzen, die mit *que (dass)* eingeleitet werden. Durch die gleichzeitige Verwendung der Konjunktion und des Konjunktivs werden persönliche Einstellungen ausgedrückt. Dazu zählen:

Wunsch, Bitte, Erlaubnis, Verbot, Befehl, Aufforderung, Empfehlung (z. B. nach dem Verben *desear, querer, pedir, rogar, permitir, prohibir, impedir, exigir, insistir, ordenar, proponer, recomendar*):

Señorita, quiero que haga una lista de los invitados.
Te deseo que tengas mucha suerte en Costa Rica.
No te permito que digas eso.
Le recomiendo que reserve su habitación con antelación.

Gefühlsäußerungen wie Angst, Wut, Freude, Hoffnung, Zweifel (z. B. nach e*sperar, evitar, preferir, gustar, no gustar, molestar, divertir, dar miedo, aterrar, sorprender, alegrar*):

Me alegra que haya alguien que trabaje por eso.
Me aterra que contaminemos tanto.
Me sorprende que Adrián obtenga ese cargo.
Espero que te guste la película.

Bei persönlichen (z. B. *me parece bien, me parece mal*) und __Tras verbos que indican__ unpersönlichen **Stellungnahmen** (z. B. *es bueno, es malo*) valoración personal o verwendet man auch *que*-Sätze. Unpersönliche Satzmuster impersonal werden mit *ser* oder *estar* gebildet und drücken eine **Wertung** aus. Unpersönliche Konstruktionen folgen dem Muster: **ser/estar** – Adjektiv/Substantiv – **que**

> Es bueno que salgas con ese chic.
> Para Vicente es un problema que Pepe no tenga trabajo todavía.

Weitere Ausdrücke, nach denen *que* und *Subjuntivo* folgt:

es (im-)posible	→ es ist (un-)möglich
es bueno/malo	→ es ist gut/schlecht
es necesario/útil	→ es ist notwendig/nützlich
es una suerte	→ es ist ein Glück
es un problema	→ es ist ein Problem
es fácil/difícil	→ es ist einfach/schwierig
es mejor/peor	→ es ist besser/schlimmer
es normal/raro	→ es ist normal/seltsam
está bien/mal	→ etwas gut/schlecht finden
es una pena/es una lástima	→ es ist schade

> Es una pena que Susana y Daniel no sigan juntos, hacían una pareja tan bonita.
> Es necesario que encuentres pronto un trabajo.

Auch nach feststehenden Ausdrücken des **Zweifels** oder der __Tras verbos o__ **Unsicherheit** steht ein durch *que* eingeleiteter Nebensatz expresiones de duda o im *Subjuntivo*. Zu diesen Ausdrücken gehören: inseguridad

puede ser	→ es kann sein
no creo	→ ich glaube nicht
parece mentira	→ es ist kaum zu glauben
el hecho de que	→ die Tatsache, dass

> Parece mentira que Antonio cumpla ya trece años.
> No creo que Matthias vuelva a llamarme después de su comportamiento en la fiesta.

Expresión de
incertidumbre

Ausdruck von Ungewissheit

Bei der Verneinung im *Subjuntivo* ist darauf zu achten, welcher Teil verneint wird.

> Wird der Hauptsatz verneint, steht im Nebensatz weiterhin der *Subjuntivo*.

Creo que hay que llamar al doctor. **(Gewissheit)**
No creo que haya que llamar al doctor. **(Ungewissheit)**
Veo que tienes problemas. **(Gewissheit)**
No veo que tengas problemas. **(Ungewissheit)**

> Wird der Nebensatz verneint, muss der **Indikativ** verwendet werden.

Creo que no tiene tanto dinero como dice.
Pienso que no es tan mayor como aparenta.

En oraciones relativas

Subjuntivo in Relativsätzen

Der *Subjuntivo* wird in Relativsätzen verwendet, wenn eine Erwartung oder ein Wunsch ausgedrückt wird. Er steht auch, wenn die Person oder Sache, auf die sich das Relativpronomen bezieht, nicht existiert oder unbekannt ist:

Quiero comprar una casa que tenga cinco habitaciones.
No conozco a nadie que baile tan bien como tú.

Tras determinadas
conjunciones

Subjuntivo nach bestimmten Konjunktionen

a menos que	→ es sei denn, dass
antes/despúes (de) que	→ bevor/nachdem
con tal (de) que	→ vorausgesetzt, dass
en (el) caso (de) que	→ falls
para que	→ damit
sin que	→ ohne dass

He vuelto a hablar con mi profesor para que me cambie la nota de Latín.
Sin que trabajes y ahorres mucho, no lograrás comprar el coche que quieres.
Con tal que me deje en paz... saldré una vez más con él.

Subjuntivo in irrealen Bedingungssätzen

En oraciones
condicionales irreales

Der *Subjuntivo* wird in Bedingungssätzen (*si*-Sätzen) gebraucht, wenn die Bedingung unerfüllbar ist oder nicht erfüllt wurde.

Bei Nichtwirklichkeit in der Gegenwart steht im *si*-Satz der *Subjuntivo* Imperfekt:

> Si no estuviera tan lejos el museo, iría ahora mismo.
> Haría una paella, si hubiera buen pescado en el mercado.

Im Hauptsatz steht der Konditional I.

Bei Nichtwirklichkeit in der Vergangenheit steht im *si*-Satz der *Subjuntivo* Plusquamperfekt:

> Si no hubiera estado tan lejos el museo, habría ido sin dudarlo.
> Habría hecho una paella, si hubiera encontrado buen pescado.

Im Hauptsatz steht der Konditional II oder der *Subjuntivo* Plusquamperfekt.

Subjuntivo in unabhängigen Sätzen

En oraciones
independientes

Bei Aufforderungen kann das Hauptverb entfallen. Der Satz fängt mit der Konjunktion *que* an, gefolgt vom *Subjuntivo*.

> ¡Que dejes eso!
> ¡Que seas bueno!

Auch bei Wünschen und festen Wendungen kann der *Subjuntivo* allein stehen:

> Que aproveche.
> Feliz cumpleaños y que cumplas muchos más.
> Que te mejores.

Der *Subjuntivo* steht ebenfalls nach **ojalá** *(hoffentlich)*, um einen Wunsch auszudrücken:

> Ojalá que me escribas pronto.
> Ojalá que mis hijos hayan llegado ya a Madrid.

Indicativo y Subjuntivo: ambos posibles

Indikativ und Subjuntivo

Im Spanischen gibt es Situationen, in denen ein Sprecher entweder den Indikativ oder den *Subjuntivo* verwenden kann. Je nachdem in welchem Modus die Aussage steht, verändert sich die Bedeutung der Aussage. Bei den Verben *creer, notar, parecer, pensar, suponer, ver* kann im Nebensatz auch der Indikativ stehen. Dies ist der Fall, wenn der Hauptsatz nur als Kommentar dient.

> Jorge no cree que **tienes** 20 años. →
> Jorge glaubt nicht, dass du 20 Jahre alt bist.
> Jorge no cree que **tengas** 20 años.
> Jorge kann sich nicht vorstellen, dass du 20 Jahre alt bist.

Dies ist auch nach unpersönlichen Ausdrücken möglich:

es cierto	→ es stimmt
es evidente	→ es ist offensichtlich
es seguro	→ es ist sicher
es verdad	→ es ist wahr
es(tá) correcto	→ es ist richtig
está demostrado	→ es ist bewiesen

> Es evidente que así va a terminar enfermo.
> No es evidente que siempre esté enfermo.
> Es verdad que es un hombre trabajador.
> No es verdad que sea un hombre trabajador.

Nach Ausdrücken der Wahrscheinlichkeit, wie *quizá, tal vez, acaso, probablemente, posiblemente* kann die Verwendung von Indikativ und *Subjuntivo* einen feinen Bedeutungsunterschied hervorrufen.

> Wird der Indikativ verwendet, so ist die Aussage eher wahrscheinlich. Beim *Subjuntivo* ist sie eher unwahrscheinlich.

> Tal vez viene más tarde. (**Indikativ**)
> Tal vez venga más tarde. (*Subjuntivo*)
> Quizá escucha música y por eso no responde. (**Indikativ**)
> Quizá escuche música y por eso no responde. (*Subjuntivo*)

4 Imperativ

Der Imperativ (Befehlsform) wird im Spanischen oft verwendet. Befehle und auch Verbote werden immer direkt an einen Gesprächspartner gerichtet, weshalb Imperative fast ausschließlich in der 2. Person Singular und Plural vorkommen *(tú, usted, vosotros/-as, ustedes)*. Im Deutschen ist das ähnlich. Befehle richtet man an die zweite Person *(Geh' ins Bett! Fahren Sie langsamer!)*. Das Spanische besitzt neben dieser positiven Befehlsform, eine negative, verneinte Befehlsform *(Geh' nicht ins Bett!)*. Man spricht im Spanischen deshalb von **bejahtem** und **verneintem** Imperativ.

Bildung

Nur die 2. Person Singular und Plural *(tú, vosotros)* haben eine eigene Imperativform. Für alle anderen Personen wird der *Subjuntivo* Präsens verwendet.

Regelmäßige Verben

	hablar	comer	subir
tú	habla	come	sube
usted	hable	coma	suba
nosotros/-as	hablemos	comamos	subamos
vosotros/-as	hablad	comed	subid
ustedes	hablen	coman	suban

	hablar	comer	subir
tú	no hables	no comas	no subas
usted	no hable	no coma	no suba
nos.	no hablemos	no comamos	no subamos
vos.	no habléis	no comáis	no subáis
Uds.	no hablen	no coman	no suban

Habla más despacio.
Vamos, subid a casa.
No comas tanto, has comido demasiado ya.

Verbos irregulares ## Unregelmäßige Verben

Die unregelmäßigen Verben bilden häufig den Imperativ aus der Form der 1. Person Singular Präsens. Beim Verb *pensar* lautet die 1. Person Singular Präsens *piensa*. Der Imperativ wird nun aus dem unregelmäßigen Stamm *piens-* gebildet, an den die Imperativendungen gehängt werden.

> Der Stamm verändert sich. Die Endungen bleiben regelmäßig.

Das Verb *pensar* gehört zu den Verben mit einer Diphthongierung. Der Stammvokal **–e–** wird zu **–ie–**.
Alle Verben, die im Indikativ Präsens Unregelmäßigkeiten haben, behalten sie im bejahten Imperativ. Je nach Art der Unregelmäßigkeit sind andere Personen betroffen.

e → ie ### Verben mit Wechsel e → ie

Infinitiv:	Person	Bejahter	Verneinter
pensar		Imperativ	Imperativ
Präsens:	tú	piensa	no pienses
pienso	usted	piense	no piense
	nosotros	pensemos	no pensemos
	vosotros	pensad	no penséis
	ustedes	piensen	no piensen

o → ue ### Verben mit Wechsel o → ue

Infinitiv:	Person	Bejahter	Verneinter
volar		Imperativ	Imperativ
Präsens:	tú	vuela	no vueles
vuelo	usted	vuele	no vuele
	nosotros	volemos	no volemos
	vosotros	volad	no voléis
	ustedes	vuelen	no vuelen

Verben mit Wechsel e → i

Infinitiv:	Person	Bejahter Imperativ	Verneinter Imperativ
pedir			
Präsens:	tú	pide	no pidas
pido	usted	pida	no pida
	nosotros	pidamos	no pidamos
	vosotros	pedid	no pidáis
	ustedes	pidan	no pidan

e → i

Verben mit Wechsel e → ie und e → i

Infinitiv:	Person	Bejahter Imperativ	Verneinter Imperativ
sentir			
Präsens:	tú	siente	no sientas
siento	usted	sienta	no sienta
	nosotros	sintamos	no sintamos
	vosotros	sintáis	no sintáis
	ustedes	sientan	no sientan

e → ie
e → i

Verben mit Wechsel o → ue und o → u

Infinitiv:	Person	Bejahter Imperativ	Verneinter Imperativ
dormir			
Präsens:	tú	duerme	no duermas
duermo	usted	duerma	no duerma
	nosotros	durmamos	no durmamos
	vosotros	dormid	no durmáis
	ustedes	duerman	no duerman

o → ue
o → u

Verben mit Wechsel i → y

Infinitiv:	Person	Bejahter Imperativ	Verneinter Imperativ
huir			
Präsens:	tú	huye	no huyas
huyo	usted	huya	no huya
	nosotros	huyamos	no huyamos
	vosotros	huid	no huyáis
	ustedes	huyan	no huyan

i → y

i → í
Verben mit Wechsel i → í

Infinitiv: enviar	Person	Bejahter Imperativ	Verneinter Imperativ
Präsens: envío	tú	envía	no envíes
	usted	envíe	no envíe
	nosotros	enviemos	no enviemos
	vosotros	enviad	no enviéis
	ustedes	envíen	no envíen

u → ú
Verben mit Wechsel u → ú

Infinitiv: continuar	Person	Bejahter Imperativ	Verneinter Imperativ
Präsens: continúo	tú	continúa	no continúes
	usted	continúe	no continúe
	nosotros	continuemos	no continuemos
	vosotros	continuad	no continuéis
	ustedes	continúen	no continúen

c → cz
Verben mit Wechsel c → cz

Infinitiv: conocer	Person	Bejahter Imperativ	Verneiter Imperativ
Präsens: conozco	tú	conoce	no conozcas
	usted	conozca	no conozca
	nosotros	conozcamos	no conozcamos
	vosotros	conoced	no conozcáis
	ustedes	conozcan	no conozcan

Verbos con varias irregularidades
Verben mit mehr als einer Unregelmäßigkeit

Manche Verben sind außerdem in der 2. Person Singular unregelmäßig. Die 2. Person Plural im bejahten Imperativ ist jedoch regelmäßig. Diese Verben behalten ebenfalls die Unregelmäßigkeiten vom Indikativ Präsens bzw. *Subjuntivo* Präsens bei:

Infinitiv: decir	Person	Bejahter Imperativ	Verneinter Imperativ
Präsens:	tú	di	no digas
digo	usted	diga	no diga
	nosotros	digamos	no digamos
	vosotros	decid	no digáis
	ustedes	digan	no digan

decir

Infinitiv: hacer	Person	Bejahter Imperativ	Verneinter Imperativ
Präsens:	tú	haz	no hagas
hago	usted	haga	no haga
	nosotros	hagamos	no hagamos
	vosotros	haced	no hagáis
	ustedes	hagan	no hagan

hacer

Infinitiv: poner	Person	Bejahter Imperativ	Verneinter Imperativ
Präsens:	tú	pon	no pongas
pongo	usted	ponga	no ponga
	nosotros	pongamos	no pongamos
	vosotros	poned	no pongáis
	ustedes	pongan	no pongan

poner

Die Verben *salir (salgo)*, *tener (tengo)* und *venir (vengo)* wer- salir, tener, venir
den ähnlich gebildet. In der 2. Person Singular steht verein-
facht gesagt der Verbstamm alleine (**sal, ten, ven**). In der
2. Person Plural wird das *-r* am Wortende durch ein *-d* ersetzt (**salid, tened, venid**). In allen anderen Formen werden
an den Stamm der 1. Person Singular Präsens (**salg–, teng–,
veng–**) die entsprechenden Endungen angehängt.

Bei einigen Verben kann der Imperativ allerdings nicht von
der 1. Person Singular Präsens abgeleitet werden. Nachfol-
gende wichtige Verben sind im Imperativ durchweg unregelmäßig:

Infinitiv	Person	Bejahter Imperativ	Verneinter Imperativ
dar	tú	da	no des
	usted	dé	no dé
	nosotros	demos	no demos
	vosotros	dad	no déis
	ustedes	den	no den

ir	tú	ve	no vayas
	usted	vaya	no vaya
	nosotros	vayamos	no vayamos
	vosotros	id	no vayáis
	ustedes	vayan	no vayan

oír	tú	oye	no oigas
	usted	oiga	no oiga
	nosotros	oigamos	no oigamos
	vosotros	oíd	no oigáis
	ustedes	oigan	no oigan

ser	tú	sé	no seas
	usted	sea	no sea
	nosotros	seamos	no seamos
	vosotros	sed	no seáis
	ustedes	sean	no sean

Cambios ortográficos **Änderung der Schreibweise**

Manche Verben mit den Endungen -car, -cer, -gar, -gir und -zar haben im bejahten Imperativ ortografische Veränderungen. Die 2. Person Singular *(tú)* und die 2. Person Plural *(vosotros/-as)* sind jedoch meist regelmäßig. Diese Gruppe von unregelmäßigen Verben ist relativ klein:

	–car	–cer
Infinitiv	marcar	convencer
tú	marca	convence
usted	marque	convenza
nosotros/-as	marquemos	convenzamos
vosotros/-as	marcad	convenced
ustedes	marquen	convenzan

	–gar	–gir	–zar
Infinitiv	cargar	elegir	empezar
tú	carga	elije	empieza
usted	cargue	elija	empiece
nosotros/-as	carguemos	elijamos	empecemos
vosotros/-as	cargad	elegid	empezad
ustedes	carguen	elijan	empiecen

Gebrauch Usos ▬

Die Befehlsform wird immer dann gebraucht, wenn man eine
andere Person **auffordert**, etwas zu tun oder wenn man ihr Órdenes, instrucciones ▬
einen **Befehl** erteilt. Es gibt unterschiedliche Situationen, in
denen Befehle notwendig sind. Zum Beispiel können Eltern
ihren Kindern Befehle oder Anweisungen geben oder etwa der
Vorgesetzte seinen Mitarbeitern. Es ist dabei meist eine Person der anderen übergeordnet (Eltern → Kind, Vorgesetzter
→ Mitarbeiter). Die angesprochene Person kann sich diesem
Befehl im Prinzip nicht entziehen, denn sie kann schwer *nein*
sagen:

¡Ven ahora mismo!
¡Hortensia, sal de ahí!
Por favor, hable más despacio.

Soll der Befehl weniger direkt sein, weil er z. B. an eine
fremde Person gerichtet ist oder man höflich sein will, so be- Petición ▬
nutzt man **por favor**. Der Befehl wird dadurch zur **Bitte** oder
höflichen Aufforderung und dem Gesprächspartner wird
immerhin noch die Möglichkeit gelassen, *nein* zu sagen:

Ayúdame, por favor, con mis deberes de Matemáticas.
Pasa, pasa, hombre y siéntete como en tu casa.
Siéntate por favor.

Auch **Ratschläge, Vorschläge** und **Einladungen** können in Consejos, propuestas,
der Befehlsform stehen. Sie wirken dabei nicht unbedingt invitaciones ▬
als Befehl, sondern als freundliche Aufforderung, etwas zu
tun. Der Angesprochene kann auch hier ablehnen:

Mejor, venid a las 12:30.
Descansa un poco y duerme más. No tienes buen aspecto.
Cenad con nosotros, tengo algo importante que contaros.

Daneben gibt es Situationen, in denen die Befehlsform gewählt wird, um klare, kurze Anweisungen zu geben. Solche Anweisungen findet man z. B. im Kochbuch oder in Gebrauchsanweisungen:

> Siga todo recto, tome la primera a la izquierda y el banco está allí enfrente.
> Conduzca con cuidado. Zona residencial.
> Tome el medicamento con mucho líquido.
> Primero bata los huevos por separado, luego añada la mantequilla y el azúcar...

Estructuras idiomáticas y formas de cortesía

Manche **Redewendungen** und **Höflichkeitsfloskeln** stehen ebenfalls im Imperativ:

¡Tenga!	→	Hier, bitte schön!
¡Dígame!	→	Ja, hallo? (am Telefon)
¡No te molestes!	→	Mach dir keine Umstände!
¡Cuenta, cuenta!	→	Erzähl mal!
¡Pasa, pasa!	→	Komm bitte rein!

Colocación de los pronombres con el Imperativo

Stellung der Pronomen mit Imperativ

Eine Besonderheit des Spanischen ist die Kombination von Imperativ und Pronomen. Im **bejahten Imperativ** werden die Personalpronomen direkt an die Imperativform des Verbs angehängt; zuerst das indirekte, danach das direkte Objektpronomen:

Imperativo afirmativo

Cuéntamela.	→	Erzähl sie mir.
Lolita, ayúdanos, por favor.	→	Lolita, hilf uns bitte.
Leénoslo abuelita, por favor.	→	Lies uns es bitte vor, Oma.
Pablito, póntelo.	→	Pablito, zieh es dir an.
Pase y siéntese.	→	Kommen Sie bitte und setzen Sie sich hin.

Imperativo negativo

Im **verneinten Imperativ** steht das Pronomen vor dem Imperativform des Verbs:

No me la cuentes.	→	Erzähl sie mir nicht.
Lolita, no nos ayudes.	→	Lolita, hilf uns nicht.
No nos lo leas.	→	Lies es uns nicht vor.
Pablito, no te lo pongas.	→	Pablito, zieh dir es nicht an.

Wird das Reflexivpronomen **os** an die Imperativform des Verbs gehängt, entfällt das **–d** in der 2. Person Plural:

Comed la tarta.	→	Coméosla.
Poneos el jersey.	→	Ponéoslo.
Pasad y tomad asiento.	→	Pasad y sentaos.

5 Infinite Verbformen

Formas verbales no personales

Bis jetzt wurden die finiten Verbformen dargestellt. Sie sind nach Person, Numerus, Tempus und Modus bestimmt (Präsens, Imperfekt etc.). Die infiniten Verbformen dagegen werden nicht konjugiert. Im Spanischen gibt es vier infinite Verbformen: Infinitiv, Partizip Präsens, Partizip Perfekt und Gerundium.

5.1 Infinitiv

Infinitivo

Der Infinitiv ist die Grundform des Verbs, die man z.B. im Wörterbüchern findet, wenn man nach einem Verb sucht.

Formen

Formas

1. Konjugation	2. Konjugation	3. Konjugation
hablar	comer	salir

Gebrauch

Usos

Der Infinitiv wird gebraucht
→ wie ein Substantiv:

Vivir así no te conviene.
Trabajar tanto puede ponerte enfermo.

→ in verbalen Konstruktionen:

Tengo que comprar harina y huevos.
Voy a terminar pronto.

→ anstelle von Nebensätzen:

Al verla me puse nervioso.
A pesar de estar cansada, me levantaré.

Verbale Konstruktionen mit Infinitiv

Verbale Konstruktionen bzw. Umschreibungen *(perífrasis verbales)* sind Verbindungen aus einem konjugierten Verb und einem Infinitiv bzw. Gerundium. Das konjugierte Verb hat meist in der Umschreibung eine übertragene Bedeutung:

Konstruktionen, die die Zukunft oder den Beginn einer Handlung ausdrücken:

ir a	→ etwas vorhaben; etwas machen werden
empezar a	→ anfangen, etwas zu tun
ponerse a	→ anfangen, etwas zu tun (mit Entschlossenheit)
echarse a	→ plötzlich anfangen, etwas zu tun
no tardar en	→ bald etwas tun

Vamos a comer pronto.
Empieza a llover.
De repente se puso a llorar.
Se echó a correr y casi no le alcanzo.
No te preocupes, ya no tarda en llegar.

Konstruktionen, die das Ende der Handlung ausdrücken:

acabar de	→ gerade etwas getan haben
dejar de	→ aufhören etwas zu tun
acabar por	→ schließlich etwas tun
terminar por	→ schließlich etwas tun
llegar a	→ schließlich etwas erreichen, sogar etwas tun

Acaba de llamar Roberto.
He dejado de ir al curso de inglés.
Acabamos por elegir un hotel en la costa.
Terminó por decir la verdad.
Llegó a creer que yo no quería ayudarla.

Konstruktionen, die eine Pflicht ausdrücken:
tener que → müssen   hay que → man muss

Tenemos que levantarnos pronto.
Hay que devolver este libro a la biblioteca.

Andere:
deber de → müssen (als Vermutung)
volver a → noch einmal etwas tun

Deben de ser las cinco de la tarde.
Si vuelves a hacer eso, no sales hoy de casa.

Infinitiv anstelle von Nebensätzen

Infinitivo como oración
subordinada

→ statt *cuando* + Indikativ:

Al entrar en casa vi lo que había ocurrido.

→ statt *antes/después de que* + *Subjuntivo*:

Antes de ir a la cama, tienes que lavarte los dientes.
Después de comer, haré los deberes.

→ statt *porque, como* + Indikativ:

Por llorar tanto ahora te duelen los ojos.

→ statt *aunque* + Indikativ/*Subjuntivo*:

A pesar de tomarme las pastillas, me duele la cabeza todavía.

→ statt *si* + Indikativ/*Subjuntivo:*

En caso de cambiar de trabajo, no iría de vacaciones.

5.2 Partizip

Participio

Es gibt zwei Formen des Partizips: das Partizip Präsens und das Partizip Perfekt.

Partizip Präsens

Participio Presente

Im Unterschied zum Deutschen hat das spanische Partizip Präsens nur eine geringe Bedeutung. Allgemein liegt das wohl daran, dass partizipialisierte Verben zu einer anderen Wortklasse gehören. Sie werden entweder als Substantive oder Adjektive gebraucht.

Bildung

Formación

Da kaum noch neue Verben im Partizip Präsens entstehen, kann nicht direkt von Bildung des Partizip Präsens die Rede sein. Verben im Partizip Präsens sind häufig lexikalische Einheiten, d.h. sie stehen im Lexikon. Ein Zeichen von partizipialisierten Verben ist die Endung **–nte**.

Gebrauch

Viele Partizipien sind Substantive:

el/la caminante	→ Wanderer, Wanderin
el/la delicuente	→ Verbrecher/in
el/la descendiente	→ Nachkomme
el/la fabricante	→ Fabrikant/in
el/la hablante	→ Sprecher/in
el/la superviviente	→ Überlebende/r

Dazu gehören noch:
el/la presidente el/la oyente, el/la cantante, el/la asistente, el/la estudiante

Dass diese Substantive ursprünglich von Verben abgeleitet wurden, kann mit einem Relativsatz getestet werden:

un cantante	→ persona que canta
un descendiente	→ persona que desciende de...
un oyente	→ persona que oye algo
un hablante	→ persona que habla

Bei manchen Substantiven kann der verbale Ursprung allerdings nur noch sprachgeschichtlich rekonstruiert werden, da das Verb in der modernen Sprache nicht mehr verwendet wird. Viele geläufige Adjektive waren ebenfalls Verben im Partizip Präsens. Zu diesen Adjektiven gibt es entsprechende Verben.

creciente	→ wachsend	obediente	→ gehorsam
imponente	→ imposant	residente	→ wohnhaft
influyente	→ einflussreich	sonriente	→ lächelnd
interesante	→ interessant		

Weitere Adjektive dieser Art:
competente, estimulante, exigente, brillante, angustiante

La situación de Míriam y Antonio es muy angustiante.
Mi profesor de Económicas es muy exigente.

Partizip Perfekt

Wesentlich häufiger als das Partizip Präsens wird das Partizip Perfekt gebraucht.

Bildung

Im Partizip Perfekt gibt es pro Konjugationsgruppe eine Endung. Bei den Verben auf **–ar** ist dies **–ado**, bei den Verben auf **–er** und **–ir** wird die Endung **–ido** an den Stamm gehängt:

trabaj**-ar** →	trabaj**-ado**
ten**-er** →	ten**-ido**
sub**-ir** →	sub**-ido**

Die Zahl der Verben, die ein unregelmäßiges Partizip bilden, ist recht übersichtlich. Nicht alle Verben, die normalerweise unregelmäßig sind, haben eine unregelmäßige Verbform im Partizip. Unregelmäßig sind:

abrir	→ abierto	morir	→ muerto
cubrir	→ cubierto	poner	→ puesto
decir	→ dicho	resolver	→ resuelto
escribir	→ escrito	romper	→ roto
freír	→ frito	ver	→ visto
hacer	→ hecho	volver	→ vuelto

Auch Ableitungen aus diesen Verben sind unregelmäßig:

descubrir →	descubierto
deshacer →	deshecho
devolver →	devuelto
envolver →	envuelto

Gebrauch

Als infinite Verbform wird das Partizip nicht konjugiert. Das Partizip Perfekt wird in erster Linie verwendet, um die **zusammengesetzten Zeiten** zu bilden. Allgemein bestehen zusammengesetzte Zeiten aus einem Hilfsverb *(haber)* und einem Vollverb. Das Hilfsverb wird konjugiert und das Vollverb steht im Partizip:

Zusammengesetzte Zeiten im Spanischen:
Pretérito Perfecto =
Präsens von *haber* + Partizip Perfekt
He preparado un cena excelente para mis invitados.
Hoy en la mañana he leído el periódico.
Pretérito Pluscuamperfecto =
Imperfekt von *haber* + Partizip Perfekt
Había preparado una cena excelente, cuando recordé que no tenía nada para beber.
Yo siempre había soñado con la Torre Eiffel.
Futuro Perfecto =
Futur I von *haber* + Partizip Perfekt
Mañana a esta hora habré preparado una buena cena.
Condicional Perfecto =
Konditional I von *haber* + Partizip Perfekt
De haber sabido que volvíais el sábado, os habríamos preparado una sorpresa.

Mit dem Partizip Perfekt wird auch das **Passiv** gebildet. Hierzu verbindet man eine Form des Hilfsverbs *ser* mit dem Partizip Perfekt. Das Hilfsverb wird konjugiert und das Partizip Perfekt passt sich dem Genus und Numerus des Substantivs an.

Voz pasiva

Es un honor haber sido invitado/invitada a la fiesta.

Das **Zustandspassiv** wird aus dem Hilfsverb **estar** und dem Partizip Perfekt gebildet (s. S. XX).

¿Por qué están todas las ventanas cerradas?
Los niños ya están dormidos.

Partizipien werden aber auch als **Substantive** verwendet. Von Partizipien abgeleitete Substantive sind z. B.:

Uso como sustantivo

cubrir – la cubierta	→	die Abdeckung, das Deck
decir – el dicho	→	der Spruch
hacer – el hecho	→	die Tatsache
morir – el/la muerto/a	→	der/die Tote
poner – el puesto	→	die Stelle
ver – la vista	→	die Sicht, die Aussicht
volver – la vuelta	→	das Rückgeld, Rückkehr

En Latinoamérica se habla mucho con dichos.
El hecho es que Miguel aún sigue enamorado de Patricia.

Obwohl das Partizip Perfekt zu den infiniten Verbformen Valor adjetivo
gehört und nicht konjugierbar ist, kann es in der **Funktion als Adjektiv** doch verändert werden. Es passt sich dem Genus und Numerus des Substantivs an. Die Endung ist **–o (–os)** bei maskulinen Substantiven und **–a (–as)** bei femininen Substantiven.

¿Y usted qué desea comer? – Deseo pescado frito (freír) y patatas cocidas (cocer). – Pues... Yo prefiero carne asada (asar) y patatas fritas (freír).
¿Qué traje tan bonito, de qué está hecho? – La blusa está hecha de seda y los pantalones están hechos de algodón.

5.3 Gerundium

Gerundio

Im Deutschen gibt es kein Gerundium. Im Englischen wird mit dem Gerundium etwas anderes bezeichnet als im Spanischen. Die Bildung und der Gebrauch des Gerundiums bereiten allerdings kaum größere Probleme.

Bildung
Formación

Regelmäßige Verben
Verbos regulares

Für das Gerundium gibt es in den drei Konjugationsgruppen feste Endungen.

> Die Verben der **ar-Konjugation** haben im Gerundium die Endung **–ando**.
> habl-ar → habl-**ando**
> Die Verben der **er-** und **ir-Konjugation** haben im Gerundium die Endung -**iendo**.
> com-**er** → com-**iendo**
> sub-**ir** → sub-**iendo**

Unregelmäßige Verben
Verbos irregulares

Nicht alle unregelmäßigen Verben haben eine unregelmäßige Form im Gerundium. Meistens muss man diese Formen extra lernen. Bei einigen Verben können die Gerundiumformen aus dem unregelmäßigen Präsens abgeleitet werden:

Verben der *ir*-Konjugationen mit Vokalwechsel von **–e–** zu **–ie–** weisen im Gerundium ein **–i–** auf:

Infinitiv	Präsens	Gerundium
preferir	prefiero	prefiriendo
sentir	siento	sintiendo
venir	vienes	viniendo

Verben auf *-ir* mit dem Vokalwechsel von **–e–** zu **–i–** weisen im Gerundium ein **–i–** auf:

Infinitiv	Präsens	Gerundium
reír	río	riendo
pedir	pido	pidiendo
decir	digo	diciendo

Verben der *er*- und *ir*- Konjugation mit einem Vokalwechsel von **–o–** zu **–ue–** haben im Gerundium ein **–u–**:

Infinitiv	Präsens	Gerundium
poder	puedo	pudiendo
dormir	duermo	durmiendo
morir	muero	muriendo

Verben, deren Stamm auf einem Vokal endet, haben im Gerundium ein **–y–** zwischen Stamm und Endung:

Infinitiv	Präsens	Gerundium
leer	leo	leyendo
traer	traen	trayendo
creer	creo	creyendo
oir	oyes	oyendo

Gebrauch

Usos

Das Gerundium wird in erster Linie gebraucht, um über eine Handlung zu sprechen, die gerade geschieht. Es ist somit die **Verlaufsform** im Spanischen. Im deutschen Sprachraum gibt es keine Verlaufsform. Um auszudrücken, dass etwas zum Sprechzeitpunkt geschieht, benutzt man zusätzliche Ausdrücke, wie z. B. *gerade, jetzt, im Moment*. Man sagt im Deutschen nicht *„Miguel ist sprechend"*, sondern: *„Miguel spricht gerade."* Gebildet wird die spanische Verlaufsform

Forma continua:
estar + Gerundio

aus dem Hilfsverb *estar* und dem Gerundium. Dabei wird nur *estar* konjugiert, das Gerundium bleibt unverändert:

Miguel está hablando con Margarita muy seriamente.
Últimamente estoy durmiendo muy poco.
Ahora no puedo hablar, estamos comiendo.
Gustavo, estás hablando demasiadas bobadas.

seguir + Gerundio

Steht das Hilfsverb *seguir* vor dem Gerundium, wird die Dauer oder Weiterführung einer Handlung beschrieben:

Aunque Juanito ya tiene cuatro años sigue tomando el biberón.
Pedro, ¿sigues todavía saliendo con Pilar?

Daneben kann das Gerundium bei Wegbeschreibungen verwendet werden:

El banco está, caminando por esta calle, al fondo a la derecha.
Los servicios están subiendo por las escaleras.

Es kann auch anstelle eines Nebensatzes stehen
→ bei Bedingungen:

En lugar de una oración subordinada

Quedándote en casa de Emma ahorrarás algo de dinero.

→ bei Begründungen:

Escuchándole Manuel, salió y cerró la puerta tras de sí.
Esperándole un par de horas, Angelina decidió pagar la cuenta y salir del restaurante.

→ bei einem Einwand, oft mit *aun* (sogar, auch wenn...):

Aun viéndolo yo misma no puedo creerlo.
Aun estudiando mucho, no logro sacar buenas notas con ese profesor.

Das Gerundium kann auch einen Relativsatz ersetzen:

En lugar de una oración relativa

Vi algunos grupos de ayuda recogiendo dinero para la catástrofe.
Escuché unas voces cantando y eso me emocionó.

En lugar de un
complemento
circunstancial

Es kann anstelle adverbialer Ausdrücke stehen. Richtungsangaben werden im Spanischen oft durch ein Richtungsverb
und ein Gerundium eines Bewegungsverbes wiedergegeben:

Cuando Elena le vio, fue sonriendo hacia él.
Cuando escuché el teléfono, salí corriendo.

**Verbos
modales**

6 Modalverben

Die deutschen Modalverben *können, dürfen, wollen, mögen,
brauchen, sollen, müssen* werden gebraucht, um ein anderes
Verb näher zu bestimmen (**mod**ifizieren). Dabei steht das
Verb, das näher bestimmt wird, im Infinitiv, während das
Modalverb konjugiert wird. Eine Schwierigkeit für Deutsche
sind ihre Bedeutungen. Jedes Modalverb hat mehrere Bedeutungen, die nicht mit den deutschen übereinstimmen
müssen. Dennoch können alle Redeabsichten des Deutschen
auch ins Spanische übertragen werden. Denn neben den
Modalverben gibt es weitere Möglichkeiten, die Modalität
auszudrücken.

poder **poder** *(dürfen, können)*

Mit dem Modalverb *poder* werden Fähigkeiten beschrieben.
Fähigkeiten sind entweder ganz allgemeine, grundsätzliche
Fähigkeiten oder Fähigkeiten, die die Umstände erlauben.

Hoy por la noche no puedo ir porque mi abuela está enferma.
No puedo tomar nada de leche. Tengo intolerancia.

Das Modalverb *poder* bedeutet auch *dürfen*:

Mamá, ¿puedo ir a la fiesta?
Perdón, ¿puedo pasar?
¿Cree usted que pueda verlo?
No se puede aparcar aquí.

saber *(können, gelernt haben)*

Mit *saber* wird zum Ausdruck gebracht, dass man körperliche und geistige Fähigkeiten besitzt, man also etwas *kann* (weil man es vorher gelernt hat). Es entspricht dem deutschen *können* in der Bedeutung *fähig sein, etwas zu tun*:

Stefan sabe tocar muy bien la guitarra.
Carlos sabe bailar muy bien.
Mi amiga Sina sabe hablar cuatro idiomas.

querer *(mögen, wollen)*

Mit dem Modalverb *querer* werden Wünsche und Absichten ausgedrückt. Wünsche und Absichten verweisen auf Zukünftiges. In *querer* ist also der zukünftige Aspekt enthalten.

Quiero comprar una nueva bicicleta.

In Fragesätzen kann mit *querer* auch nach zukünftigen Absichten, Vorhaben gefragt werden.

¿Qué quieres tomar?   ¿Quieres probártelo?

Um einen Wunsch höflicher und weniger direkt auszudrücken, steht *querer* im Imperfekt *(quería)*, Konditional *(querría)* bzw. *Subjuntivo* Imperfekt *(quisiera)*. Der Verweis auf Zukünftiges bleibt erhalten.

Quisiera un café con leche y un bocadillo de jamón, por favor.
Quería un kilo de uvas y medio kilo de fresas... ¿Cuánto es?

Neben dem Modalverb *querer* können Wünsche auch mit *desear* geäußert werden.

¿Qué desea tomar?
¿Deseas tomar un vino rosado?

deber *(sollen, müssen)*

Das Modalverb *deber* wird verwendet bei einer Verpflichtung, einer Notwendigkeit oder einem Zwang.

No hablemos más. Esto debe estar listo para mañana.
Debes ser más cuidadoso con lo que dices.
Debes trabajar más organizadamente.

Teilweise kann mit *deber* auch ein Appell ausgesprochen werden.

> Debes ahorrar más dinero y así ayudar a tu madre.

In Verbindung mit der Verneinung *no (no deber)* kann ein Verbot ausgedrückt werden.

> No debes jugar tan brusco... así te quedarás sin amiguitos.
> No debes hablar así con tu abuela, ella es mayor y merece respeto.

Zum Ausdruck einer Vermutung steht *deber* mit der Präposition *de* (*deber de* = muss ungefähr).

> Vosotras debéis de ser Sabine y Diana, las amigas de Andrea.
> No te preocupes, mujer. Debe de haber tenido una avería.

Steht *deber* im Konditional, wird ein Ratschlag gegeben.

> Deberías hacer una dieta.
> Deberías hacer más deporte.

dejar *(lassen, zulassen)*

dejar — Steht nach dem Verb *dejar* der Infinitiv, so hat es eine modale Funktion und drückt eine Erlaubnis aus.

> Mamá, déjame ir a la fiesta.
> Por favor, déjame comprar el periódico y después te acompaño a la terminal.
> Déjame estudiar... es que tengo examen mañana por la mañana.

Verbos reflexivos

7 Reflexive Verben

Bei den reflexiven Verben (rückbezügliche Verben) handelt es sich um Verben, die das Reflexivpronomen immer bei sich haben. Der Infinitiv der reflexiven Verben wird im Spanischen mit **–se** gekennzeichnet. Wenn diese Endung an den Infinitiv eines Verbs angehängt wird, entsteht ein Reflexiv-

verb. An der Konjugation des Verbs ändert sich nichts: regelmäßige Verben bleiben regelmäßig und unregelmäßige Verben bleiben unregelmäßig:

Formen im Präsens

Formas del Presente

	lavarse
yo	me lavo
tú	te lavas
él/ella, usted	se lava
nosotros/-as	nos lavamos
vosotros/-as	os laváis
ellos/-as, ustedes	se lavan

Gebrauch

Einige Verben können sowohl nicht-reflexiv als auch reflexiv
gebraucht werden. Sie haben oft eine andere Bedeutung:

Usos

Verbos reflexivos y no
reflexivos

lavar (waschen)	→ lavarse (sich waschen)
despertar (wecken)	→ despertarse (aufwachen)
acostar (ins Bett bringen)	→ acostarse (sich hinlegen)
dormir (schlafen)	→ dormirse (einschlafen)
ir (gehen)	→ irse (weggehen)
dar (geben)	→ darse (vorkommen)
quedar (übrig bleiben)	→ quedarse (bleiben)
llamar (rufen)	→ llamarse (heißen)
caer (fallen)	→ caerse (hinfallen)
llamar (rufen, anrufen)	→ llamarse (heißen)
negar (verneinen)	→ negarse (sich weigern)
cambiar (ändern)	→ cambiarse (sich umziehen)
volver (zurückkehren)	→ volverse (sich drehen)

Nicht immer entspricht ein spanisches Reflexivverb einem
deutschen. Einige deutsche Reflexivverben sind nicht-reflexiv im Spanischen:

Verbos reflexivos en
alemán

cambiar	→ sich verändern
girar	→ sich drehen
repercutir	→ sich auswirken

Verbos reflexivos en
español
Dasselbe gilt für Verben, die im Spanischen reflexiv sind, im Deutschen aber nicht.

llamarse	→ heißen	ducharse	→ duschen
casarse	→ heiraten	arrepentirse	→ bereuen
levantarse	→ aufstehen/	despertarse	→ aufwachen
acostarse	→ zu Bett gehen/	dormirse	→ einschlafen
	sich hinlegen	irse	→ weggehen
cansarse	→ müde werden	quedarse	→ bleiben
bañarse	→ baden	romperse	→ zerbrechen

Colocación de los
pronombres personales
Das Reflexivpronomen steht normalerweise vor dem konjugierten Verb. Beim bejahtem Imperativ, Gerundium und Infinitiv wird es an das Verb angehängt:

Camilo se ducha todos los días.
¡Dúchate! ducharse, duchándose

Bei Konstruktionen mit Infinitiv oder Gerundium sowie bei Modalverben stehen die Reflexivpronomen entweder vor dem konjugierten Verb oder sie werden an den Infinitiv bzw. an das Gerundium angehängt:

Marina va a mudarse a Valencia.
Marina se va a mudar a Valencia.
Marina está mudándose para Valencia.
Marina se está mudando para Valencia.

Besonderheiten
Die reflexiven Verben wie *sentarse* und *acostarse* beschreiben jeweils eine Handlung: *sich setzen, sich hinlegen*. Die deutschen Verben *sitzen* und *liegen* werden im Spanischen mit *estar sentado, estar acostado* wiedergegeben:

El papá se acuesta. → Der Vater legt sich hin.
El papá está acostado. → Der Vater liegt schon (im Bett).
Las alumnas se sientan en el teatro. → Die Schülerinnen setzen sich im Theater.
Las alumnas están sentadas en el teatro. → Die Schülerinnen sitzen gerade im Theater.

Auf einen Blick: Verb

Konjugationsgruppen

- drei Konjugationsgruppen: ar-, er-, ir-Verben

Die Zeiten des Indikativs

Präsens/Presente

- Handlungen und Gewohnheiten, sowie zeitunabhängige Tatsachen werden im Präsens ausgedrückt.
- regelmäßige Verben, z. B:
  1. Konjugation, *hablar: hablo, hablas, habla, hablamos, habláis, hablan.*
  2. Konjugation, *comer: como, comes, come, comemos, coméis, comen.*
  3. Konjugation, *escribir: escribo, escribes, escribe, escribimos, escribís, escriben.*
- Unregelmäßigkeiten nur im Singular und in der 3. Person Plural. Die 1. und 2. Person Plural (*nosotros* und *vosotros*) bleiben unveränderlich.
- Wichtige Unregelmäßigkeiten:
- **Diphthongierung:**
  o → ue: *encontrar → encuentro*
  e → ie: *querer → quiero*
- **Vokalwechsel**
  e → i: *servir → sirvo*

Perfekt/Pretérito Perfecto

- Beschreibung von vergangenen Ereignissen oder Handlungen mit Bezug zur Gegenwart.
- Bildung aus dem Verb **haber** im Präsens + **Partizip:**
  he hablado, has comido, ha vivido, hemos estado, habéis llegado, han salido

Historische Vergangenheit/Pretérito Indefinido

- Haupterzählzeit.
- Es werden Geschehen, Handlugen und Etappen geschildert, die als abgeschlossen gelten.
- Verben der *-ar*-Konjugation haben in der 3. Person die gleiche Form, wie die 1. Person Präsens. Nur ein Akzent unterscheidet beide Formen.
- regelmäßige Verben, z. B.:
  1. Konj., *hablar: hablé, hablaste, habló, hablamos, hablasteis, hablaron.*
  2. Konj., *comer: comí, comiste, comió, comimos, comisteis, comieron.*
  3. Konj., *escribir: escribí, escribiste, escribió, escribimos, escribisteis, escribieron.*

- Im *Indefinido* gibt es die meisten unregelmäßigen Verben.
- Verben mit einem neuen Stamm, z. B. *estar (estuv-e)*, *tener (tuv-e)*, *querer (quis-e)*. Alle Verben, die einen neuen Stamm haben, haben dann die gleichen Endungen. Die 1. und 3. Person Singular sind stammbetont.

Imperfekt/Pretérito Imperfecto

- Mit dem *Imperfecto* werden sich wiederholende Handlungen in der Vergangenheit beschrieben.
- Es wird auch verwendet, um Zustände oder Situationen in der Vergangenheit zu beschreiben.
- Bildung: **-ar**-Verben erhalten die Endung *-aba*, *-er-* und *-ir*-Verben die Endung *-ía*, z. B.:
    1. Konjugation, *hablar: hablaba, hablabas, hablaba, hablábamos, hablabais, hablaban.*
    2. Konjugation, *comer: comía, comías, comía, comíamos, comíais, comían.*
    3. Konjugation, *escribir: escribía, escribías, escribía, escribíamos, escribíais, escribían.*
- Nur drei Verben sind unregelmässig: *ser (era)*, *ir (iba)* und *ver (veía)*.

Plusquamperfekt/Pretérito Pluscuamperfecto

- zum Ausdruck der Vorvergangenheit
- Bildung aus dem Imperfekt von *haber (había)* und dem Partizip Perfekt, z. B.: *había hablado, habías llegado, había visto, habíamos vuelto, habíais salido, habían empezado.*

Futur I/Futuro Imperfecto

- Für zukünftige Handlungen, die in ihrer Realisierung unsicher sind.
- Alle Konjugationen haben die gleichen Endungen, die an den Infinitiv angehängt werden: *-é, -ás, -á, -emos, -éis, -án.*
- Es gibt unregelmäßige Formen wie *tener (tendré)*, *saber (sabré)*, *poner (pondré)*, *haber (habré)*.

Futur II/Futuro Perfecto

- Für zukünftige Handlungen, die schon stattgefunden haben, bevor eine neue Handlung eintritt.
- Bildung aus dem Futur I von *haber (habré)* und dem Partizip Perfekt, z. B.: *habré comprado, habrás terminado, habrá visto, habremos leído, habréis salido, habrán llamado*

Konditional I/Condicional Imperfecto

- Für höfliche Bitten oder Wünsche, in der indirekten Rede und in irrealen Bedingungssätzen. Auch für Vermutungen in der Vergangenheit.
- Alle Konjugationen haben die gleichen Endungen, die an den Infinitiv angehängt werden: *–ía, –ías, –ía, –íamos, –íais, –ían.*
- Es gibt unregelmäßige Formen wie *tener (tendría), saber (sabría), poner (pondría), haber (habría).*

Konditional II/Condicional Perfecto

- Für Handlungen, die nicht verwirklicht werden konnten, weil die entsprechende Voraussetzung fehlte, z. B. in irrealen Bedingungssätzen. Auch für Vermutungen in der Vergangenheit.
- Bildung aus dem Konditional von *haber (habría)* + Partizip Perfekt: *habría comido, habrías salido, habría entrado, habríamos cantado, habrían llamado.*

▬Wichtige Verben: *estar, ser, ver* und *tener*

Bildung der einfachen Zeiten

Presente	Indefinido	Imperfecto	Futuro	Condicional
estoy	estuve	estaba	estaré	estaría
soy	fui	era	seré	sería
veo	vi	veía	veré	vería
tengo	tuve	tenía	tendré	tendría

Bildung der zusammengesetzten Zeiten

Presente	Pretérito Perfecto	Pluscuamperfecto	Futuro Perfecto	Condicional Perfecto
estoy	he estado	había estado	habré estado	habría estado
soy	he sido	había sido	habré sido	habría sido
veo	he visto	había visto	habré visto	habría visto
tengo	he tenido	había tenido	habré tenido	habría tenido

Die Zeiten des Subjuntivo

Präsens/Presente
- regelmäßige Verben, z. B:
  1. Konjugation, *hablar: hable, hables, hable, hablemos, habléis, hablen.*
  2. Konjugation, *comer: coma, comas, coma, comamos, comáis, coman.*
  3. Konjugation, *escribir: escriba, escribas, escriba, escribamos, escribáis, escriban.*
- Wichtige Unregelmäßigkeiten:
- **–g–, –ig–, –zc–,** z. B. *hacer: haga, traer: traiga, conducir: conduzca.*
  Diese Unregelmäßigkeit betrifft alle Personen.
- **Diphthongierung:**
  o → ue: *encontrar* → *encuentre*
  e → ie: *querer* → *quiera*
  Diese Unregelmäßigkeit betrifft nicht die 1. und 2. Person Plural.
- **Vokalwechsel**
  e → i: *servir* → *sirva*
  Bei allen Personen des Verbs.
- **Diphthongierung und Vokalwechsel**
  o → ue + o → u: *dormir* und *morir, duerma, duermas, duerma, durmamos, durmáis, duerman.*
  e → ie + e → i: *sentir, sienta, sientas, sienta, sintamos, sintáis, sientan.*

Imperfecto de Subjuntivo
- Wird aus der 3. Person Plural des *Indefinido* gebildet.
- Alle Verben haben die gleichen Endungen:
  Formen auf **–ra**: *cantara, cantaras, cantara, cantáramos, cantarais, cantaran.*
  Formen auf **–se**: *cantase, cantases, cantase, cantásemos, cantaseis, cantasen.*
- Verben, die im *Indefinido* Unregelmäßigkeiten haben, behalten diese im *Subjuntivo* Imperfekt, z. B. *estar, Indefinido: estuve, Imperfecto de Subjuntivo: estuviera, estuvieras, estuviera ...*

Pretérito Perfecto/Pluscuamperfecto de Subjuntivo
- Bildung aus dem *Presente de Subjuntivo* bzw. *Imperfecto de Subjuntivo* von **haber** + Partizip Perfekt, z. B.:
  haya visto, hayas estudiado, haya cantado, hayamos salido, hayáis leído, hayan entrado
  hubiera/hubiese leído, hubieras/hubieses cantado, hubiera/hubiese visto, hubiéramos/hubiésemos aprendido, hubierais/hubieseis prometido, hubieran/hubiesen conocido

Gebrauch des Subjuntivo
- Zum Ausdruck persönlicher Redeabsichten (Wünsche, Zweifel, Gefühle, Möglichkeiten).
- *Subjuntivo* steht nach bestimmten Verben:
  Wunsch, Bitte: *desear, querer, pedir, rogar*
  Befehl, Erlaubnis: *permitir, prohibir, impedir, exigir, ordenar*
  Rat, Empfehlung: *proponer, recomendar*
  persönliche Einstellung: *preferir, temor, evitar*
- *Subjuntivo* folgt meist der Konjunktion *que* (dass) und vielen anderen nebenordnenden Konjunktionen.
- *Subjuntivo* steht in Relativsätzen.
- *Subjuntivo* kann allein stehen, z. B. nach *ojalá* (hoffentlich), und in festen Wünschen.

■Imperativ

- Mit dem Imperativ fordert man jemand auf, etwas zu tun oder zu unterlassen.
- Für die 2. Person Singular und Plural hat der Imperativ eigene Formen. Für die restlichen Personen sowie für den verneinten Imperativ werden die Formen des *Subjuntivo* verwendet.
- regelmäßige Verben:
  cantar: (tú) canta, (vosotros) cantad
  correr: (tú) corre, (vosotros) corred
  subir: (tú) sube, (vosotros) subid
- Unregelmäßige Verben im Indikativ bzw. *Subjuntivo* Präsens haben die gleichen Unregelmäßigkeiten im Imperativ.

■Infinite Verbformen

- **Infinitiv:** *cantar, beber, subir.*
- Wird als Substantiv, in verbalen Konstruktionen oder als Nebensatz verwendet.
- Verbale Konstruktionen, z. B. *ir a, acabar de, dejar de, echar a, volver a* + Infinitiv.
- **Gerundium:** *cantando, bebiendo, subiendo.*
- Spanische Verlaufsform, um Gleichzeitigkeit auszudrücken: **estar + Gerundium**
- Verwendung bei **Wegbeschreibungen, Begründungen, Einwänden** und anstelle von **Relativsätzen**.
- **Partizip Perfekt:** *cantado, bebido, subido.*
  Gebrauch für die zusammengesetzten Zeiten (unveränderlich), im Passiv (veränderlich), als Substantiv oder Adjektiv (veränderlich).

Modalverben

poder → dürfen, können

saber → können, gelernt haben

querer → mögen, wollen

deber → sollen, müssen

dejar → (zu)lassen

Reflexive Verben

- Werden mit Reflexivpronomen konjugiert:
  me lavo, te lavas, se lava, nos lavamos, os laváis, se lavan.
- Reflexiv im Deutschen, nicht reflexiv im Spanischen, z. B.:
  sich verändern → *cambiar*
  sich drehen → *girar*
- Reflexiv im Spanischen, nicht reflexiv im Deutschen, z. B.:

llamarse	→ heißen
levantarse	→ aufstehen
cansarse	→ müde werden
ducharse	→ duschen
despertarse	→ aufwachen
irse	→ weggehen
romperse	→ zerbrechen
casarse	→ heiraten
acostarse	→ zu Bett gehen / sich hinlegen
bañarse	→ baden
arrepentirse	→ bereuen
dormirse	→ einschlafen
quedarse	→ bleiben

Ser, estar und *hay*

Der Gebrauch der Verben *ser*, *estar* und *hay* stellt für spanische Muttersprachler keinerlei Schwierigkeiten dar. Bei Spanischlernern sorgen diese Verben jedoch häufig für Verwirrung. Denn sowohl das spanische Verb *ser* wie das Verb *estar* hat im Deutschen die Bedeutung *sein*. Der Hauptunterschied zwischen beiden Verben liegt darin, dass *ser* charakteristische und bleibende Qualitäten und *estar* eher vorübergehende Merkmale oder Zustände bezeichnet. Wie wir sehen werden, gibt es auch wichtige Ausnahmen.

1 *Ser* und *estar*

Der Gebrauch der Verben **ser** und **estar** kann für Spanisch-lerner schwierig werden, denn im Deutschen haben wir für diese beiden Verben nur das eine Wort *sein*. Wir werden aber sehen, dass die beiden spanischen Verben anhand bestimmter Kriterien voneinander unterschieden werden können.

Ser und *estar* gehören zu der Klasse der unregelmäßigen Verben. Ihre Formen im Indikativ Präsens sind:

	ser	estar
yo	soy	estoy
tú	eres	estás
él, ella, usted	es	está
nosotros/-as	somos	estamos
vosotros/-as	sois	estáis
ellos, ellas, ustedes	son	están

Usos de ser

1.1 Gebrauch von *ser*

Meistens wird das Verb *ser* dazu benutzt, konstante, andauernde Zustände zu beschreiben, oder um Personen oder Gegenständen bestimmte Eigenschaften zuzuweisen. Diese Eigenschaften werden durch Adjektive ausgedrückt und dienen nicht nur der Beschreibung, sondern auch der Bewertung:

ser + adjetivo

> Mi amiga es rubia y muy guapa.
> El director del coro es un hombre muy inteligente.
> Cristóbal es un chico muy simpático.

ser + sustantivo: identidad o clase

Typische andauernde Eigenschaften eines Lebewesens oder Gegenstandes sind z. B. seine Zugehörigkeit zu einer bestimmten Art oder Klasse. *Ser* wird also benutzt, um ein Substantiv (häufig als Subjekt) zu klassifizieren bzw. identifizieren.

> La piña es una fruta tropical.
> José Valencia es un amigo mío.
> ¿Eres tú el hermano de Lorenzo?

Bei Angaben zum Beruf und zur Religionszugehörigkeit wird *ser* verwendet. Dabei handelt es sich zwar nicht immer um dauerhafte Zustände – man kann z. B. den Beruf wechseln – sie haben aber in Kombination mit *ser* eine permanente Bedeutung. Wenn z. B. der Beruf oder die Religionszugehörigkeit gewechselt wurde, betrachtet man den Zustand danach wieder als dauerhaft:

ser + profesión, religión

> Pedro fue a Roma porque es católico.
> Mi padre es piloto de Iberia.

Auch bei der Angabe der Nationalität und der Verwandtschaftsverhältnisse verwendet man *ser*. Hier kann man davon ausgehen, dass es sich um permanente Zustände handelt:

ser + nacionalidad, parentesco

> ¿Eres alemana? – No, soy española.
> ¿Quién es ella? – Es mi hija.

Zur Angabe des Preises, vor allem bei Endsummen, verwendet man *ser*. Bei Maßangaben benutzt man *ser* nur in Verbindung mit der Präposition *de*:

ser + precio, medida

> ¿Cuánto es? – Son 12.30 €.
> La altura del "Zugspitze" es de 2.962 metros.

Datum, Tages- und Uhrzeiten werden ebenfalls mit *ser* angegeben:

ser + fecha, día, hora

> Hoy es 22 de marzo.
> ¿Qué día es hoy? – Martes.
> Son las cuatro y media, la clase es a las cinco.

Auch bei Ortsangaben, vor allem bei Veranstaltungen, wird *ser* benutzt. *Ser* entspricht hier „stattfinden":

ser + lugar

> El partido es en el nuevo estadio.
> La fiesta de Roberto es en el jardín de su casa.

Ser wird auch bei unpersönlichen Ausdrücken verwendet:

Expresiones impersonales con ser

> Es conveniente que estudies para el examen.
> No es posible que llegues siempre tan tarde.

Pertenencia, propiedad   *Ser* + *de* + Substantiv

Ser mit der Präposition *de* wird prinzipiell dazu verwendet,
→ um Gegenstände oder Lebewesen einer bestimmten
Untergruppe zuzuordnen. Dazu gehört z. B. auch den Besitz
anzuzeigen:

¿De quién es esta mochila? – Es de Antonio.
Estos libros son de los niños.

Material   → um z. B. Materialeigenschaften festzustellen:

La mesa es de madera, es bonita, ¿verdad?
El jersey es de algodón.

Nacionalidad /   → um die Herkunft zu beschreiben, im Gegensatz zur Iden-
identidad   tität:

¿De dónde eres?
– Soy suizo. (Ich bin Schweizer.): Identität
– Soy de Suiza. (Ich komme aus der Schweiz.): Herkunft
Mi profesor de español es de Zamora, un pueblo de España.

Usos de estar   ## 1.2 Gebrauch von *estar*

Im Gegensatz zu *ser* wird *estar* gebraucht, um vorübergehende, nicht-permanente Zustände zu beschreiben.

estar + adjetivo   *Estar* steht mit Adjektiven, die einen vorübergehenden kör-
perlichen oder seelischen Zustand ausdrücken:

Carmen está muy resfriada.
¿Cómo estás, hija? – Bien/ mal/ cansada/ feliz etc.
¡Qué contenta estoy! He aprobado el examen.
La comida está fría.

estar + Gerundio   *Estar* mit Gerundium (Verlaufsform, s. S. 104) drückt eine
Handlung aus, die sich gerade eben vollzieht und nicht von
langer Dauer ist:

Estoy bebiendo un rico zumo de manzana.
David y Lola están jugando en el jardín.
Ella está hablando por teléfono... como siempre.

Estar und Partizip zeigen das Ergebnis einer Handlung an:

estar + Participio

La ventana está cerrada.
La biblioteca está todavía abierta.

Estar wird auch vor dem Partizip *muerto* und seinem Gegenteil, dem Adjektiv *vivo*, verwendet:

Ten cuidado con esa araña, todavía está viva.
Esta planta está más muerta que viva... Tienes que regarla.

Auch Angaben zum Beruf können mit *estar* gemacht werden, wenn der Beruf oder die Tätigkeit nur vorläufig ausgeübt wird. Dabei wird *estar* mit *de* und einem Substantiv kombiniert:

estar + de + profesión

¿Dónde trabaja la madre de Raquel?
- Ahora está de camarera en un café del centro.

Durch *estar a* wird das Datum und der Wochentag angegeben. Im Unterschied zur Datumsangabe mit *ser* verwendet man *estar a* nur mit der 1. Person Plural:

estar + a+ fecha

Estamos a 17 de octubre.
Estamos a lunes 19 de septiembre.

Ausnahmen

estar + lugar

In bestimmten Fällen wird mit *estar* jedoch ein unverrückbarer, „ewiger" Zustand ausgedrückt; und zwar in Fällen wie der Ortsangabe, in denen *estar* so viel bedeutet wie *sich befinden, liegen, sein*.

París está en Francia.
El supermercado está al lado de la panadería.
Madrid está en el centro de España.
Mi padre está en la oficina.

Ser und *estar* + Adjektiv

ser y estar + adjetivo

Einige Adjektive ändern ihre Bedeutung, je nachdem, ob sie mit *ser* oder *estar* gebraucht werden. Aber auch hier bezeichnen die Verbindungen mit *ser* eher stabile, permanente Zustände und Verbindungen mit *estar* vorübergehende:

Adjektive mit *ser* und *estar*

	ser	estar
atento/a	höflich sein	aufpassen
bueno/a	gut, brav, lieb sein	gesund sein, gut schmecken
frío/a	gefühllos sein	kalt sein
joven	jung sein	jung aussehen
listo/a	intelligent sein	fertig sein
malo/a	schlecht, böse sein	krank, verdorben sein, schlecht schmecken
verde	grün sein	unreif sein
vivo/a	schlau sein	am Leben sein

Patricia es una chica muy atenta, siempre tiene detalles con los demás.
Si vas en bicicleta, debes estar siempre muy atento al tráfico.
Si sois buenos, os compro un helado.
La tarta de fresas estaba buenísima.
Tomar demasiado sol es malo para la salud.
Bernardo está hoy malo, no se siente nada bien.

Participios con ser y estar con cambio de significado

Einige Partizipien, die als Adjektive gebraucht werden, ändern je nachdem, ob sie mit *ser* oder *estar* stehen, ebenfalls ihre Bedeutung:

	ser	estar
aburrido/a	langweilig sein	sich langweilen
cerrado/a	verschlossen (Person)	geschlossen
interesado/a	selbstsüchtig sein	interessiert sein
callado/a	schweigsam sein	schweigen
cansado/a	anstrengend sein	müde sein
abierto/a	offen sein (Person)	geöffnet

Gilberto es un hombre muy cerrado.
El banco está cerrado hasta las dos de la tarde.
Marina es una chica muy interesada.
El alcalde está interesado en conocer nuestro grupo de teatro.

Estudiar en verano es muy cansado.
¿Estás cansada?

2 *Hay*

Hay

Hay ist eine unpersönliche Form von **haber** und bedeutet *es gibt*. Es bezieht sich auf eine Frage oder Aussage darüber, ob etwas existiert oder wo sich etwas befindet. Es bezieht sich damit auf eine unspezifische Person oder Sache. *Hay* wird verwendet

→ vor unbestimmten Mengenangaben:

hay + cantidad
indefinida

En España hay muchos Paradores.
En Latinoamérica hay paisajes muy bonitos.

→ vor Zahlen:

hay + números

En este barrio hay veinte tiendas.
En mi pueblo hay dos castillos.

→ vor Substantiven ohne Artikel:

hay + sustantivo sin artículo

¿Dónde hay toallas?
¿Dónde hay pan?

→ mit dem unbestimmten Artikel:

hay + artículo
indeterminado +
sustantivo

¿Dónde hay una farmacia?
Perdone, ¿hay un parque por aquí?

Der Unterschied zu *estar* ist ersichtlich: Während sich Aussagen mit *hay* und dem unbestimmten Artikel auf unbestimmte Dinge beziehen, kann man sich mit *estar* und dem bestimmten Artikel auf konkrete Dinge beziehen:

estar + artículo
determinado +
sustantivo
estar= concreto /
determinado
hay= inconcreto /
indeterminado

¿Dónde hay una parada de autobuses por aquí?
¿La parada del 44 está cerca de aquí?
¿Dónde hay una farmacia?
¿Sabe usted si la farmacia Europa está en esta calle?

Auf einen Blick: *ser, estar* und *hay*

▰Gebrauch von *ser*

Das Verb *ser* wird verwendet:

- um feststehende Eigenschaften auszudrücken: *Javier es alto y delgado.*
- zur Klassifizierung und Identifizierung von Sachen oder Lebewesen: *Ésta es mi habitación.*
- bei Angaben zum Beruf und zur Religionszugehörigkeit: *El tío de Susana es cocinero. Mis abuelos son protestantes.*
- bei der Angabe der Nationalität und der Verwandtschaftsverhältnisse: *La profesora de piano es chilena. Manuel no es mi hermano.*
- bei Preis- bzw. Maßangaben: *Son 40 euros.*
- bei der Angabe des Datums und der Uhrzeit: *Hoy es domingo.*
- bei Ortsangaben mit der Bedeutung von *stattfinden*: *La clase de inglés es en el aula cinco.*
- bei unpersönlichen Ausdrücken: *No es bueno que salgas solo ahora.*
- mit der Präposition *de*, um Zugehörigkeit und Material auszudrücken: *La gorra es de Tomás. El armario es de madera.*
- um die Herkunft anzugeben: *Soy de Berlín. La planta es de las Islas Canarias.*

▰Gebrauch von *estar*

- Mit *estar* werden vorübergehende Eigenschaften beschrieben, z. B. mit Adjektiven, die körperliche und seelische Zustände ausdrücken: *No puedo andar más, estoy muy cansada.*
- mit Gerundium: *Estoy leyendo un libro muy divertido.*
- mit Partizip: *Papá, el coche está mal aparcado.*
- mit der Präposition *de* + Beruf: *Fernando está de profesor aquí.*
- mit der Präposition *a* + Datum: *Estamos a lunes 25 de noviembre.*
- bei Ortsangaben: *El pueblo está en el centro de la isla. Estamos en Sevilla.*
- Viele Adjektive und Partizipien ändern ihre Bedeutung, je nachdem, ob sie bei *ser* oder *estar* stehen, z. B.: *atento, bueno, frío, joven, listo, malo, verde, vivo* etc.

▰Gebrauch von *hay*

- bei unbestimmten Mengenangaben: *En esta playa hay poca gente.*
- vor Zahlen: *En mi barrio hay dos cines.*
- vor Substantiven ohne Artikel: *En Madrid hay museos muy interesantes.*
- vor Substantiven mit dem unbestimmten Artikel (Unterschied zu *estar*): *Perdone, ¿hay un teatro por aquí? – Sí, aquí mismo está el Municipal.*

Adjektiv und Adverb

Mit Adjektiven (Eigenschaftswörtern) werden im weitesten Sinn Eigenschaften von Dingen oder Personen beschrieben. Adjektive beziehen sich auf Substantive: *Das schnelle Auto.* Im Gegensatz zum Deutschen steht das Adjektiv im Spanischen fast immer hinter dem Substantiv: *El coche rápido.*

Möchte man dagegen die Eigenschaften von Verben beschreiben, benötigt man ein Adverb (Umstandswort): *Das Auto fährt schnell.*

Adjetivo

1 Adjektiv

Adjektive bestimmen ein Substantiv näher. Sie stehen unmittelbar bei dem Substantiv:

> der schöne Baum → el árbol bonito

Sie können aber auch hinter dem Verb *sein*, im Spanischen
ser oder *estar* (s. S. 118 ff.), stehen:

> Ese árbol es bonito. → Der Baum da ist schön.

**Concordancia de
género y número con
el sustantivo**

Adjektiv und Substantiv stimmen im Spanischen **immer** in
Genus und Numerus überein, auch wenn sie nicht unmittelbar beieinander stehen, z. B. nach dem Verb *ser*:

> El actor de esta película es **bueno.**
> La actriz de esta película es **buena.**
> Los actores de esta película son **buenos.**

Género ## 1.1 Genus

Nicht alle Adjektive bilden die Formen für das Genus gleich.
Aber man kann spanische Adjektive verschiedenen Gruppen
zuteilen, in denen sie denselben Regeln folgen. Diese Einteilung richtet sich dabei nach den Endungen der Adjektive in
ihrer maskulinen Form:

Terminados en -o

Adjektive, die im Maskulinum auf *–o* enden, bilden die feminine Form, indem man das *–o* durch ein *–a* ersetzt:

> un chico guapo – una chica guapa
> el abrigo rojo – la falda roja
> el libro divertido – la historia divertida

**Terminados en –a, –e, –
i, –u o consonante**

Adjektive, die im Maskulinum auf *–a, –e, –i, –u* oder Konsonant enden, bleiben im Femininum unverändert:

> el periódico belga – la revista belga
> el parque grande – la ciudad grande
> mi amigo iraquí – mi amiga iraquí
> tu vecino hindú – tu vecina hindú
> el cielo azul – la pared azul

Adjektive, die auf *-or, -ón, -án, -ín* enden und Nationalitäts- Terminados en -or, -ón,
adjektive, die im Maskulinum auf einen Konsonanten enden, -án, -ín y adjetivos
hängen im Femininum ein *-a* an. Der Akzent entfällt: de nacionalidad en

consonante

un hombre trabajador – una mujer trabajadora
el tono burlón – la escena burlona
el político alemán – la política alemana
un pueblo francés – una ciudad francesa
un tren chiquitín – una silla chiquitina

Ausnahmen

Mayor, menor, peor, mejor und *marrón* bleiben im Femini- Excepciones
num unverändert:

mi hijo mayor – mi hija mayor
el peor resultado – la peor compra
el jersey marrón – la bolsa marrón

1.2 Pluralbildung

Adjektive bilden den Plural wie die Substantive (s. S. 37). Formación del plural

Adjektive, die auf einen Vokal enden (außer *-í, -ú*), bilden Terminados en vocal
den Plural mit *-s*: excepto -í, -ú

el vestido blanco – la chaqueta blanca
los vestidos blancos – las chaquetas blancas
el coche grande – la casa grande
los coches grandes – las casas grandes

Adjektive, die auf einen Konsonanten oder auf *-í* oder *-ú* en- Terminados en
den, bilden den Plural mit *-es*: consonante, -í, -ú

el aeropuerto internacional – la cena internacional
los aeropuertos internacionales – las cenas internacionales
el restaurante hindú – la comida hindú
los restaurantes hindúes – las comidas hindúes

Beim Plural kann es Besonderheiten geben. Casos especiales:
Adjektive auf *-z* enden im Plural auf *-ces*: adjetivos terminados

en -z

feliz – felices
audaz – audaces

Adjektive, die im Singular auf *-ón, -án* oder *-és* enden, verlieren im Plural den Akzent:

marrón – marrones, alemán – alemanes
cortés – corteses

Andere werden durch das Anhängen von *-es* anders betont.

joven – jóvenes

■ Colocación del adjetivo
Detrás del sustantivo

1.3 Stellung der Adjektive
Nach dem Substantiv
Das Adjektiv steht im Spanischen im Unterschied zum Deutschen meist nach dem Substantiv:

Elena tiene una bicicleta nueva. →
Elena hat ein neues Fahrrad.

■ Delante del sustantivo

Vor dem Substantiv
Vor dem Substantiv können folgende Adjektive stehen:

■ Numerales ordinales

→ Ordnungszahlen wie *primero, segundo, tercero* etc.:

Hoy ha sido el primer día del curso de español.

siguiente, próximo

→ Adjektive, die eine Reihenfolge (*siguiente, próximo, otro*)
ausdrücken:

El próximo martes vamos a ir al campo.

■ grande, viejo, antiguo,
nuevo, pobre, triste,
bueno, malo

→ Adjektive wie *grande, viejo, antiguo, nuevo, pobre, triste,
bueno, malo* u. a. Sie haben dann eine andere Bedeutung:

un hombre grande	→ groß
un gran hombre	→ toll, großartig
Roma, una ciudad antigua	→ alt
un antiguo compañero	→ ehemalig
un vestido nuevo	→ neu, nicht alt
el nuevo vestido	→ neuer als andere
un hombre pobre	→ arm
un pobre hombre	→ bedauernswert
una canción triste	→ traurig
una triste canción	→ niederschlagend
mi vieja amiga Mónica	→ langjährig
mis zapatos viejos	→ alt

Schließlich gibt es Adjektive in Grußformeln und Wünschen: __Saludos y deseos__

> ¡Feliz Navidad!
> ¡Feliz cumpleaños!
> ¡Buen viaje!

Veränderung der Form

__Cambios en la forma__

Die Adjektive *primero, tercero, bueno, **malo*** verlieren die Endung *-o*, wenn sie **vor** einem **männlichen** Substantiv stehen. Vor weiblichen Substantiven bleibt die Endung *-a* jedoch erhalten:

el hombre **primero**	→ el **primer** hombre
la blusa **primera**	→ la **primera** blusa
el móvil **tercero**	→ el **tercer** móvil
la casa **tercera**	→ la **tercera** casa
un plato **bueno**	→ un **buen** plato
una sopa **buena**	→ una **buena** sopa
un profesor **malo**	→ un **mal** profesor
una comida **mala**	→ una **mala** comida

Beim Adjektiv *grande* entfällt die Endung *-de* im Singular, wenn es **vor** einem Substantiv steht. Die Endung entfällt sowohl in der männlichen als auch in der weiblichen Form:

un hombre **grande**	→ un **gran** hombre
una mujer **grande**	→ una **gran** mujer

Veränderung des Stils

__Cambio de estilo__

Durch die Stellung des Adjektivs kann der Stil einer Aussage verändert werden. Farbadjektive stehen für gewöhnlich hinter dem Substantiv (s.o.). In der Sprache der Poesie stehen sie jedoch häufig vor dem Substantiv, vor allem wenn die Eigenschaft bekannt ist, und das Adjektiv keine unterscheidende Funktion hat:

> la roja rosa, el verde prado.

Dazu gehören auch Adjektive der Form und des Zustands:

> el tranquilo paisaje, el hermoso día, el breve silencio.

Je nach Stellung wird eine unterschiedliche Wirkung erzielt. Stehen die Adjektive vor dem Substantiv, handelt es sich um formale oder poetische Sprache (Literatur, Journalismus, Presse). In der Alltagssprache stehen sie meistens hinter dem Substantiv:

> **Alltagssprache**
> A través de la ventana se veía el paisaje tranquilo y el cielo destellante, con sus arreboles.
> **Formale Sprache**
> A través de la ventana se veía el tranquilo paisaje y el destellante cielo, con sus arreboles.
> **Poesie**
> El tranquilo paisaje se veía a través de la ventana, y en el horizonte, el destellante cielo, con sus arreboles.

Concordancia con varios sustantivos

1.4 Bezug auf mehrere Substantive

Ein Adjektiv kann sich im Spanischen auch auf mehrere Substantive beziehen, was im Deutschen nicht möglich ist. Damit hat man die Möglichkeit, mit demselben Adjektiv zwei oder mehrere Substantive zu beschreiben:

> un coche y una casa rojos

Haben die Substantive das gleiche Genus, passt sich das Adjektiv dem Geschlecht an und steht zusätzlich in der Pluralform:

> El sofá blanco y el cojín blanco no me gustan.
> El sofá y el cojín **blancos** quedan preciosos.
> la rosa roja y la mesa roja
> la rosa y la mesa **rojas**

Diese Regel trifft auch zu, wenn eines oder alle Substantive im Plural stehen:

> La falda y las botas marrones son preciosas.
> El bolso y los zapatos blancos son carísimos.

Haben die Substantive ein unterschiedliches Geschlecht, steht nur der Plural des männlichen Adjektivs:

> La camiseta y el pantalón negros están en el escaparate.
> Las rosas y los manteles blancos armonizan estupendamente.

2 Adverb

Ein Adverb (Beiwort, Umstandswort) gibt Auskunft über Zeit, Ort oder Art und Weise einer Handlung, eines Ereignisses oder eines Zustands. Adverbien stehen bei Verben, Adjektiven oder anderen Adverbien. Sie bestimmen diese näher. Im Deutschen ist der Unterschied zwischen Adjektiv und Adverb oft nicht so deutlich wie im Spanischen:

> Él sabe cocinar muy **bien**. (Adverb) →
> Er kann sehr **gut** kochen.
> Su cocina es muy **buena**. (Adjektiv) →
> Seine Küche ist sehr **gut**.

Im Spanischen ist im Zusammenhang mit dem Begriff Adverb häufig die Rede vom **ursprünglichen Adverb**. Man benutzt den Ausdruck ursprüngliches Adverb, um deutlich zu machen, dass es zum einem „echte" Adverbien gibt und zum anderen Adverbien, die aus Adjektiven abgeleitet werden. Zu der Gruppe der ursprünglichen Adverbien gehören nur echte, nicht abgeleitete Adverbien. Ob Adverbien ursprünglich oder abgeleitet sind, kann im Lexikon nachgeschlagen werden.

Adverbien bilden eine eigene Wortart und werden im Spanischen wie im Deutschen unterteilt in Adverbien der Zeit (Temporaladverbien), des Ortes (Lokaladverbien), der Menge (Quantitätsadverbien), der Art und Weise (Modaladverbien), der Bejahung und Verneinung und des Zweifels.

2.1 Adverbien der Zeit

Mit Adverbien der Zeit (Temporaladverbien) wird eine Handlung oder ein Ereignis zeitlich näher bestimmt. Dabei kann der Zeitpunkt oder der Zeitraum angegeben werden. In manchen Fällen ist die exakte Unterscheidung zwischen Zeitpunkt und Zeitraum (z. B. *dann*) nicht möglich:

ahora	→	jetzt
anoche	→	gestern Abend
antes	→	vorher, früher
ayer	→	gestern
después	→	danach
entonces	→	dann, also, damals
hoy	→	heute
luego	→	dann, nachher
mañana	→	morgen
mientras	→	unterdessen, inzwischen
nunca	→	nie
pronto	→	bald
siempre	→	immer
tarde	→	spät
temprano	→	früh
todavía	→	noch
ya	→	schon

Más tarde o más temprano lo va a saber.
Luego te digo lo que debes hacer.
Los González siempre van de vacaciones al Caribe.
Los domingos podemos levantarnos tarde.
No he estado nunca en el extranjero.

2.2 Adverbien des Ortes

Adverbien des Ortes (Lokaladverbien) bestimmen den Ort einer Handlung oder eines Ereignisses näher. Sie können in Richtungsadverbien und Ortsadverbien untergliedert werden:

abajo	→ unten	arriba	→ oben
adentro	→ innerhalb	atrás	→ hinten
afuera	→ außerhalb	cerca	→ nahe
ahí	→ da	debajo	→ unter, drunter
allí, allá	→ dort	dentro	→ drinnen
alrededor	→ drum, herum	detrás	→ hinten
		encima	→ oben, darauf
al lado, junto a	→ neben	enfrente	→ gegenüber
		fuera	→ draußen
aquí, acá	→ hier	lejos	→ weit weg

Estos lagos tienen alrededor bosques preciosos.
Santiago vive muy lejos.
Allí enfrente están la Ópera y el Teatro Nacional.

Viele Temporal- und Lokaladverbien können nur im Zusammenhang verstanden werden. Sätze wie *Es ist noch früh* oder *Sieh mal dort* sagen wenig aus, wenn sie alleine stehen. Deshalb ist es wichtig, den Ort des Sprechers bzw. den Zeitpunkt des Gesagten zu kennen.

2.3 Adverbien der Art und Weise

Adverbios de modo

Die Gruppe der Adverbien der Art und Weise (Modaladverbien) ist relativ groß. Generell können Modaladverbien in zwei Teilklassen aufgegliedert werden, nämlich in die Adverbien der Qualität und die Adverbien der Quantität.

Adverbien der Qualität

Adverbios de cualidad

así	→ so	mal	→ schlecht, falsch
bien	→ gut, richtig	fatal	→ schrecklich
deprisa	→ schnell	rápido	→ schnell
despacio	→ langsam	regular	→ mittelmäßig

Patricia, lo hiciste muy bien.
Lucero, sal rápido.

Adverbien der Quantität

Adverbios de cantidad

Zu den Adverbien der Menge (Quantitätsadverbien) zählt man auch Adverbien, mit denen etwas verstärkt, intensiviert wird (z. B. *muy*).

además	→ außerdem	menos	→ wenig
algo	→ etwas	mucho	→ viel, häufig
bastante	→ ziemlich	muy	→ sehr
casi	→ fast	nada	→ nichts
demasiado	→ zu sehr	poco	→ wenig, selten
excepto	→ außer	sólo	→ nur
más	→ mehr		

David es un niño muy inteligente.
¿Qué has hecho hoy, Luisa? – Nada.
¿Sabes algo de Celia?

Adverbios de afirmación, negación y duda

2.4 Adverbien der Bejahung, der Verneinung und des Zweifels

no	→ nein, nicht, kein	tal vez	→ vielleicht
quizás	→ vielleicht	también	→ auch
sí	→ ja	tampoco	→ auch nicht

¿Te gusta la comida? – No.
¿Y a ti? – A mí, tampoco.

Colocación de los adverbios

2.5 Stellung der Adverbien

Die Stellung der Adverbien ist abhängig von der Wortart, die sie näher bestimmen. Adverbien können Adjektive, Verben, Adverbien oder einen Satz näher bestimmen.

> Adverbien stehen **vor** Adjektiven, Adverbien und Sätzen. Bestimmen sie aber ein Verb näher, stehen sie **nach** dem Verb.

Sie stehen vor dem Adjektiv,

Sandra es una mujer **muy** interesante.
Estoy **bastante** cansada.

vor dem Adverb,

muy cerca, **bastante** despacio

und vor dem Satz. Adverbien haben hier einleitende Funktion. Dazu gehören zum Beispiel auch Adverbien, die Zweifel oder Unsicherheit ausdrücken:

Siempre está calculando algo.
Quizás llueve mañana.

Aber sie stehen meist nach dem Verb.

Pide siempre cosas con frecuencia.

2.6 Abgeleitete Adverbien auf –mente

Unter abgeleiteten Adverbien versteht man Adverbien, die
von Adjektiven durch die Endung **–mente** abgeleitet werden.
Die Endung -mente wird an die feminine Form von Adjektiven angehängt:

alto, alta → altamente	posible → posiblemente
claro, clara → claramente	feliz → felizmente

Trägt das Adjektiv einen Akzent, bleibt dieser beim Adverb
erhalten:

rápido, rápida → rápidamente

2.7 Adjektive als Adverbien

Einige Adverbien haben die gleiche Form wie das männliche
Adjektiv, bleiben aber unveränderlich. Einige Beispiele:

limpio → fair	bajo → leise
rápido → schnell	claro → deutlich
alto → laut	

Der Unterschied zwischen Adverbien und Adjektiven besteht
grundsätzlich darin, dass sich Adjektive auf ein Substantiv
beziehen und veränderbar sind. Adverbien sind unveränderlich:

Alicia tiene una casa muy limpia.
Alicia juega siempre limpio.
Tus palabras no son claras.
No hablas claro.
Fernando camina siempre con pasos cortos y rápidos.
Fernando camina muy rápido.

3 Steigerung von Adjektiven und Adverbien

Adjektive und Adverbien haben nicht nur die Aufgabe, die Eigenschaft eines Substantivs bzw. eines Verbs näher zu bestimmen. Mit Adjektiven und Adverbien können Substantive bzw. Verben auch miteinander verglichen werden.

Comparativo · **3.1 Komparativ**

Der Vergleich wird im Spanischen gebildet mit:

igual de + Adj./Adv. + **que**	→ (genau)so + Adj./Adv. + wie
tan + Adj./Adv. + **como**	→ (genau)so + Adj./Adv. + wie
más + Adj./Adv. + **que**	→ Adj.-er + als
menos + Adj./Adv. + **que**	→ weniger + Adj./Adv. + als

Ausnahmen

mejor → besser
peor → schlechter
mayor → älter
menor → jünger

Este libro es igual de caro que el otro.
Catalina corre tan rápido como Elena.
Mi hermano es más alto que mi padre.
Catalina es menos trabajadora que Elena.
Este reloj es mejor que el tuyo.

Ist das Vergleichswort ein Betrag oder eine Mengenangabe, schließt diese direkt mit **de** an.

Los tomates cuestan más de 3 €.

Beim Vergleich mit einer Behauptung verwendet man *de lo que*:

Sofía es más simpática de lo que parece.
Este David come más de lo que pensé.

3.2 Superlativ

Mit dem Superlativ wird die höchste Stufe einer Qualität ausgedrückt. Die Steigerung kann mit Bezug auf andere Sachen oder Personen („relativer Superlativ") oder ohne Bezug („absoluter Superlativ") erfolgen:

Relativer Superlativ

Der relative Superlativ wird wie folgt gebildet:

> **ser + la que/el que** + Komparativ
> **ser + las que/los que** + Komparativ

> Mis primos son los que más viajan (de la familia).
> Mi hermana es la que tiene el pelo más largo y bonito de todas.

Das Bezugswort kann mit *de* angeschlossen werden. Es kann aber ebenfalls wegfallen, wenn es selbstverständlich oder bekannt ist:

> Feliciano es el chico que más corre (de todos).
> Vicente es el abogado más joven de todo el bufete.

Absoluter Superlativ

Der absolute Superlativ drückt einen sehr hohen Grad einer Eigenschaft aus, ohne einen Vergleich anzustellen. Im Deutschen übernehmen Adverbien wie *sehr, echt, total, richtig, voll, wirklich* etc. auch diese Funktion, z. B. *Den Film finde ich richtig gut.*

Der absolute Superlativ wird im Spanischen ausgedrückt:

→ mit dem Adverb *muy* vor dem Adjektiv/Adverb:

> Es un libro muy bueno.

→ mit anderen Adverbien oder Präfixen, die eine Qualität steigern können:

> Es un libro realmente/verdaderamente bueno.
> Es un libro superdivertido.

→ mit der Form auf *-ísimo/-a/-os/-as*:

> Es un libro buenísimo.
> La película ha sido divertidísima.

Die Endung *-ísimo/-a/-os/-as* wird an das Adjektiv angehängt, wenn der letzte Buchstabe ein Konsonant ist:

fácil → facilísimo

El ejercicio es facilísimo.
El viaje fue dificilísimo.

Ausnahme

lejos → lejísimos

An Adjektive oder Adverbien, die auf *-r* oder *-z* enden, hängt
man *-císimo*:

trabajador → trabajadorcísimo
feliz   → felicísimo
audaz   → audacísimo

Mi padre estaba felicísimo con la noticia.
Norberto es un policía audacísimo.

Bei Adjektiven und Adverbien, die auf einen Vokal enden,
entfällt der Vokal:

tanto → tantísimo
guapa → guapísima
tarde → tardísimo

Adjektive und Adverbien auf *-go, -guo* und *-co* bilden den
absoluten Superlativ, indem die Endung durch *-quísimo* ersetzt wird:

antiguo → antiquísimo   poco → poquísimo

Bei Adjektiven mit der Endung *-ble* wird der Superlativ mit *-
bílisimo* gebildet:

amable → amabilísimo

Einige Adjektive bilden einen unregelmäßigen absoluten
Superlativ. Dazu gehören die Adjektive *pobre* und *libre*:

pobre → paupérrimo   libre → libérrimo

Auf einen Blick: Adjektiv und Adverb

Adjektiv

- Adjektive beschreiben Eigenschaften von Personen oder Sachen (Substantive):
  el libro interesante, la chica alemana, los pantalones vaqueros
- Adjektiv und Substantiv stimmen im Spanischen immer in Genus und Numerus überein:
  La conferencia fue difícil. Los ejercicios son difíciles.
- Genus:

Maskulinum auf *-o*	→	Femininum auf *-a*
guapo, limpio		*guapa, limpia*
Maskulinum auf *-a, -e, -i, -u* und auf Konsonanten	→	Femininum unverändert
optimista, verde, feliz		*optimista, verde, feliz*
Maskulinum auf *-or, -án, -ón, -ín*	→	Femininum + *a*
encantador, alemán		*encantadora, alemana*

- Pluralbildung:

Singular auf Vokal außer *-i, -u*	→	Plural auf *-s*
bonito, blanca, verde		*bonitos, blancos, verdes*
Singular auf Konsonanten, *-i, -u*	→	Plural auf *-es*
azul, israelí, hindú		*azules, israelíes, hindúes*

- Adjektive stehen meist nach dem Substantiv.
- Vor dem Substantiv können stehen:
  - Ordnungszahlen: *el primer día, el segundo puesto*
  - Adjektive, die die Reihenfolge ausdrücken:
    el próximo jueves, la siguiente página, el otro amigo
  - die Adjektive *grande, viejo, antiguo, nuevo, pobre, triste, bueno* und *malo*:
    un buen padre (toll), *un antiguo profesor* (ehemalig)
  - Adjektive in Grußformeln und Wünschen:
    ¡Feliz viaje! ¡Buena suerte!
- Einige Adjektive ändern ihre Form, wenn sie vor dem Substantiv stehen:
  un pirata bueno, un buen pirata
  una casa grande, una gran casa
- Ein Adjektiv kann sich im Spanischen auf mehrere Substantive beziehen:
  El padre y el hijo son muy altos.
  La habitación y el comedor son muy luminosos.

▰**Adverb**

- Adverbien bestimmen Verben, Adjektive oder Adverbien näher:
  Elvira conduce muy deprisa.
- Es gibt ursprünglichen Adverbien und aus Adjektiven abgeleitete Adverbien. Diese haben die Endung *–mente.*
- Adverbien der Zeit: *ahora, antes, ayer, después*
- Adverbien des Ortes: *abajo, ahí, aquí, arriba*
- Adverbien der Art und Weise: *despacio, mal, más, menos, mucho*
- Adverbien der Bejahung, der Verneinung und des Zweifels: *sí, no, quizás*
- Stellung: Adverbien stehen vor dem Adjektiv oder Adverb, aber nach dem Verb. Adverbien können am Anfang eines Satzes den Satz einleiten.

▰**Steigerung von Adjektiven und Adverbien**

- Komparativ:
  más/menos + Adj./Adv. + *que Este río es más largo que el otro.*
  igual de + Adj./Adv. + *que Tengo el pelo igual de largo que tú.*
  tan + Adj./Adv. + *como Eres tan amable como tu familia.*
- Superlativ:
  Relativer Superlativ: *ser* + *la que/el que/los que/las que* + Komparativ
  Esta cámara es la más moderna (de las que conozco yo).
  Absoluter Superlativ mit *muy, realmente* etc. oder auf *–ísimo:*
  Esta cámara es muy moderna.
  Esta cámara es modernísima.

Präpositionen und Konjunktionen

Mit Präpositionen (Verhältniswörtern) wie *a, en, entre, por* wird der räumliche oder zeitliche Bezug zwischen Substantiven, Adjektiven oder Verben beschrieben. Präpositionen gehen häufig feste Verbindungen mit Verben und Adjektiven ein. Konjunktionen (Bindewörter) verbinden Substantive, Adjektive, Verben, Satzteile oder Sätze. Sie leiten Nebensätze ein und bestimmen das Verhältnis zwischen Nebensatz und Hauptsatz.

Preposiciones

1 Präpositionen

Viele spanische Präpositionen drücken sowohl zeitliche als auch räumliche Beziehungen aus. Bei Übersetzungen ist es deshalb wichtig, alle möglichen Bedeutungen der Präpositionen zu kennen.

1.1 *a*

Kaum eine andere Präposition hat im Deutschen so viele unterschiedliche Bedeutungen wie die Präposition a. Neben räumlichen und zeitlichen Verhältnissen wird *a* gebraucht, um die Art und Weise auszudrücken. Auf eine Besonderheit muss noch hingewiesen werden: Steht *a* vor dem maskulinen Artikel *el*, verschmelzen *a* und *el* zu *al* (s. S. 28).
Mit *a* werden folgende Beziehungen ausgedrückt:

→ Richtung:

> Voy a la calle.
> Los chicos van a la biblioteca.
> En verano vamos a la playa.

→ Entfernung:

> Toledo está a 71 km de Madrid.

→ Zweck:

> Rosendo ha venido a visitarme.

→ Zeitpunkt:

> La cita es a las nueve de la mañana.

→ Zeitraum:

> A los treinta días me devolvió el dinero.

→ Häufigkeit:

> Voy a clases de español tres veces a la semana.

→ Altersangaben:

> A los veintiocho años viajé por primera vez a Europa.

Dirección
Distancia
Objetivo
Tiempo
Espacio de tiempo
Frecuencia
Edad

→ Art und Weise:

El mantel está hecho a mano.
Me encantan las gambas al ajillo.
El pescado a la romana es una especialidad del restaurante.
Las pinturas están hechas al óleo.

→ Bewegungsarten:

a caballo (zu Pferd)
a pie (zu Fuß)
Ese pueblo está a dos horas a caballo.
Hicimos una caminata a pie.

> Die Präposition **a** hat also im Deutschen die Bedeutungen *an, auf, in, um, zu, nach, mit*.

a bei Objekten

Vor dem **indirekten** Objekt steht immer die Präposition **a**.

Las motos le gustan mucho **a** mi hermano.

Sie steht auch vor dem **direkten** Objekt, wenn es sich dabei um Personen oder Personengruppen handelt.

No conozco a nadie en esta fiesta.
Me encontré a Toño... está tan simpático como siempre.
Conocí a un actor famosísimo.

A steht in festen Verbindungen nach bestimmten Verben:

acostumbrarse a	→ sich gewöhnen (an)
dedicarse a	→ sich einer Sache widmen
jugar a	→ spielen
oler a	→ riechen (nach)
saber a	→ schmecken (nach)

Espero que nos acostumbremos pronto al nuevo jefe.
Juguemos al fútbol con los niños.
Rubén se dedica a reparar todo lo de la casa.

Daneben gibt es feste Wendungen, „Infinitivkonstruktionen", die aus einem Verb, gefolgt von der Präposition *a* und einem zweiten Verb im Infinitiv bestehen. Das erste Verb wird konjugiert und kann eine übertragene Bedeutung haben:

ir a	→ etwas vorhaben; etwas machen werden
comenzar/ empezar a	→ beginnen zu
ponerse a	→ anfangen zu (mit Entschlossenheit)
volver a	→ wieder etwas tun
invitar a	→ einladen zu
aprender a	→ lernen
enseñar a	→ lehren, zeigen, unterrichten

Ahora voy a leer el periódico, así es que necesito silencio.
Empecemos a comer, que tengo hambre.

Locuciones adverbiales con a

Mit der Präposition *a* werden auch adverbiale Ausdrücke gebildet:

a veces	→ manchmal
a menudo	→ öfter
a lo mejor	→ womöglich
a tiempo	→ rechtzeitig
al final	→ am Ende
a plazos	→ in Raten
al contado	→ bar
a toda prisa	→ eilig
al revés	→ umgekehrt
a oscuras	→ in der Dunkelheit
a largo plazo/a corto plazo	→ langfristig/kurzfristig
a favor	→ dafür

A menudo visito a mis padres.
A veces vamos a un restaurante chino.
Quiero comprar el coche a plazos.
Te has puesto el jersey al revés.

1.2 *de*

de

Auch mit der Präposition **de** werden unterschiedliche Beziehungen ausgedrückt. Wie *a* hat auch *de* eine orthografische

Besonderheit. Steht *de* vor dem männlichen Artikel *el*, ver-
schmelzen beide zu *del* (s. S. 28).
Die Präposition *de* steht bei
→ Herkunftsangaben: Origen

Soy de Colombia.
¿De dónde es Ricardo? – Es de Lima.
La motocicleta de Renate es de Japón.

→ der Benennung von Beziehung oder Besitz: Relación, Posesión

Jonás es el hijo de mi amiga Silvia.
Ésta es la bicicleta de Felipe.

→ näherer Bestimmung von Material und Inhalt: Material, contenido

No me gustan las películas de suspense.
Yiseth siempre lee novelas de amor.
Mi falda nueva es de cuero.

→ Charakterisierungen: Características

París es la ciudad del amor.
Ésta es la plaza de armas.
Mira, el cartero es ese señor de los ojos azules.

→ Zahlen und Mengenangaben: Números y cantidades

Necesito cinco metros de esa tela.
La cocina de Isabel mide cuatro metros de largo por tres de
ancho.
Un poco de leche, por favor.

→ Vergleichen in Verbindung mit *menor, más, menos*:   Comparativos

Kevin es el hermano menor de Mauricio.
Quedan menos de dos horas para el partido.

→ Datums- und Zeitangaben: Fecha, tiempo

David nació el 8 de junio del 2000.
Trabajo de ocho de la mañana a dos de la tarde.
En mi época de estudiante estudiaba de día y trabajaba de
noche.

Motivo → der Nennung von Ursachen:

> Llegué tarde por causa del tráfico.
> Por motivo de la lluvia, hubo inundaciones.
> De tanto llorar se durmió.

Verbos que rigen la preposición de

Die Präposition *de* steht nach folgenden Verben:

acordarse de	→ sich erinnern (an)
ser capaz de	→ fähig sein (zu)
ser incapaz de	→ unfähig sein (zu)
enamorarse de	→ sich verlieben (in)
estar lleno de	→ satt sein (von)
estar seguro de	→ sicher sein (über)
salir de	→ ausgehen/abreisen

Verbo + de + Infinitivo

Infinitivkonstruktionen können ebenfalls mit *de* gebildet werden:

acabar de	→ gerade etwas getan haben
dejar de	→ aufhören, etwas zu tun
terminar de	→ beenden, abschließen
tratar de	→ versuchen

> Martina acaba de empezar una dieta.
> Juan ha dejado de fumar.
> Lisi ha terminado de leer un libro.
> Trata de dormir un rato.

Locuciones preposicionales de lugar

Wichtige präpositionale Ausdrücke für örtliche Beziehungen:

alrededor de	→ um ... herum
antes/después de	→ vor/nach
cerca/lejos de	→ nahe bei/weit weg von
debajo/encima de	→ unter/auf, über
delante/detrás de	→ vor/hinter
dentro/fuera de	→ innerhalb/außerhalb
enfrente de	→ gegenüber, vor
de acuerdo con	→ gemäß

> La farmacia está entre el banco y la carnicería.
> El Teatro Nacional está enfrente del ayuntamiento.

Mit der Präposition *de* werden verschiedene adverbiale Ausdrücke gebildet:

Locuciones adverbiales con de

de cerca/de lejos	→ aus der Nähe/aus der Ferne
de día/de noche	→ bei Tag, tagsüber/ bei Nacht, nachts
de esta manera	→ auf diese Weise
de memoria	→ auswendig
de momento	→ zurzeit
de paso	→ im Vorbeigehen
de pronto/de repente	→ plötzlich
de una vez	→ endlich
de verdad	→ tatsächlich

De repente se levantó y se fue.
¡Dímelo de una vez!

de... a und *desde... hasta*

de... a
desde ... hasta

Mit den Präpositionen *de ... a* und *desde ... hasta* werden im Spanischen Zeitangaben gemacht. Diese Kombinationen aus jeweils zwei Präpositionen haben im Deutschen die Bedeutung *von ... bis*:

El médico abre de cinco a ocho.
La piscina está abierta desde mayo hasta septiembre.

Bei der Angabe der Uhrzeit stehen *desde* und *hasta* meist vor dem bestimmten Artikel:

Tenemos clase desde las nueves hasta las doce.

Aber:

Tenemos clase de nueve a doce.

Mit *de ... a* werden darüber hinaus örtliche Angaben und Richtungsangaben gemacht in der Bedeutung *von ... nach*:

De mi escuela a la biblioteca son cinco minutos.

1.3 *ante*

ante

Die Präposition *ante* wird ins Deutsche mit *vor, angesichts, in Gegenwart von* und *auf* übersetzt:

> Siempre reacciona igual ante cualquier situación.
> No sé qué hacer ante este problema.

**antes de,
delante de** Aus *ante* abgeleitete Präpositionen sind *antes de* und *delante de*. Beide Präpositionen bedeuten *vor*, wobei man sich mit *antes de* auf die zeitliche und *delante de* auf örtliche Dimensionen bezieht:

> Nos marchamos antes de las doce, estaba muy cansada.
> Delante de nosotros había una pareja muy simpática.

bajo, debajo de ## 1.4 *bajo*

Die Präposition *bajo* wird meist im übertragenen Sinn gebraucht. Die räumliche Bedeutung von *unter* wird mit *debajo de* ausgedrückt:

> A los obreros les tocó trabajar bajo fuertes lluvias.
> Los libros están debajo del periódico.

con ## 1.5 *con*

Con (mit) hat mehrere Bedeutungen. Die Präposition wird verwendet

Acompañamiento → bei Begleitungen:

> Patatas fritas con salsa de tomate, por favor.

Medio, instrumento → beim Einsatz von Mitteln oder Werkzeugen:

> Ella abre la puerta con la llave.
> Él rompe la pared con el taladro.

Modo → bei der Art und Weise, wie jemand etwas tut:

> La profesora siempre habla con una voz muy baja.

Zusätzlich steht *con* in der Bedeutung von *gegenüber*:

> Mi jefe es siempre muy amable con nosotros.

**conmigo, contigo,
consigo** Mit den Personalpronomen *mí*, *ti* und *sí* bildet *con* Verbindungen: *conmigo*, *contigo* und *consigo*:

> El niño está siempre conmigo.
> Ella habla siempre consigo misma.

1.6 *contra*

Contra wird mit *gegen, mit* und *gegenüber* übersetzt. Diese Präposition wird verwendet, wenn zwei Gegenstände oder Personen aufeinanderprallen, -treffen.

> El coche chocó contra un árbol.
> Tuvimos que nadar contra la corriente.

Häufig wird *contra* auch im übertragenen Sinne gebraucht, wenn z. B. zwei Meinungen aufeinandertreffen:

> Estos pueblos luchan contra las injusticias.

1.7 *desde*

Mit *desde* werden zeitliche und örtliche Beziehungen ausgedrückt. Verwendet man *desde* örtlich, heißt es so viel wie *von, ab, aus* und kann auch in übertragener Bedeutung stehen:

> La procesión sale desde la catedral.

Bei zeitlichen Beziehungen wird *desde* mit *seit* übersetzt:

> Desde septiembre trabajo en otra empresa.

1.8 *en*

Bei örtlichen Beziehungen bedeutet *en* soviel wie *in, an, auf*:

> Hace tres años estuve en Sudamérica.
> Estoy en casa, estoy en cama ... estoy enferma.

Zeitliche Beziehungen übersetzt man mit *an, in, innerhalb*:

> La reunión anual es en febrero.
> En primavera siempre florece todo y me gusta.
> En un par de días hicimos la mudanza completa.

Daneben wird *en* bei Beziehungen der Art und Weise verwendet. Man übersetzt es dann mit *mit, in* und *auf*:

> Todos se quedaron en silencio cuando llegué.
> No me gustan las carnes en salsa.

Transporte Die Präposition *en* steht immer bei Verkehrs- und Fortbewe-
gungsmitteln, wie z. B. *en tren, en moto, en coche*:

> Vamos en bicicleta al lago.
> Al Caribe hay que ir en barco o en avión.

entre ### 1.9 *entre*

Entre wird bei örtlichen und zeitlichen Beziehungen verwendet und mit *zwischen* übersetzt:

> Roberto está entre dos chicas.
> Entre semana no salgo por la noche.

hacia ### 1.10 *hacia*

Mit *hacia* wird eine Richtung ausgedrückt. Um es korrekt ins
Deutsche zu übersetzen, muss man teilweise zwei Präpositionen verwenden: *auf, zu, auf... zu, in Richtung*:

> Cuando vi a los niños, iban hacia el parque.
> Ya íbamos hacia arriba, cuando él bajaba.

Hacia kann auch zeitlich verwendet werden und bedeutet
dann *gegen*:

> Nos encontramos hacia las ocho en el restaurante.

hasta ### 1.11 *hasta*

Auch mit *hasta* wird eine zeitliche Beziehung ausgedrückt.
Es wird übersetzt mit *bis*:

> O.k., me despido, hasta mañana.
> El semestre dura hasta agosto.

Es kann aber auch bei örtlichen Beziehungen stehen:

> Llegamos hasta el cine caminando.

para ### 1.12 *para*

Finalidad Man verwendet *para*, um einen Zweck oder eine Absicht zu
bestimmen. *Para* wird übersetzt mit *um ... zu*:

> Para comprar la casa necesitamos ahorrar mucho.
> Tienes que trabajar para pagarte tus estudios.

Folgt *para* in dieser Bedeutung einem Verb, so steht das Verb im Infinitiv: <u>**para + Infinitivo**</u>

Para ir a Asia, necesitamos una buena guía.

Daneben kann mit *para* ein Empfänger, eine Bestimmungs- <u>**Receptor, meta**</u>
person oder ein Bestimmungsort angegeben werden und
wird mit *für* übersetzt:

Estos vasos son para cócteles y esos para el agua.
Compré unos libros muy buenos para los niños.

Es steht auch bei Ziel- und Richtungsangaben *(nach)*. <u>**Dirección**</u>

¿Cuándo os vais para el sur?
Salimos para Colombia el 16 de diciembre.

Weiterhin steht *para*,
→ wenn man einen Zeitpunkt oder einen Termin *(für, bis, zu)* <u>**Tiempo**</u>
nennt:

¿Qué tal si quedamos para el viernes?
Para Navidad haremos pato a la naranja.

→ um die eigene Meinung zum Ausdruck zu bringen: <u>**Opinión**</u>

Para mí, ella lo hizo todo por amor.

→ wenn man Vergleiche anstellt: <u>**Comparación**</u>

Para su edad tienen mucha energía todavía.
Para esta situación es positivo asesorarse bien.

Mit der Präposition *para* werden feste Ausdrücke gebildet: <u>**Expresiones fijas**</u>

estar para	→ im Begriff sein zu
¿para cuándo?	→ bis wann?
para eso	→ dafür, dazu
para Pascua	→ zu Ostern
¿para qué?	→ wozu?
para que	→ damit
para sí	→ für sich
para siempre	→ für immer
para su edad	→ für sein/ihr/Ihr Alter

por **1.13 *por***

Für die Präposition *por* gibt es im Deutschen mehrere Entsprechungen.

Motivo o razón Gibt man einen Grund oder eine Ursache an, hat *por* die Bedeutung *für, wegen* und *weil*:

> Por la tormenta, me quedo en casa.
> Por estar enferma, no pudo ir la fiesta.

Por steht darüber hinaus

Medio → bei der Angabe des Mittels *(durch, per)*:

> Lo han dicho por la radio.
> Necesito que me envíes el documento por fax.

Lugar → bei Ortsangaben *(durch, an ... vorbei, über)*:

> Pasamos por Madrid.
> ¿Dónde está el niño? Le he buscado por todas partes.
> Si vienes por aquí, no dudes en visitarme.

Tiempo → bei Zeitangaben *(am, für)*:

> Creo que nos vemos por la tarde.
> Por la mañana estoy en la escuela y por la tarde hago mis deberes.

Precio, cambio → bei Preisangaben und beim Tausch *(für)*:

> Cambié las botas por estos zapatos.
> Pagué por el kilo de manzanas 3,50 €.

a favor de → im Sinne von *für jemanden, zugunsten von*:

> Ella lucha por los derechos de los indígenas.
> Por él ella sería capaz de cualquier cosa.

Voz pasiva In Passivsätzen wird *por* verwendet, um die handelnde Person zu nennen:

> El Guernica fue pintado por Picasso.
> La cuenta fue pagada por el jefe.

In Verbindung mit dem Fragepronomen *qué* wird *por qué* **¿por qué?** mit *warum* oder *wieso* übersetzt:

¿Por qué llegas tan tarde?

Auf eine solche Frage kann man mit *porque* antworten: **porque**

Porque hay un tráfico enorme.

Auch mit der Präposition *por* gibt es feste Wendungen: **Expresiones fijas**

¿por qué?	→	warum?
por casualidad	→	zufällig
por cierto	→	übrigens
por dentro/por fuera	→	drinnen/draußen
por desgracia	→	leider
por ejemplo	→	zum Beispiel
por eso/por lo tanto	→	deshalb
por fin	→	endlich
por fortuna	→	zum Glück
por lo menos	→	mindestens
por lo visto	→	anscheinend
por orden	→	der Reihe nach
por poco	→	beinahe
por si acaso	→	falls
por supuesto	→	selbstverständlich
por un lado	→	einerseits

por und *para*

por, para

Spanischlerner neigen häufig dazu, *por* und *para* zu verwechseln, denn beide Präpositionen können ins Deutsche mit *für* übersetzt werden:

Ella lucha **por** los derechos de los indígenas.
→ Sie kämpft **für** die Rechte der Einheimischen.
Este regalo es **para** Luis.
→ Dieses Geschenk ist **für** Luis.

Trotz klarer Regeln können Verwechslungen nicht ausgeschlossen werden. Deshalb soll eine Gegenüberstellung dieser beiden Präpositionen Klarheit verschaffen:

	por	para
por, para	Grund	Zweck, Absicht
	Beweggrund	Bestimmungsperson, -ort
	ungenaue Ortsangabe	Richtung
	ungenaue Zeitangabe	genaue Zukunftsangabe
	Mittel	Meinung
	Urheber beim Passiv	Vergleich
	Preis, Tausch	

Usos de por

por

Grund *(wegen, weil)*:
No pudo venir por la tormenta.
Beweggrund *(für, zugunsten von)*:
Lucha por los derechos de los indígenas.
ungenaue Ortsangabe *(durch, bei, in der Nähe von)*:
Pasamos por la ciudad.
¿Hay alguna biblioteca por aquí?
ungenaue Zeitangabe:
Por la mañana estoy en la escuela.
Mittel *(per, durch)*:
Te he enviado el documento por fax.
Urheber beim Passiv *(von)*:
La casa fue construida por mi abuelo.
Preis, Tausch *(für)*:
He comprado estos libros por poco dinero.

Usos de para

para

Zweck, Absicht *(um ... zu, damit)*:
Tienes que estudiar mucho para aprobar el examen.
Bestimmungsperson, –ort *(für)*:
Lo he comprado para ti.
Esta lámpara es para la sala.
Richtung *(nach)*:
Salimos para Colombia.
genaue Zukunftsangabe *(um, für, bis)*:
Hemos quedado para el viernes.
Meinung *(für)*: Para mí, tienes razón.
Vergleich *(für)*:
Para su edad tienen mucha energía todavía.

1.14 *según*

Según wird verwendet im Sinne von *gemäß, zufolge, je nach*:

Según la opinión pública es una buena política.
Según los críticos no es una buena película.

1.15 *sin*

Die deutsche Entsprechung von *sin* ist *ohne*:

En Colombia un "tinto" es un café sin leche.
Llevamos dos días sin agua caliente.

1.16 *sobre*

Die Präposition *sobre* wird bei Ortsangaben verwendet, wenn man angibt, *worauf* sich etwas befindet:

Las flores no van sobre esta mesa sino sobre la otra.
La Luna se refleja muy bien sobre el agua.

1.17 *tras*

Mit *tras (nach, hinter)* macht man Orts- und Zeitangaben. Bei Ortsangaben gibt *tras* an, dass sich etwas hinter einem Gegenstand, einer Person, befindet:

La pelota está tras el coche.

Der präpositionale Ausdruck *detrás de* wird allerdings häufiger verwendet:

La pelota está detrás del coche.

Bei Zeitangaben drückt man mit *tras* aus, dass sich etwas zeitlich *nach* einem Geschehen ereignet hat. Es kann auch durch *después de* ersetzt werden:

Tras su accidente cambió mucho.
Después de su accidente cambió mucho.

1.18 Präpositionale Ausdrücke

Neben den oben aufgeführten einfachen Präpositionen gibt es im Spanischen viele präpositionale Ausdrücke. Sie bestehen aus mehreren Präpositionen, Adverbien oder Substantiven und werden oft häufiger verwendet als die einfachen Präpositionen mit der gleichen Bedeutung (s.o. **tras, detrás de**). Die wichtigsten präpositionalen Ausdrücke sind:

antes de/después de	→	vor/nach
delante de/detrás de	→	vor/hinter
encima de/debajo de	→	auf/unter
dentro de/fuera de	→	innerhalb/außerhalb
al lado de	→	neben, bei
junto a	→	neben, bei
cerca de/lejos de	→	in der Nähe von/weit von
a la derecha de/	→	rechts von/links von
a la izquierda de		
en medio de	→	inmitten
alrededor de	→	um ... herum
a lo largo de	→	entlang
enfrente de	→	gegenüber von
frente a	→	gegenüber von
a través de	→	durch
por medio de	→	durch
a causa de	→	wegen
debido a	→	auf Grund von
a partir de	→	ab, von ... an
a pesar de	→	trotz
al cabo de	→	nach

Mi despacho está al lado de la cocina.
→ Mein Büro ist neben der Küche.
Cerraron la calle a causa de las obras.
→ Die Straße wurde wegen Bauarbeiten gesperrt.

Conjunciones

2 Konjunktionen

Konjunktionen sind Bindewörter. Sie verbinden Sätze oder Satzteile:

Éstos son Sebastián **y** Francisco.
Espero **que** para ti esté bien.

Die Verbindung im ersten Beispielsatz unterscheidet sich aber von der im zweiten. Im ersten Beispiel kann man die Substantive ohne Weiteres vertauschen:

Éstos son Francisco y Sebastián.

Im zweiten Satz können die beiden Satzteile nicht vertauscht werden. Der Grund dafür ist, dass *que* einen Nebensatz einleitet, der von *espero* abhängig ist.

Man bezeichnet Konjunktionen wie *y* als **nebenordnende Konjunktionen**, da beide Satzteile (hier: *Sebastián*, *Francisco*), oder Sätze, ohne Bedeutungsverlust vertauscht werden können. Konjunktionen wie *que* bezeichnet man als **unterordnende Konjunktionen**, da der Satz, der nach der Konjunktion folgt (der **Nebensatz**), vom Hauptsatz abhängig ist.

Conjunciones coordinantes y subordinantes

2.1 Nebenordnende Konjunktionen

Conjunciones coordinantes y

y

Die Konjunktion *y (und)* wird gebraucht, um Satzteile in einer Aufzählung aneinander zu reihen und um Sätze miteinander zu verknüpfen:

Fran y Sebas son amigos desde la infancia.
El sol brilla y hace mucho calor.

> Steht *y* vor Wörtern, die mit *i-* oder *hi-* beginnen, wird *y* zu *e.* Vor Wörtern, die mit *hie-* beginnen, bleibt es *y*:

España e Italia son países mediterráneos.
Sebastián ha estudiado Geografía e Historia.
Aber:
Un vaso con agua y hielo, por favor.

ni

ni

Ist in einer Aufzählung eine Verneinung, steht *ni (und nicht)*:

No he visto a Elena ni a Pedro.

ni ... ni

Mit *ni ... ni (weder ... noch)* kann man den ersten Teil der Aufzählung ebenfalls verneinen:

No me gustan ni el rojo ni el amarillo.
Ni tu hermana ni tú vais a salir hoy. Estáis castigados.

o

Mit *o (oder)* reiht man Sätze oder Satzteile aneinander und kann eine Auswahlmöglichkeit anbieten:

Sebastián y Francisco, ¿van a la escuela o al instituto?
¿Prefieres té o café?

Steht *o* vor einem Wort, das mit *o-* oder *ho-* beginnt, wird das *o* zu *u*:

¿Quién te pareció más simpático: Jorge u Octavio?

o bien

Mit *o bien (oder auch)* kann man die Auswahlmöglichkeit betonen:

Le podemos regalar un reloj o bien una cámara.

o...o

Um die Auswahlmöglichkeit ebenfalls zu betonen, setzt man die Konjunktion *o* jeweils an den Anfang der beiden Sätze oder Satzteile *(entweder ... oder)*:

O haces tus deberes o no sales a jugar.
O vienes ya o comes tú solo. Yo tengo mucha hambre.

pero

Mit der Konjunktion *pero (aber)* werden Gegensätze ausgedrückt:

Me gustan muchísimo esos zapatos pero son muy caros.
Mario es un chico serio, pero estaba simpático en la fiesta.

sino

Wenn der erste Satzteil verneint wird, wird der Gegensatz dazu im zweiten Satzteil mit *sino (sondern)* ausgedrückt:

No lo hizo él sino su hermana.

Vor einem Verb heißt es *sino que*:

sino que

> No comimos en casa sino que fuimos a un restaurante.

sin embargo

sin embargo

Der Gegensatz wird noch aussagekräftiger, wenn man *sin embargo (trotzdem, jedoch)* verwendet:

> Mario es un chico muy serio; sin embargo, estuvo muy simpático en la fiesta.

Sin embargo kann auch hinter *pero* stehen:

> Mario es un chico muy serio, pero, sin embargo, estuvo muy simpático en la fiesta.

en cambio

en cambio

Die Konjunktion *en cambio (dagegen)* drückt ebenfalls einen Gegensatz aus. Mit *en cambio* wird indirekt ein Vergleich gezogen:

> Ella se preocupa mucho por sus padres; él, en cambio, no les llama nunca.

por eso/por lo tanto

por eso, por lo tanto

Mit den Konjunktionen *por eso* und *por lo tanto (deshalb)* werden Folgerungen eingeleitet:

> Él ha estudiado mucho, por eso está ahora tranquilo.
> Queremos comprarnos un piso; por lo tanto, tenemos que ahorrar.

2.2 Unterordnende Konjunktionen

Conjunciones
subordinantes

Die unterordnenden Konjunktionen leiten Nebensätze ein, die verschiedene Funktionen und Bedeutungen haben, z. B. kausal (begründend), temporal (zeitlich) etc. Eine Besonderheit von unterordnenden Konjunktionen ist, dass einige einen Nebensatz im **Subjuntivo**, andere einen Nebensatz im **Indikativ** einleiten.

que

que

Que (dass) leitet Nebensätze ein, die als Subjekt, direktes Objekt oder präpositionale Ergänzung zum Hauptsatz funk-

+ Indicativo / Subjuntivo	tionieren. Je nach Bedeutung des Hauptverbs, ist der **Subjuntivo** nach *que* notwendig (s. *Subjuntivo*, S. 84–86):

Creo que puedes hacerlo.
No me gusta que digas eso.

Kausal (begründend)

Conjunciones causales + Indicativo porque

Kausale Konjunktionen leiten eine Begründung ein, die im Indikativ steht:

porque (weil)

No saldremos de viaje, porque mi madre viene a visitarnos.

como

como (da)

Como ya es tarde, nos vamos a casa.

ya que

ya que (da... ja)

Ya que está lloviendo nos quedaremos en casa.

Konsekutiv (folgernd)

Conjunciones consecutivas + Indicativo así (es) que

Mit konsekutiven Konjunktionen wird ein Nebensatz eingeleitet, der sich auf die Folgen des Hauptsatzes bezieht. Mit konsekutiven Konjunktionen steht meist der Indikativ:

así (es) que (sodass)

Estos ejercicios están mal, así (es) que hay que corregirlos.

de modo que, de manera que

de modo que, de manera que (sodass)

Esta mercancía es nueva, de modo que hay que exhibirla.
Estoy enfadada, de manera que déjame, por favor.

Konzessiv (einräumend)

Conjunciones concesivas

Durch konzessive Konjunktionen wird das vorher Gesagte eingeschränkt. Der mit diesen Konjunktionen eingeleitete Nebensatz kann im Indikativ oder *Subjuntivo* stehen.

> Wenn die Aussage des Nebensatzes auf Mögliches, Zukünftiges verweist, wird der *Subjuntivo* verwendet.

aunque

aunque (obwohl, auch wenn)

Aunque no me siento bien, tengo que ir a la escuela.
Aunque no tenga hambre, prepararé la cena.

a pesar de que (auch wenn)

A pesar de que estamos en verano hace frío.
A pesar de que compremos ese coche, no le conduciré.

por más que (wie sehr auch)

Por más que trato de olvidar, el recuerdo me acompaña.
Por más que lo intente, no comprendo las Matemáticas.

Temporal (zeitlich)

Durch temporale Konjunktionen werden die Sätze, die sie verbinden, in einen zeitlichen Zusammenhang gesetzt. Der Nebensatz kann im Indikativ oder *Subjuntivo* stehen.

> Bezieht sich der Nebensatz auf Zukünftiges, steht der *Subjuntivo*; bezieht er sich auf Vergangenes, der Indikativ.

cuando (als, immer wenn, wenn)

Cuando salí de casa vi a Pedro.
Cuando salgas de casa, mira si hay cartas en el buzón.

Der Ausdruck *siempre que (immer wenn)* kann anstatt *cuando* verwendet werden:

Siempre que Juan Pedro me habla, me pongo nerviosa.

en cuanto (sobald), tan pronto como (sobald)

En cuanto se puso mejor, salió de la clínica.
En cuanto termine el curso, iré a casa de mis abuelos.
Tan pronto como terminó la película, se fue.
Tan pronto como termine, empezaré a trabajar.

hasta que (bis)

Hasta que no ahorró dinero, no se compró un coche.
Esperaré a Julia hasta que venga, necesito hablar con ella.

mientras (während, solange)

Die Konjunktion *mientras* hat zwei Bedeutungen. In der Bedeutung von *solange* folgt der *Subjuntivo*. In der Bedeutung von *während* folgt der Indikativ:

> Mientras el niño beba algo estoy tranquila.
> Mientras hago la cena, pon tú la mesa, por favor.

antes de que,
después de que
+ Subjuntivo

antes de que (bevor), después de que (nachdem)
Nach diesen Konjunktionen folgt stets der *Subjuntivo*:

> Antes de que empiece la reunión, comeré algo.
> Después de que termine la película vamos a beber algo.

desde que
+ Indicativo

desde que (seitdem)
Nach *desde que* folgt der Indikativ:

> Desde que la conozco, Soledad está siempre enferma.
> Desde que mi madre cocina, he aumentado unos kilos.

Conjunciones
condicionales

+ Subjuntivo
(excepto si)

si

Konditional (bedingend)

Durch konditionale Konjunktionen werden Bedingungen ausgedrückt. Nebensätze, die durch konditionale Konjunktionen eingeleitet werden, stehen im *Subjuntivo*. Eine Ausnahme bildet die Konjunktion *si*. Wenn *si* konditional verwendet wird, in der Bedeutung von *falls, wenn*, kann entweder der *Subjuntivo* oder der Indikativ folgen:

si (falls, wenn)

+ Indicativo /
Subjuntivo

> Si llama Sofía, dile que me traiga los CDs que le preste el otro día.
> Si la banda hiciera un buen precio para la fiesta, la contrataríamos.

en caso de que

en caso de que (im Falle, dass)

> En caso de que la niña no mejore sus notas, tendré que ponerle un profesor particular.
> En caso de que mañana no me sienta mejor, pediré una cita con el médico.

con tal (de) que

con tal (de) que (vorausgesetzt, dass)

> Con tal de que no llores más, te compraré un helado.
> Te esperaré despierta, con tal de que llegues temprano.

a menos que

a menos que (es sei denn, dass)

> A menos que no mejore, habrá que llevarlo al médico.
> Iremos de excursión, a menos que llueva.

como (wenn)

Como no llegue hoy temprano, tendrá problemas.
Como haga mal tiempo, no salgo de casa.

Final (den Zweck angebend)

Nach finalen Konjunktionen steht immer der *Subjuntivo*. Die mit diesen Konjunktionen eingeleiteten Nebensätze geben den Zweck der Aussage im Hauptsatz an.

+ Subjuntivo

para que (damit)

Prepara ya la cena, para que esté lista cuando lleguen los invitados.

a fin de que (damit)

Llevaré el coche a revisión, a fin de que para el viaje no tengamos problemas.

Modal (die Art und Weise angebend)

Mit modalen Konjunktionen wird ein Nebensatz eingeleitet, der Informationen über die Art und Weise der im Hauptsatz gemachten Aussage enthält. Die wichtigsten modalen Konjunktionen sind *como* und *sin que*.

+ Indicativo /
Subjuntivo

como (so wie)

> Mit *como* folgt der *Subjuntivo*, wenn der Nebensatz auf Mögliches oder Zukünftiges verweist.

Lo hice como me explicaste el otro día.
Hazlo como quieras.

como si (als ob)

Nach *como si* steht immer der *Subjuntivo* und es sind nur die Verbzeiten Imperfekt oder Plusquamperfekt möglich.

+ Subjuntivo

Actúa como si él fuera el jefe.
Reaccionó como si hubiera oído ya hablar de ello.

sin que (ohne dass)

Sin que wird immer mit dem *Subjuntivo* verwendet:

+ Subjuntivo

No puedo hacer nada sin que mi padre me critique.

Auf einen Blick: Präpositionen und Konjunktionen

Präpositionen

- *a* → an, auf, in, um, zu, nach, mit
- *ante* → vor, auf, angesichts
- *bajo* → unter
- *con* → mit
- *contra* → gegen
- *de* → von, aus
- *desde* → von
- *en* → in, auf, an
- *entre* → zwischen
- *hacia* → nach, gegen, in Richtung
- *hasta* → bis, sogar
- *para* → für, nach, um...zu
- *por* → durch, wegen, für, aus, von
- *según* → gemäß, zufolge, je nach
- *sin* → ohne
- sobre → auf, über
- *tras* → nach, hinter

a
Richtung: *Elvira va a la biblioteca.*
Entfernung: *Estamos a 100 km de Gerona.*
Zweck: *Hemos venido a ayudarte.*
Zeitpunkt: *Nos vemos a las diez.*
Zeitraum: *Al terminar mis estudios le conocí.*
Häufigkeit: *Hago gimnasia dos veces a la semana.*
Altersangaben: *A los cinco años dio su primer concierto.*
Art und Weise: *Me encanta el pescado a la sal.*
Bewegungsarten: *a caballo, a pie*
vor dem direkten Objekt: *Vi a Javier en el cine.*
vor dem indirekten Objekt: *¿Le has dado ya el regalo a Fernando?*
nach bestimmten Verben: *acostumbrarse a, jugar a* etc.
Infinitivkonstruktionen: *ir a* + Infinitiv, *ponerse a* + Infinitiv etc.
adverbiale Ausdrücke: *a veces, a tiempo, a lo mejor* etc.

de

Herkunft: *Las naranjas son de Marruecos.*

Beziehung oder Besitz: *Es de Alfonso.*

Material und Inhalt: *El jersey es de lana.*

Charakterisierung: *Es una ciudad de ricos.*

Zahlen und Mengenangaben: *Mide 1'80 de alto.*

Vergleich: *Es más listo de lo que pensaba.*

Datum und Zeitangaben: *Es el cuatro de agosto.*

Ursache: *Me cambio de casa por causa del ruido.*

nach bestimmten Verben: *acordarse de, enamorarse de* etc.

Infinitivkonstruktionen: *acabar de* + Infinitiv, *dejar de* + Infinitiv etc.

präpositionale Ausdrücke: *alrededor de, antes de, después de* etc.

adverbiale Ausdrücke: *de día, de noche, de memoria* etc.

por	**para**
Grund:	Zweck, Absicht:
Han cortado la plaza por la huelga.	*Ha ensayado mucho para la obra.*
Beweggrund:	Bestimmungsperson, -ort:
Lo he hecho por ti.	*La carta no era para mí.*
ungenaue Ortsangabe:	Richtung:
Pasamos por el centro.	*Salgo para Cuba.*
ungenaue Zeitangabe:	genaue Zukunftsangabe:
Leo el periódico por las tardes.	*Tengo que terminar esto para mañana.*
Mittel:	Meinung:
Manda el paquete por correo urgente.	*Para ti no es importante lo que yo diga.*
Urheber beim Passiv:	Vergleich:
Ha sido restaurado por un buen pintor.	*Sabe mucho para la formación que tiene.*
Preis, Tausch:	
Cambié el libro por un álbum de fotos.	

Konjunktionen

nebenordnende Konjunktionen

- *y, ni, ni … ni*
  He invitado a Elena y a Mario.
  No vinieron ni Luis ni Emilia.

- *o, o … o*
  ¿Vienes solo o con algún amigo?

- *pero, sino, sin embargo, en cambio*
  Te lo voy a contar, pero no se lo digas a nadie.
  Suelen ser muy amables; sin embargo, tienen también sus defectos.
- *por eso, por lo tanto*
  Es muy delicado, por eso debes tratarlo con cuidado.

unterordnende Konjunktionen

- *que* + Indikativ / *Subjuntivo*
  Pienso que van a bajar los precios.
  No es posible que sea ya tan tarde.
- kausale Konjunktionen: *porque, como, ya que* + Indikativ
  Quiero llamar a Pedro porque sé que se alegrará mucho.
- konsekutive Konjunktionen: *así (es) que, de modo que, de manera que*
  + Indikativ
  Tenemos poco tiempo, así es que date prisa.
- konzessive Konjunktionen: *aunque, a pesar de que, por más que*
  + Indikativ oder *Subjuntivo*
  Aunque es muy tarde, voy a llamar a Luisa.
  Aunque sea de noche, tengo que buscar una farmacia.
- temporale Konjunktionen: *cuando, siempre que, en cuanto, tan pronto como,*
  hasta que, desde que, después de que, antes de que, mientras
  + Indikativ oder *Subjuntivo*
  Cuando no hago deporte, me duele la espalda.
  Cuando vuelvas, coloca tu ropa en el armario.
  Mientras hablaba por teléfono, se le quemó la comida.
  Mientras hables tanto por teléfono, no te dará tiempo para nada más.
- konditionale Konjunktionen: *si, en caso de que, con tal (de) que, a menos que,*
  como + Indikativ oder *Subjuntivo*
  Si ves a Jaime, dale recuerdos de mi parte.
  En caso de que consiga el empleo, tendré que buscar otro piso.
- finale Konjunktionen: *para que, a fin de que* + *Subjuntivo*
  Tómate la medicina para que te encuentres mejor.
- modale Konjunktionen: *como, como si, sin que* + Indikativ oder *Subjuntivo*
  Hice el dibujo como venía en el libro.
  Habla español como si hubiera vivido toda su vida en Colombia.

Pronomen und Begleiter

Pronomen (Fürwörter) ersetzen Substantive, einen Satz oder einen Satzinhalt. Man verwendet Pronomen, um Wiederholungen zu vermeiden. Im Spanischen gibt es neben Pronomen auch Begleiter. Sie sehen meist wie Pronomen aus, stehen aber nicht anstelle eines Substantivs, sondern mit dem Substantiv. Begleiter verhalten sich ähnlich wie Artikel und Adjektive. Man unterscheidet zwischen Personalpronomen, Possessivpronomen, Demonstrativpronomen, Interrogativpronomen, Indefinit-pronomen, Relativpronomen und Reflexivpronomen sowie ihren jeweiligen Begleitern.

Pronombres

1 Pronomen

Pronombres personales

1.1 Personalpronomen

Personalpronomen (persönliche Fürwörter) können anstelle von Personen, Personengruppen oder Sachen stehen. Die spanischen Personalpronomen werden nach ihrer Funktion im Satz unterteilt. Ersetzen sie das Subjekt, heißen sie Subjektpronomen, ersetzen sie das Objekt, nennt man sie Objektpronomen. Es gibt auch bestimmte Formen, die nur nach Präpositionen stehen.

Pronombres en
función de sujeto

Subjektpronomen

Nach dem Subjekt fragt man mit *wer*? oder *was*? Subjektpronomen ersetzen im Spanischen meist nur Personen. Eine Besonderheit des Spanischen ist, dass es im Plural maskuline *(nosotros, vosotros, ellos)* und feminine *(nosotras, vosotras, ellas)* Pronomen gibt:

> Yo soy mexicana, ¿y vosotras? – Yo soy chilena y ella es alemana.
> Pedro, nosotras queremos ir al cine. ¿Qué hacéis vosotros? – Pues nosotros queremos jugar al billar.

	Singular	Plural
1. Pers.	yo (ich)	nosotros/-as (wir)
2. Pers.	tú (du)	vosotros-/as (ihr)
3. Pers.	él (er), ella (sie), usted (Sie)	ellos (sie), ellas (sie), ustedes (Sie)

Uso

Das Subjektpronomen wird im Spanischen wesentlich seltener verwendet als im Deutschen oder Englischen. Das liegt daran, dass in einem Satz alle Informationen zur Person und Numerus bereits im Verb enthalten sind. Meistens beinhaltet die Endung des Verbs diese Information:

> ¿Adónde vas? – Voy al centro.
> ¿Dónde está el niño? – Está jugando en el jardín.

Die Subjektpronomen werden nur dann verwendet, wenn nicht klar ist, worum es sich handelt oder wer in einem Gespräch angesprochen wird:

¿Quién quiere carne y quién pescado? – Ella quiere carne y yo, pescado.

Wenn man seine Identität auf eine Frage hin bestätigt, steht das Pronomen nach dem Verb:

¿Quién es Dani? – Soy yo.

Die Pronomen *usted* und *ustedes* sind Höflichkeitspronomen und werden relativ häufig gebraucht. Sie stehen immer dann, wenn man Höflichkeit ausdrücken möchte.

Señor Gil, ¿es usted arquitecto? – No, soy ingeniero.
¿Es usted la señora Moldón? – Sí, soy yo.

Wird in Fragesätzen ein Personalpronomen verwendet, kann es nach dem Verb stehen, um die Person zu betonen:

¿Tú qué vas a llevar mañana a la fiesta?

Aber:

Yo a la fiesta voy a llevar pan. ¿Y qué quieres llevar tú?

Objektpronomen
Das direkte Objekt

Pronombres personales
en función de objeto
directo

Das spanische direkte Objekt entspricht dem deutschen Akkusativobjekt. Man fragt nach ihm mit *wen?* oder *was?* Ein direktes Objekt kann durch ein direktes Objektpronomen ersetzt werden. Objektpronomen ersetzen normalerweise Personen (auch Personifizierungen). Die Pronomen *lo* und *la* können auch Sachen ersetzen:

	Singular	Plural
1. Pers.	me (mich)	nos (uns)
2. Pers.	te (dich)	os (euch)
3. Pers.	lo (ihn, es), la (sie), lo/la (Sie)	los/las (sie), los/las (Sie)

In einigen lateinamerikanischen Ländern wird *vos* in der Bedeutung von *tú* verwendet. Interessant dabei ist, dass *vos* so häufig gebraucht wird, dass die Verben sogar eine Sonderform für die 2. Person Singular haben:

Rosalía, ¿tenés (statt „tienes") un diccionario de alemán-español?

Die direkten Objektpronomen *lo* und *la* werden verwendet, um eine Person oder Sache zu ersetzen. Dabei steht *lo* für männliche und *la* für weibliche Personen oder Dinge:

¿Has visto el nuevo vídeo de flamenco? – Sí, ya lo he visto y me ha gustado mucho.
¿Has visto ya la nueva película de Almodóvar? – No, aún no la he visto. ¿Es buena?

Das Pronomen *lo* dient auch als Ersatz für einen Sachverhalt:

¿Tienes los encargos que te pedí? – No, lo siento mucho. Lo olvidé.
¿Sabías que Teresa está enamorada? – Sí, me lo contó Marcos ayer.
¿Sabes a qué hora llega el vuelo de mamá? – No lo sé.

Lo ersetzt ebenfalls ein Adjektiv oder Substantiv nach den Verben *ser* oder *estar*:

¿Es usted médico? – No, no lo soy. Sólo soy un estudiante.
¿Es difícil? – No lo es, al contrario, es más fácil de lo que pensaba.

Die direkten Objektpronomen *los* und *las* ersetzen maskuline bzw. feminine Substantive im Plural:

¿Tienes los billetes? – Sí, ya los tengo en el bolso.
¿Encontraste las llaves? – No, aún no las he encontrado.

Lo, la, los, las ersetzen ein Substantiv bei Fragen mit *hay*:

¿Hay una farmacia cerca? – Sí, la encontrará en la próxima calle.

In einigen spanischsprachigen Ländern werden die direkten Leísmo Objektpronomen *lo* und *los* durch *le* und *les* bei männlichen Personen ersetzt *(„leísmo")*:

¿Viste a Gabriel? – Sí, le/lo vi ayer.
¿Conoces a los Moldón? – No, no les/los conozco aún.

Das indirekte Objekt

Pronombres personales
en función de objeto
indirecto

Die indirekten Objektpronomen werden auch Dativpronomen genannt. Normalerweise ersetzen sie ein indirektes Objekt und antworten auf die Frage *wem?*

	Singular	Plural
1. Pers.	me (mir)	nos (uns)
2. Pers.	te (dir)	os (euch)
3. Pers.	le (ihm),	les (ihnen),
	le (ihr),	
	le (Ihnen)	les (Ihnen)

No me gusta este hotel.
Le voy a regalar un ordenador nuevo.
Cuando nos compren la casa, nos iremos de vacaciones.

Die Unterschiede zum direkten Objektpronomen werden nur in den 3. Personen deutlich *(le, les)*.

Indirekte Objekte folgen häufig Empfindungsverben wie Usos *gustar, encantar, doler, parecer, interesar, faltar, molestar*:

A mí me interesa la política internacional.
A Pedro le molesta la injusticia.
Al niño le duele la garganta y le molestan los oídos.

Auch nach unpersönlichen Ausdrücken, die mit *ser necesario, ser suficiente* und *ser (im)posible* gebildet werden, können indirekte Objekte folgen, die durch Pronomen ersetzbar sind:

Al nuevo presidente le fueron suficientes sólo unos votos para ganar.
Me es imposible cambiar de coche ahora.

Formen des Objektpronomens mit Präposition

Im Spanischen gibt es bestimmte Formen des Personalpronomens, die mit Präpositionen verwendet werden. Es handelt sich hierbei um Objektpronomen. Pronomen, die mit Präpositionen stehen, können das direkte oder indirekte Objekt ersetzen. Sie können aber auch adverbiale Ergänzungen ersetzen. Die präpositionalen Objektpronomen sind bis auf die 1. und 2. Person Singular mit den Subjektpronomen identisch:

	Singular	Plural
1. Pers.	para mí (für mich)	para nosotros/-as (für uns)
2. Pers.	para ti (für dich)	para vosotros/-as (für euch)
3. Pers.	para él (für ihn), para ella (für sie), para usted (für Sie)	para ellos (für sie), para ellas (für sie), para ustedes (für Sie)

A ella le gusta mucho el pescado, pero a mí no.
Tengo un buen regalo para ti.

Mit der Präposition *con* ändern sich die 1. und 2. Person. Die Pronomen *mí* und *ti* werden als *-migo* und *-tigo* an die Präposition *con* angeschlossen. Die anderen Personen bleiben unverändert:

El niño está con el papá, pero la niña está conmigo.
¿Puedo ir contigo al cine?

Akkusativ- und Dativobjekte können mithilfe von *a* und betonten Pronomen verstärkt oder näher definiert werden:

¡El libro te lo he dado a ti!
¿Les compramos un helado a ellos? Hace mucho calor...

Stellung der Objektpronomen

Colocación de los
**pronombres personales
en función de objeto**

Direktes Objektpronomen und indirektes Objektpronomen können in einem Satz gleichzeitig vorkommen. Dabei stehen die Pronomen stets **vor** dem Verb. Das indirekte geht dem direkten Objekt voran:

¿Te has tomado el medicamento contra la alergia? – Sí, me lo tomé esta mañana, pero no estoy mejor.
¿Qué estás haciendo con mi carta? – Te la estoy revisando... tienes un par de errores.

Wenn beide Pronomen in der 3. Person Singular oder Plural stehen, wird das indirekte Objektpronomen zu *se*.

Singular
le/les + lo → se lo
le/les + la → se la
Plural
le/les + los → se los
le/les + las → se las

Le regalo las rosas a mi madre. → Se las regalo.
Compro a los niños unos lápices. → Se los compro.

Bei einem Infinitiv, einem bejahten Imperativ oder einem Gerundium werden die Pronomen nachgestellt, zuerst das indirekte, dann das direkte Objektpronomen:

(La medicina) tomársela. Tómatela.

In Gruppen von zwei Verben (Verb + Infinitiv oder Gerundium) stehen die Objektpronomen entweder unmittelbar vor dem ersten Verb oder nach dem Infinitiv oder Gerundium:

No quiero hacerlo. *Oder*: No lo quiero hacer.
Estoy leyéndola. *Oder*: La estoy leyendo.

Wiederaufnahme des Objekts durch ein Pronomen

Will man das direkte Objekt verstärken, stellt man es an den Satzanfang und verdoppelt es durch ein Objektpronomen:

A Silvia y Ana no las voy a encontrar en la fiesta.
El cheque lo cambiamos en el banco central.

Das indirekte Objekt wird in der Regel unmittelbar vor dem Verb durch ein indirektes Objektpronomen wieder aufgenommen:

¿Le has contado a Pedro lo que ha pasado?

Das Objektpronomen mit der Präposition *a* wird darüber hinaus verwendet, um das Objekt besonders hervorzuheben. Dadurch kann auch eine Meinung bekräftigt werden:

A mí no me parece que hayas actuado bien.
A Camila todo le parece muy simple, aunque no lo es.

Pronombres posesivos

1.2 Possessivpronomen

Possessivpronomen (besitzanzeigende Fürwörter) drücken einen Besitz oder eine Zugehörigkeit aus. Man unterscheidet zwischen Possessivpronomen (*pronombres posesivos*), die ein Substantiv ersetzen *(el mío)*, und Possessivbegleitern (*adjetivos* bzw. *determinantes posesivos*), die das Substantiv begleiten *(mi libro)*. Sie richten sich in Genus und Numerus nach dem Substantiv, dessen Zugehörigkeit sie näher bestimmen. Steht das Bezugswort im Singular, werden folgende Possessivpronomen verwendet:

	maskulin	feminin
yo	el mío	la mía
tú	el tuyo	la tuya
él, ella, usted	el suyo	la suya
nosotros/-as	el nuestro	la nuestra
vosotros/-as	el vuestro	la vuestra
ellos/-as, ustedes	el suyo	la suya

Formen im Plural:

	maskulin	feminin
yo	los míos	las mías
tú	los tuyos	las tuyas
él, ella, usted	los suyos	las suyas
nosotros/-as	los nuestros	las nuestras
vosotros/-as	los vuestros	las vuestras
ellos/-as, ustedes	los suyos	las suyas

Stehen Possessivpronomen mit dem Verb *ser*, drücken sie aus, wem etwas gehört. Ins Deutsche kann das mit *das meinige/meins* usw. übersetzt werden:

¿Es esa tu bicicleta? – No, es la mía.
¿Dónde están mis llaves? – Las mías están aquí, pero las tuyas, no lo sé.

1.3 Demonstrativpronomen

Pronombres
demostrativos

Demonstrativpronomen sind verweisende Fürwörter, im Deutschen z. B. *dieser* oder *jener*.
Im Spanischen gibt es drei Demonstrativpronomen, die drei unterschiedliche räumliche Verhältnisse zwischen dem Sprecher und der Person oder Sache bezeichnen, auf die sie sich beziehen:

In der Nähe des Sprechers

	maskulin	feminin	Neutrum
Sing.	este	esta	esto
Pl.	estos	estas	

Etwas weiter entfernt vom Sprecher

	maskulin	feminin	Neutrum
Sing.	ese	esa	eso
Pl.	esos	esas	

Weit enfernt vom Sprecher

	maskulin	feminin	Neutrum
Sing.	aquel	aquella	aquello
Pl.	aquellos	aquellas	

Esta falda no me gusta para ti, ¿qué te parece esa?
Aquel de allí es mi jefe, es majísimo.

Die Demonstrativpronomen können durch Ortsadverbien ergänzt werden:

este / esta / estos / estas de aquí	→ diese/r hier
ese / esa / esos / esas de ahí	→ der, das, die da
aquel / aquella / aquellos /	→ der, das, die,
aquellas de allí	jener dort

Usos Demonstrativpronomen, wie alle Pronomen, ersetzen ein Substantiv. Diese Pronomen können allerdings auch als Demonstrativbegleiter vor dem Substantiv stehen (s. S. 186). Zur besseren Unterscheidung zwischen Demonstrativpronomen und Demonstrativbegleitern kennzeichnete man früher die Pronomen mit einem Akzent. Dies ist heute jedoch nicht mehr nötig.

esto, eso, aquello Die Pronomen *esto, eso* und *aquello* stehen jedoch nie mit einem Substantiv. Sie werden immer als Pronomen verwendet. Dabei müssen sich nicht unbedingt auf etwas beziehen, was bereits erwähnt wurde. Sie können auch auf eine Sache oder einen Sachverhalt vorausweisen.

¿Qué es eso? – ¿Esto? Es una tarea de Química.
¿Para qué sirve esto? – Para pelar espárragos, ya te muestro.
¿Qué significa esto? – Todo esto es para la fiesta y aquello es una sorpresa.

Außerdem wird *eso* häufig in Redewendungen oder feststehenden Ausdrücken verwendet, wie:

eso es	→ das stimmt, jawohl
eso sí	→ das allerdings
por eso	→ deswegen, darum
a eso de las	→ gegen (bei Uhrzeiten)
eso mismo	→ genau das
no por eso	→ nichtsdestoweniger
y eso que	→ und das, obwohl
¿y eso?	→ wieso?

Nos encontraremos en el teatro a eso de las siete.
Aunque tienes dieciocho años, no por eso harás lo que quieras.

Pronombres indefinidos ## 1.4 Indefinitpronomen

Indefinitpronomen (unbestimmte Fürwörter) geben eine unbestimmte Anzahl von Personen oder Dingen an. Sie stehen nie mit einem Substantiv zusammen:

Pilar, hoy ha llegado algo para ti.
¿Me ha llamado alguien?
No quiero nada, gracias.
No vino nadie a visitar a Petra.

algo, alguien, nada, nadie

algo, alguien, nada, nadie

Die Pronomen *alguien* und *nadie (jemand, niemand)* können nur Personen oder auch personifizierte Tiere ersetzen. Gegenstände oder Sachverhalte werden durch *algo* und *nada (etwas, nichts)* ersetzt:

¿Quieres comer algo? – No, gracias no quiero nada.
¿Qué tal el viaje? ¿Te divertiste? – Sí, nos lo pasamos súper bien y conocí a alguien muy interesante.

cada uno/cada una

cada uno/cada una

Die Pronomen *cada uno/cada una (jede/r für sich, jede/r Einzelne)* werden nur im Singular verwendet:

Cada uno ha hecho lo que ha podido.
¿Cómo son sus hijas? – Cada una es muy distinta.

cualquiera

cualquiera

Das Pronomen *cualquiera* bedeutet *jede/r/s (Beliebige)* und ist unveränderlich:

Eso lo sabe cualquiera.

1.5 Interrogativpronomen

Pronombres interrogativos

Interrogativpronomen (Fragepronomen) leiten Fragen oder Fragesätze ein. Im Spanischen können sie darüber hinaus in Ausrufen verwendet werden. Interrogativpronomen tragen immer einen Akzent.

¿Quién ha llamado antes?
¿Qué ha dicho Emilia?

qué

qué

In der Bedeutung von *was* wird *qué* ausschließlich verwendet, um nach Sachen zu fragen:

¿Qué haces?
¡Pero qué se ha creído ese chico que es!

Wird *qué* mit Präpositionen kombiniert, entstehen neue Fragepronomen:

para qué	→ wofür
por qué	→ warum
de qué	→ worüber

Maruja, ¿para qué necesitas esas tijeras?
¿Por qué has salado tanto dinero?
¿De qué estabas hablando con Luz?

Auf die Frage *¿por qué?* kann mit der Konjunktion *porque (weil)* geantwortet werden.

Interrogativpronomen tragen immer einen Akzent. Nicht verwechseln: **Qué** mit Akzent ist ein Fragepronomen *(was)*, **que** ohne Akzent ist eine Konjunktion *(dass)* oder ein Relativpronomen *(der, die, das)*.

quién, quiénes

quién, quiénes

Mit dem Pronomen *quién (wer)* fragt man nach Personen. Erwartet man als Antwort, dass es sich um mehrere Personen handelt, verwendet man die Pluralform *quiénes*.

¿Quién se comió el pastel?
¿Quiénes estuvieron en tu fiesta?

Steht *quién* in der Bedeutung von *wer*, fragt man nach dem Subjekt. Wenn *quién* mit der Präpostion *a* steht *(a quién)*, fragt man nach dem direkten oder indirekten Objekt. Auf Deutsch lautet *a quién* dann *wen?* oder *wem?*

¿A quién has llamado para la reunión?

cuál, cuáles

cuál, cuáles

Mit dem Interrogativpronomen *cuál (welche/r/s)* fragt man nach einer Auswahl von Personen oder Sachen. In Unterschied zu *qué* wird *cuál* nie unmittelbar vor einem Substantiv gebraucht:

¿Qué pañuelo prefieres?
De estos relojes, ¿cuál te gusta más?
¿Cuáles son los vecinos que siempre dan problemas?

Auch *cuál* kann mit der Präpositon *a* kombiniert werden, wenn man nach dem Objekt fragt.

> ¿A cuál de tus compañeros tienes más confianza?
> ¿A cuáles de tus amigas vas a invitar a la despedida?

cuánto, cuánta

Mit *cuánto (wie viel)* fragt man nach der Menge von etwas. cuánto, cuánta
Es richtet sich nach dem Genus und Numerus *(cuántos, cuántas)* des in der Antwort erwarteten Subjekts:

> ¿Cuánto te has gastado en Mallorca?
> ¿Cuántas vienen a la fiesta?

Als Ausrufpronomen drückt es eine hohe Menge aus *(wie sehr, sehr viel)*:

> ¡Cuánto cuesta todo hoy en día!

Auch mit *cuánto* gibt es feste Wendungen, wobei *cuánto* nicht immer mit *wie viel?* übersetzt wird:

Expresiones fijas y frases típicas con "cuánto"

¿Cuánto cuesta?	→ Was kostet es?
¿Cuánto es?	→ Wie viel macht es insgesamt?
¿Cuánto pesa?	→ Wie viel wiegt er/sie/es?
¿Cuánto mide?	→ Wie groß ist er/sie/es?
¿Cuánto dura la película?	→ Wie lange dauert der Film?
¿Cuánto tiempo llevas aquí?	→ Wie lange bist du schon hier?

1.6 Relativpronomen

Die Relativpronomen leiten Nebensätze ein und haben Pronombres relativos meistens einen Bezug zum Hauptsatz, im Deutschen z.B.: *Das Kind, das (welches) spielte, lachte.* Relativpronomen ersetzen ein Substantiv, das durch einen Nebensatz näher erklärt werden soll. Anstelle des Relativpronomens können auch der Relativbegleiter *cuyo* und Relativadverbien diese Aufgabe übernehmen.
Relativpronomen tragen im Gegensatz zu Fragepronomen **keinen** Akzent.

que

Que (der/die/das, welche/-r/-s) ist das häufigste Relativpronomen. Es bezieht sich auf Personen und Sachen und ist unveränderlich.

> Esta es la señora que cuida al niño.
> La bicicleta que yo quería es roja.

Que kann mit Präposition verwendet werden. Manchmal ist dann vor *que* der bestimmte Artikel nötig.
Nach einsilbigen Präpositionen bei Sachen kann *que* mit oder ohne Artikel stehen:

> Ese es el cine en (el) que hemos quedado.

Nach einsilbigen Präpositionen bei Personen steht *que* mit Artikel:

> Ha llamado el señor del que hablé ayer.

Nach mehrsilbigen Präpositionen oder nach präpositionalen Ausdrücken steht *que* mit Artikel:

> La empresa para la que trabaja está en las afueras.

quien, quienes

Es bezieht sich immer auf Personen und kann nach Präpositionen stehen. *Quien* ist formaler als *que*:

> Al único a quien le presto el coche es a Miguel.
> Al único al que le presto el coche es a Miguel.

Quien wird nur als Subjekt verwendet, wenn der Relativsatz als zusätzliche Information dient und deshalb im Spanischen mit Kommas abgetrennt wird. Statt *quien* wird sonst das Relativpronomen *que* gebraucht:

> Los habitantes de la casa, quienes observaron lo que pasaba, llamaron a la Policía.
> Los vecinos que descubrieron el incendio llamaron a los bomberos.

Quien kann auch Sätze mit unbestimmtem Subjekt einleiten. Es kann dann durch *que* + bestimmten Artikel ersetzt werden:

> Quien/El que quiera participar en la asamblea tiene que anotarse aquí.

Auch wenn das Verb des Hauptsatzes *ser* ist, steht *quien*, *quienes* oder *que* mit bestimmtem Artikel. Dies kann ins Deutsche mit *derjenige, der/ diejenige, die* übersetzt werden:

> Ivonne es quien sabe la verdad de todo esto.
> Antonio es el que te presenté el otro día.

el cual, la cual

el cual, la cual ▬

El cual, la cual, los cuales und *las cuales* stehen in eher formellen Kontexten anstelle von *quien, el que, la que* usw. Die Form *el cual* wird dann bevorzugt, wenn ihr Bezugswort weiter entfernt steht oder um Missverständnisse zu vermeiden:

> Este es el chico del cual te he hablado.
> El padre de mi amiga del colegio, Rosa, el cual emigró a Uruguay, nos visitó hace unos años.

lo que, lo cual

lo que, lo cual ▬

Bezieht man sich auf Inhalt und Aussage eines vorausgehenden Satzes, verwendet man *lo que* bzw. *lo cual*, die beide mit *was* übersetzt werden. Bezieht man sich auf Inhalte eines folgenden Satzes oder Inhalte, die noch erwähnt werden, ist nur *lo que* möglich:

> Sus conceptos son interesantes, lo cual/lo que lo hace convincente.
> Niños, escuchadme. Lo que os voy a decir es muy importante.
> Lo que me preocupa es que Rocío esté tan callada.

Nach *todo* steht ebenfalls *lo que*:

> Este médico me encanta, todo lo que le digo es importante.

1.7 Reflexivpronomen

Pronombres reflexivos ▬

Mit dem Reflexivpronomen verweist man auf eine Person zurück. Es ist ein Objektpronomen, das mit dem Genus und Numerus des Subjekts übereinstimmt. Die Formen der 3. Person Singular und der 3. Person Plural sind identisch.

Aus dem Zusammenhang geht jedoch hervor, um welchen Numerus es sich handelt:

me	mich, mir
te	dich, dir
se	sich
nos	uns
os	euch
se	sich

Usos Reflexivpronomen stehen nur bei bestimmten Verben, den reflexiven Verben (s. S. 108–110):

> No sé qué me pasa. No me siento bien. – Pues, ¿por qué no te vas al médico?
> ¿Te has lavado las manos? – Sí, me las he lavado y también la cara.
> ¿Cómo te llamas? – Me llamo Victoria, ¿y tú?
> Ella siempre se arregla muy bien.

Das Pronomen *se* wird nach einer Präposition zu *sí*. Im Deutschen bedeutet das soviel wie *für/unter/von sich (selbst)*:

> Los chicos discutieron muy fuerte entre sí.
> Siempre se guarda todo para sí.

Reflexivpronomen stehen mit dem unbestimmten Artikel *uno* oder *una* in unpersönlichen Aussagen. Das Verb steht dabei in der 3. Person Singular. Solche Aussagen haben Sprichwortcharakter:

> Uno se acuesta temprano para levantarse temprano.
> Uno se ducha después de nadar en la piscina.
> Uno se acostumbra a todo en esta vida.

In der Regel stehen Reflexivpronomen vor einem konjugierten Verb. Bei zusammengesetzten Zeiten stehen sie vor dem Hilfsverb *haber*:

> El niño no se ha despertado todavía.
> Con Jatsy aún no me he encontrado.

Bei einem Infinitiv, einem bejahten Imperativ oder einem Gerundium werden die Reflexivpronomen gleich wie die Personalpronomen nachgestellt; zuerst das indirekte, dann das direkte Objektpronomen:

> (la medicina) tomártela / Tómatela.

In Gruppen von zwei Verben (ein Verb + ein Infinitiv oder Gerundium) stehen die Objektpronomen entweder unmittelbar vor dem ersten Verb oder nach dem Infinitiv oder Gerundium:

> No me quiero levantar. *Oder* No quiero levantarme.
> Me estoy peinando. *Oder* Estoy peinándome.

2 Begleiter   **Determinantes**

Der Hauptunterschied zwischen Pronomen und Begleitern liegt darin, dass Pronomen anstatt eines Substantivs stehen, und Begleiter ein Substantiv begleiten. Pronomen werden verwendet, um Wiederholungen zu vermeiden, Begleiter werden verwendet, um ein Substantiv näher zu bestimmen. Deshalb haben Begleiter häufig auch adjektivische (beschreibende) Funktion. In der Regel stehen sie vor dem Substantiv und stimmen mit ihm in Genus und Numerus überein. Zu den Begleitern gehören Artikel und Pronomen, die die Funktion von Begleitern haben.

→ Bestimmter Artikel (s. S. 28–30)

> ¿Por qué no has bebido el café?

→ Unbestimmter Artikel (s. S. 30–31)

> La paella es una especialidad española.

→ Possessivbegleiter

> Mi coche es verde.

→ Demonstrativbegleiter

Me duele este brazo.

→ Indefinitbegleiter

Me duele todo el cuerpo, hice mucho deporte.

→ Interrogativbegleiter

¿Qué medicamento tomas?

→ Relativbegleiter

Los libros, cuyas páginas estaban deterioradas, fueron restaurados.

Determinantes
posesivos

2.1 Possessivbegleiter

Bei den Possessivbegleitern wird unterschieden zwischen betonten und unbetonten Begleitern. Unbetonte Begleiter stehen immer vor dem Substantiv, während betonte Begleiter nachgestellt werden. Beide Gruppen von Begleitern richten sich nach dem Numerus des Substantivs, das sie näher bestimmen.

Sie richten sich jedoch nicht nach dem Genus des Substantivs, ausgenommen in der 1. und 2. Person Plural mit seinen maskulinen und femininen Formen.

Determinantes
posesivos átonos

Unbetonte Possessivbegleiter

	Singular	Plural
yo	mi	mis
tú	tu	tus
él/ella, usted	su	sus
nosotros/-as	nuestro/-a	nuestros/-as
vosotros/-as	vuestro-/a	vuestros/-as
ellos/-as, ustedes	su	sus

Estos son mis cuadernos y esas son mis pinturas.
Estas son nuestras niñas.
¿Es esta tu chaqueta?
¿Es este tu coche?
Sres. Fernández, ¿son estas sus maletas?

Da es bei den Begleitern *su* und *sus* keine maskuline und fe- Usos minine Form gibt, haben sie mehrere Bedeutungen. Mit *su* kann man sich beziehen auf *él, ella, usted*; und *sus* kann für *ellos, ellas* und *ustedes* stehen. Aus dem Zusammenhang dürfte meist klar werden, welcher Begriff der richtige ist. Für *su* gibt es daher auch mehrere deutsche Entsprechungen.

> **su**
> maskulin $\rightarrow$ *sein, ihr; Ihr*
> feminin $\rightarrow$ *seine, ihre; Ihre*
> **sus** wird mit *ihre* (*Ihre*) übersetzt.

Bei Possessivbegleitern ist es wichtig, den Zusammenhang zu kennen. Man muss wissen, auf welche Person oder Sache sich der Begleiter bezieht (*mein Stift* $\leftarrow$ wessen?). Falls nicht eindeutig klar sein sollte, wer gemeint ist, kann mit der Präposition *de* und dem Personalpronomen bzw. dem Namen umschrieben werden.

> Markus es el hermano de ella.
> Esta es la casa de Pancho y Lucía.
> Esta es su cama. La cama de ella.

Betonte Possessivbegleiter

Determinantes
posesivos tónicos

	Singular	Plural
yo	mío/-a	míos/-as
tú	tuyo/-a	tuyos/-as
él/ella, usted	suyo/-a	suyos/-as
nosotros/-as	nuestro/-a	nuestros/-as
vosotros/-as	vuestro/-a	vuestros/-as
ellos/-as, ustedes	suyo/-a	suyos/-as

Betonte Possessivpronomen stehen hinter dem Substantiv Usos und heben das Besitz- und Zugehörigkeitsverhältnis hervor.

> ¡Amigos míos, qué alegría volver a veros!
> ¿Es ese el novio tuyo?
> Los hijos suyos son tan formales, doña Puri.

Der unbetonte Begleiter kann nicht direkt ins Deutsche übersetzt werden:

una amiga mía → eine Freundin von mir

Der Unterschied zwischen Possessivbegleiter und Possessivpronomen wird nach dem Verb *ser* deutlich. Steht der Begleiter (ohne Artikel) nach *ser*, heißt es soviel wie *gehören*.

Este jersey es de Lorena, ¿y este? – Mío.

Die Kombination aus *ser* und Possessivpronomen bedeutet *meinige, meins*.

Mi coche es muy viejo, no tiene ni aire acondicionado ni airbag. – Pues el mío, sí.

Mi novio no es muy romántico, y ¿el tuyo? – El mío sí, es supertierno y romántico.

Determinantes
demostrativos

2.2 Demonstrativbegleiter

Mit Demonstrativbegleitern drückt man die Nähe oder Distanz zu etwas oder jemanden aus. Sie kommen häufig mit den Adverbien *aquí (hier), ahí (da)* und *allí (dort)* vor:

este libro (de aqui)	→	dieses Buch hier
ese chico (de ahí)	→	dieser Junge da
aquel reloj (de allí)	→	diese Uhr dort

In der Nähe des Sprechers

	maskulin	feminin
Sing.	este	esta
Pl.	estos	estas

Etwas weiter entfernt vom Sprecher

	maskulin	feminin
Sing.	ese	esa
Pl.	esos	esas

Weit enfernt vom Sprecher

	maskulin	feminin
Sing.	aquel	aquella
Pl.	aquellos	aquellas

Demonstrativbegleiter passen sich dem Genus und Numerus des folgenden Substantivs an:

> Esta playa me gusta mucho.
> He gastado mucho dinero en esos cuadros.
> Aquel camino conduce al pueblo.

Auch zeitliche Angaben können mit _este, ese, aquel_ gemacht werden. Mit _este_ verweist man dann auf Zeiten, die eng mit der Gegenwart verbunden sind:

> Esta clase de hoy fue muy relajada, me gustó mucho.
> Esta tarde tengo mi primera clase de fotografía.

Ese wird bei Beziehungen verwendet, die nicht mit der Gegenwart verbunden sind:

> Esa noche le tomé la mano sin pensarlo.
> Esos días que estuvo de vacaciones, los compartió conmigo.

Bei Zeitangaben mit _aquel_ weist man auf eine weiter zurückliegende Vergangenheit:

> Aquel día conocí a Daniel.

---

en ese entonces   → damals
en aquel entonces → zu jener Zeit

2.3 Indefinitbegleiter

Die Indefinitbegleiter haben eine allgemeine unbestimmte Bedeutung. Meist sagen sie etwas über die Menge oder die Verteilung von Personen oder Sachen aus.
Indefinitbegleiter sind Wörter wie _todos (alle), mucho (viel/e), algún/alguna (irgendeine/r)_ etc.

algún, alguna, algunos, algunas

Algún/a bedeutet _irgendeine/r_; der Plural _algunos/-as_ wird mit _einige_ übersetzt. Es bezieht sich auf Personen oder Sachen:

> ¿Hay algún banco por aquí?
> Mira, algunas blusas están rebajadas. ¿Quieres mirarlas?

Als Pronomen ersetzt *alguno, alguna, algunos, algunas* ein Substantiv. Die maskuline Form heißt dann *alguno*:

¿Hay algún banco por aquí? – Sí, creo que hay alguno en la calle Mayor.

ningún, ninguna

ningún, ninguna

Ningún, ninguna wird fast nur im Singular verwendet und bedeutet *kein/e/r/s*.

Ninguna persona ha estado enferma.
Ningún alumno respondió a la pregunta.

Als Pronomen heißt die maskuline Form *ninguno*:

Ninguno de mis alumnos ha faltado hoy a clase.

Feste Wendungen mit *algún, ningún*:

alguna vez	→ irgendwann, überhaupt
ninguna vez	→ kein einziges Mal
en alguna parte	→ irgendwo
en ninguna parte	→ nirgendwo
algún día	→ irgendwann
algunos días	→ ein paar Tage, an manchen Tagen
de alguna manera	→ derart
de algún modo/manera	→ irgendwie
sin duda alguna	→ ohne Frage
de ningún modo	→ auf keinen Fall
sin ninguna duda	→ ohne jeden Zweifel

Hasta ahora, no he salido con él ninguna vez.
Sin duda alguna ella le atrae, pues sino, no le visitaría.
Pasaremos algunos días en las montañas.

mucho, poco, demasiado, suficiente, bastante

mucho, poco, demasiado, suficiente, bastante

Alle diese Begleiter können auch als Pronomen allein stehen. *Mucho (viel), poco (wenig)* und *demasiado (zu viel)* richten sich nach dem Genus und Numerus des Substantivs. Dagegen haben *suficiente (genug)* und *bastante (ziemlich viel)* nur eine Form für den Singular und eine Form für den Plural *(suficientes, bastantes)*:

Hubo mucha nieve el invierno pasado.
Había muchas personas en el concierto.
Había muchos chicos guapos en la fiesta de Tina.
Hay poco pescado en casa.
Hay pocas personas en la playa.
Hay bastante crema en la tarta.
En Madrid hay demasiados bares.
Hay suficiente comida para todos.

todo, toda

Der Begleiter *todo* richtet sich nach dem Genus und Numerus des Substantivs (*fem. toda, todas, mask. todo, todos*). Im Singular hat *todo* die Bedeutung von *ganz* und im Plural *alle*. Zwischen *todo* und dem Substantiv steht der bestimmte Artikel, der unbestimmte Artikel, der Possessivbegleiter oder der Demonstrativbegleiter:

Todas las compañeras de mi hija viven en las afueras de la ciudad.
Elena es toda una campeona.
Hoy en día todo el mundo tiene un móvil.
Toda mi habitación está llena de mosquitos.

Todo als Pronomen bedeutet *alles*:

Me gustan las ciudades grandes porque tienen de todo.
En la casa nueva de Ivona me gusta todo.

Mit *todo* gibt es auch feste Wendungen:

sobre todo	→	vor allem
después de todo	→	schließlich
del todo	→	ganz
con todo y (con) eso	→	und so, trotzdem
de todo un poco	→	ein bisschen von allem
a toda costa	→	um jeden Preis
a todas horas	→	zu jeder Zeit
con todo	→	jedoch
de todas maneras, en todo caso	→	auf jeden Fall
del todo/no del todo	→	ganz/nicht ganz

en todas partes	→	überall
todo el día	→	den ganzen Tag
todo el mundo	→	alle Welt, jedermann
todo el país	→	das ganze Land
todo lo que	→	alles, was
todo tipo de	→	jede Art von
todos los días	→	jeden Tag

En esta casa suena el teléfono a todas horas.
Todo el mundo canta esa canción.
Después de todo, Miguel tiene buen corazón.
Sobre todo, lo más importante es hablar claro.

tanto, tanta

Der Begleiter *tanto (so viel)* richtet sich ebenfalls nach Genus und Numerus des Substantivs. *Tanto* ist sowohl Begleiter als auch Pronomen:

En el pueblo ya no vive tanta gente como antes.
Yo no tengo tantos amigos. Mejor pocos pero buenos.
Cristiane no tiene tanto dinero como aparenta.
No comas tanto.

otro, otra

Der Begleiter *otro* bedeutet *ein/e andere/r/s, ein/e weitere/r/s, noch ein/e/s*. Auch *otro* richtet sich nach dem Genus und Numerus des Substantivs, das er begleitet. *Otro* kann auch als Pronomen ein Substantiv ersetzen:

Camarero, otro café por favor.
¿Abrimos otra botella de naranjada?
Necesito otros pantalones, estos me están muy estrechos.
¿Quieres otro?

Feste Wendungen mit *otro*:

otra cosa	→	etwas anderes
otra persona	→	jemand anderes
otra vez	→	noch einmal
¡otra vez será!	→	irgendwann
otro día	→	ein anderes Mal

el otro día	→ neulich
al otro día	→ am nächsten Tag
en otro lugar	→ an einem anderen Ort
en otro sitio	→ woanders
por otra razón	→ aus einem anderen Grund
ser muy otro	→ ganz anders sein
entre otros	→ unter anderem
¡Hasta otra!	→ Bis bald!

Otra persona estaba con él.
¡Hasta otra ocasión!

mismo, misma

mismo, misma

Beim veränderlichen Begleiter *mismo* ist die Stellung zu beachten. Steht er zwischen Artikel und Substantiv, bedeutet er *der-/das-/dieselbe/n* oder *der/die/das Gleiche*.
Die Wahl des Artikels (Plural, Singular, maskulin, feminin) richtet sich nach dem Substantiv, das *mismo* begleitet:

Casi todos los países latinos tienen las mismas costumbres.
Todos cantamos la misma canción.

Steht der Begleiter aber hinter dem Substantiv oder einem Pronomen, wird er mit *selbst* oder *sogar* übersetzt:

Yo misma oí la noticia.
Incluso él mismo lo dijo después de la fiesta.

Mismo kann auch als Pronomen ein Substantiv ersetzen:

Él no va a cambiar, siempre será el mismo.

cualquier, cualquiera

cualquier, cualquiera

Cualquier, cualquiera (irgendein/e) werden meist nur im Singular verwendet. *Cualquier* steht vor maskulinen und femininen Substantiven, *cualquiera* steht nach maskulinen und femininen Substantiven:

Me gusta cualquier restaurante asiático.
Cómprate cualquier cosa.
Quiero ver una película cualquiera.
Podemos ir a un banco cualquiera.

Feste Wendungen

cualquier cosa	→ irgendwas; egal, was
cualquier persona	→ irgendwer
cualquier día	→ egal, wann
cualquier cantidad	→ irgendeine Menge
a cualquier hora	→ jederzeit
en cualquier momento	→ irgendwann
de cualquier manera	→ irgendwie

varios, varias

varios, varias

Varios (verschiedene, mehrere) steht immer im Plural und richtet sich im Genus nach dem Substantiv:

> Me probé varias cosas pero nada me sirvió.
> Fuimos de excursión con varios amigos de Jordi.

cada

cada

Mit *cada* lassen sich neben unbestimmten Angaben auch bestimmte regelmäßige Angaben machen. Es ist ein unveränderlicher Begleiter, der immer im Singular steht.
Bei unbestimmten Angaben heißt *cada jede/r*:

> Cada empleado es responsable de su proyecto.
> Cada pequeña empresa recibe un apoyo del estado.

Um Regelmäßigkeiten in zeitlicher Hinsicht auszudrücken, kann *cada* ebenfalls verwendet werden. Man benutzt es dann in der Bedeutung von *alle*.

> Cada mes viaja para una o dos semanas.
> Cada vez que lo encuentro está de buen ánimo.
> Uno de cada diez niños en África muere de hambre.

Feste Wendungen:

cada vez	→ jedes Mal
cada vez más	→ immer öfter/mehr
a cada rato	→ andauern
cada tres días	→ alle drei Tage, jeden dritten Tag
uno de cada	→ von jedem eins
uno de cada diez	→ jedes Zehnte

diferente, distinto

Diese zwei Begleiter sind bedeutungsähnlich:

> diferentes → verschiedene
> distintos   → unterschiedliche

Als Begleiter werden sie im Plural und vor dem Substantiv verwendet. Als Adjektiv haben sie auch eine Singularform und stehen normalerweise nach dem Substantiv:

> Hay distintas flores con diferentes colores.
> Es un chico distinto de los otros.
> No era esa música, era una melodía diferente/distinta.

2.4 Interrogativbegleiter

Begleiter für Frage- und Ausrufesätze (sog. Interrogativbegleiter oder Interrogativa) sind größtenteils mit den Interrogativpronomen identisch. Bis auf *cuál* und *quién* können alle Interrogativpronomen auch als Begleiter verwendet werden. Begleiter stehen immer mit einem Substantiv.
Die wichtigsten Interrogativbegleiter sind

> qué   → welche/r/s, was
> cuánto → wie viel/e

In ihrer Funktion als Interrogativbegleiter tragen beide einen Akzent.

qué

Darüber hinaus ist *qué* unveränderlich. Es passt sich weder dem Genus noch dem Numerus des folgenden Substantivs an: *¿qué pescado?, ¡qué pescados más grandes!, ¡qué comida!, ¡qué comidas!, ¿qué blusas?*
In Ausrufen hat *qué* die Bedeutung von *was für ein/e*.
Es steht bei Substantiven, die eine Sache oder Person bezeichnen:

> ¿Qué casa es la tuya?
> ¿Conoces Venecia? – Sí, qué arquitectura tan fascinante tiene esa ciudad.
> ¡Qué paella, la que preparan en ese restaurante y qué gambas!

Der Begleiter *qué* kann auch mit einer Präposition stehen. Die Reihenfolge, in der Präposition, *qué* und Substantiv stehen, ist dann:

> Präposition + *qué* + Substantiv

¿Por qué chocolate te has decidido?
¿En qué escuela estás tú?

cuánto

Der Begleiter *cuánto (wie viel/e)* ist dagegen veränderlich: *¡cuánto viaje!, ¡cuántos viajes!, ¡cuántas blusas!, ¡cuánta gente!* Er hat eigene weibliche Formen und Formen für den Plural. Man fragt mit ihm nach der Menge oder Anzahl von etwas. Mit *cuánto* wird eine große Menge ausgedrückt.

¡Cuántos zapatos! ¿Y cuántos tienes tú María?
¡Cuánta comida hay!
¡Cuánta gente participó en la manifestación!
¿Cuánta azúcar pones al café?

Auch *cuánto* wird mit Präpositionen verwendet, nach demselben Schema wie *qué*.

¿Para cuántas personas cocinas?
Pero, cuántas cosas llevas. Déjame que te ayude.
¿Por cuánto tiempo estarás de viaje?
¿En cuánto tiempo estás de regreso?

Aus *qué* und *cuánto* werden einige feststehende Wendungen gebildet:

¿Qué hora es?	→ Wie spät ist es?
¿A qué hora es ...?	→ Um wie viel Uhr ist...?
¿Qué son estas horas?	→ Wieso kommst du erst jetzt?
¿Qué significa...?	→ Was bedeutet ....?
¿Cuántos años tienes?	→ Wie alt bist du?
¿Cuánto tiempo...?	→ Wie lange...?
¡Cuántas veces...!	→ Wie oft...!

¡Cuántas veces tendré que repetirlo niños, recoged vuestra
habitación!
¿Cuántos años hace que vives en Alemania? –Vivo en
Alemania desde hace 10 años.

2.5 Relativbegleiter

Der Relativbegleiter *cuyo (cuya, cuyos und cuyas)* wird vor
allem in formellen Texten und in der Schriftsprache verwendet. Im Deutschen hat *cuyo* die Bedeutung von *dessen,
deren*. Prinzipiell wird mit *cuyo* ein Besitz bzw. eine Zugehörigkeit ausgedrückt, es darf jedoch nicht als Possessivbegleiter verwendet werden. *Cuyo* richtet sich in Genus und Numerus nach dem folgenden Substantiv.

A la excursión van los alumnos cuyas notas hayan sido
buenas.

Im Deutschen richtet sich der Relativbegleiter dagegen nach
dem vorausgehenden Substantiv:

La mujer, cuyo nombre he olvidado ...
Die Frau, deren Namen ich vergaß ...

Cuyo kann auch nach Präpositionen stehen:

Hay que llamar a los padres de cuyos hijos hemos hablado
en la reunión de ayer.

Auf einen Blick: Pronomen und Begleiter

Pronomen

Personalpronomen

Subjekt	direktes Objektpronomen	indirektes Objektpronomen	mit Präposition
yo	me	me	de, para mí
tú	te	te	de, para ti
él, ella, usted	lo (le), la	le	de, para él, ella, usted
nosotros/-as	nos	nos	de, para nosotros/-as
vosotros/-as	os	os	de, para vosotros/-as
ellos/-as, ustedes	los (les), las	les	de, para ellos/-as, ustedes

Possessivpronomen

maskulin Singular	feminin Singular	maskulin Plural	feminin Plural
el mío	la mía	los míos	las mías
el tuyo	la tuya	los tuyos	las tuyas
el suyo	la suya	los suyos	las suyas
el nuestro	la nuestra	los nuestros	las nuestras
el vuestro	la vuestra	los vuestros	las vuestras
el suyo	la suya	los suyos	las suyas

Demonstrativpronomen

maskulin Singular	feminin Singular	Neutrum	maskulin Plural	feminin Plural
este	esta	esto	estos	estas
ese	esa	eso	esos	esas
aquel	aquella	aquello	aquellos	aquellas

Indefinitpronomen

algo (etwas), *nada* (nichts), *alguien* (jemand), *nadie* (niemand), *cada uno/-a* (jede/r), *cualquiera* (jede/r Beliebige)

Interrogativpronomen

qué (was), *quién* (wer), *cuál* (welche/r), *cuánto* (wie viel)

Relativpronomen

que (der/die/das), *quien* (der/die/das, bei Personen), *el/la cual* (der/die/das, formal), *lo que/lo cual* (was)

Reflexivpronomen

me (mich, mir), *te* (dich, dir), *se* (sich), *nos* (uns), *os* (euch), *se* (sich)

▬Begleiter

Possessivbegleiter

unbetonte Formen		betonte Formen	
Singular	Plural	Singular	Plural
mi	mis	mío/-a	míos/-as
tu	tus	tuyo/-a	tuyos/-as
su	sus	suyo/-a	suyos/-as
nuestro/-a	nuestros/-as	nuestro/-a	nuestros/-as
vuestro/-a	vuestros/-as	vuestro/-a	vuestros/-as
su	sus	suyo/-a	suyos/-as

Demonstrativbegleiter

Mask. Sing.	Fem. Sing.	Mask. Pl.	Fem. Pl.
este	esta	estos	estas
ese	esa	esos	esas
aquel	aquella	aquellos	aquellas

Indefinitbegleiter

algún (irgendein), *alguna* (irgendeine), *algunos/-as* (einige), *ningún, ninguna* (kein/e)
mucho/-a/-os/-as (viel/e), *poco/-a/-os/-as* (wenig/e), *demasiado/-a/-os/-as* (zu viel/e), *suficiente/-s* (genug), *bastante/-s* (ziemlich viel/e)
todo/-a (ganz/e), *todos/-as* (alle), *tanto/-a/-os/-as* (so viel/e)
otro/-a/-os/-as (ein/e andere/r/s, ein/e weitere/r/s, noch ein/e)
mismo/-a/-os/-as (der-/das-/dieselbe/n, der/die/das Gleiche/n)
cualquier/-a (irgendein/e), *varios/-as* (mehrere, verschiedene)
cada (jede/r), *diferente/-s, distinto/-a/-os/-as* (verschieden/e, unterschiedlich/e)

Interrogativbegleiter

qué (welche/r/s, was), *cuánto/-a/-os/-as* (wie viel/e)

Relativbegleiter

cuyo/-a/-os/-as (dessen, deren)

Indirekte Rede, Passiv, unpersönliche Sätze

Mit der indirekten Rede gibt man Worte oder Gedanken von Personen wieder. Sie wird deswegen auch „berichtete oder wiedergegebene Rede" genannt.

Das Passiv (Leideform) wird im Spanischen meist in der gehobenen Sprache oder Schriftsprache verwendet. Es kann nur mit Verben gebildet werden, die ein direktes Objekt haben (sogenannte transitive Verben).

Sätze, die kein bestimmtes Subjekt, d. h. keinen bestimmten „Täter" haben, heißen unpersönliche Sätze. Wir verwenden sie z. B., wenn wir über das Wetter sprechen.

1 Indirekte Rede

Die indirekte Rede wird in einem Aussagesatz mit einem Verb des Sagens oder Denkens und der Konjunktion *que* gebildet, in einem Fragesatz mit der Konjunktion *si* oder den Fragewörtern *qué, quién, cuál* etc. (s. S. 177–179).

> Juanita: "La comida está lista."
> → Juanita dice que la comida está lista.
> Janeth: "¿Ya empezó la película?"
> → Janeth pregunta si la película ya empezó.

1.1 Zeitenfolge

Correspondencia de
tiempos

In der indirekten Rede hängt die Verbzeit im Nebensatz davon ab, in welcher Zeit das einleitende Verb im Hauptsatz steht.

Steht im Hauptsatz das einleitende Verb (z. B. *dice*) im Präsens, Perfekt, Futur oder *Condicional*, so bleibt die Zeit des ursprünglichen Satzes im Nebensatz erhalten:

direkte Rede

> Miguel dice: "Me gusta mucho viajar. El año pasado estuve en Perú y Bolivia."

indirekte Rede

> Miguel dice que le gusta mucho viajar y que el año pasado estuvo en Perú y Bolivia.

Steht das einleitende Verb *(dijo)* im Imperfekt, *Indefinido* oder Plusquamperfekt, so verändern sich manche Zeiten des Nebensatzes:

direkte Rede

> Miguel dijo: "Me gusta mucho viajar. El año pasado estuve en Perú y Bolivia."

indirekte Rede

> Miguel dijo que le gustaba mucho viajar y que el año pasado había estado en Perú y Bolivia.

Manche Zeiten bleiben erhalten, andere verändern sich:

direkte Rede	indirekte Rede
Präsens	Imperfekt
Imperfekt	Imperfekt
Indefinido	*Indefinido* oder Plusquam- perfekt
Perfekt	Plusquamperfekt
Plusquamperfekt	Plusquamperfekt
Futur	*Condicional*
Condicional	*Condicional*

Imperfekt, Plusquamperfekt und *Condicional* bleiben erhalten:

"Antes comía mucho."
→ Dijo que antes comía mucho.
"Antes no había tenido dinero."
→ Dijo que antes no había tenido dinero.
"Me gustaría ir a Chile."
→ Dijo que le gustaría ir a Chile.

Präsens wird zu Imperfekt:

"Ahora tengo la oportunidad de viajar."
→ Dijo que ahora tenía la oportunidad de viajar.

Indefinido bleibt oder wird zu Plusquamperfekt:

"Ayer llegué de Múnich."
→ Dijo que llegó ayer de Múnich.
→ Dijo que había llegado ayer de Múnich.

Perfekt wird zu Plusquamperfekt:

"Ya he dicho muchas tonterías hoy."
→ Dijo que ya había dicho muchas tonterías hoy.

Futur wird zu *Condicional*:

"Mañana hablaré con el profesor."
→ Dijo que mañana hablaría con el profesor.

Die Verbalkonstruktion für Zukunft *voy a* + Infinitiv wird zu
Imperfekt *iba a* + Infinitiv:

voy a → iba a

"Voy a llamarte más tarde."
→ Dijo que iba a llamarme más tarde.

Enthält die direkte Rede einen Imperativ, steht die indirekte Rede im *Subjuntivo* Präsens:

"Venid mañana a casa y traed a los niños."
→ Luis ha dicho que vayamos mañana a su casa y que llevemos a los niños.

1.2 Änderung der Pronomen und der Verben

Werden in der direkten Rede Pronomen verwendet, müssen sie in der indirekten Rede, je nach Blickwinkel, geändert werden.

"¿Venís con nosotros?"
→ Nina pregunta si vamos con ellos.
"¿Puedes llevarme a casa?"
→ Rosita pregunta si puedo llevarla a casa.

Die Änderung der Pronomen kann keiner Regel folgen, sondern ist abhängig von den sprechenden Personen:

A: "Mamá, ¿me compras un helado?"
B: ¿Qué quiere el niño?
C: Dice que quiere que le compre un helado.
"Yo he hecho el pastel."
→ Ilse dice que ella ya ha hecho un pastel.

Auch Possessiv- und Demonstrativpronomen müssen dem jeweiligen Blickwinkel angepasst werden:

"Estos son los nuevos zapatos de mi hijo."
→ Marina dice que estos son sus nuevos zapatos.
"Me encanta la receta de Conchi."
→ Dice que le encanta su receta.

Bewegungsverben wie *ir, venir, llevar, traer* müssen sich auch an die neue Perspektive des Sprechers anpassen:

"Quiero ir a España en enero."
→ Dice que quiere venir a España. (*Der zweite Sprecher ist in Spanien.*)

Wichtige spanische Verben des Sagens:

aconsejar	→	raten
contar	→	erzählen
contestar	→	beantworten
comentar	→	bemerken
decir	→	sagen, auffordern
exclamar	→	ausrufen
explicar/aclarar	→	erklären
gritar	→	schreien
ordenar	→	befehlen
pedir	→	bitten
prometer	→	versprechen
proponer	→	vorschlagen
recomendar	→	empfehlen
responder	→	antworten
preguntar	→	fragen

2 Passiv

Voz pasiva

Ein Geschehen kann aus zwei verschiedenen Perspektiven dargestellt werden: aus der Perspektive des Trägers („Aktiv") oder aus der Perspektive des Geschehens selbst oder der Handlung („Passiv"):

> El Gobierno aprobó una nueva ley. (Aktiv)
> Una nueva ley fue aprobada por el Gobierno. (Passiv)

Das Passiv wird mit einem Hilfsverb (*ser, estar*) und einem Partizip Perfekt gebildet. Das Hilfsverb wird konjugiert und das Partizip richtet sich in Genus und Numerus nach dem Subjekt:

Formación

> "El Quijote" fue escrito por Cervantes.
> La paella está preparada.
> Los libros han sido colocados en la estantería.

Das Passiv mit *ser* heißt **Vorgangspassiv**, mit *estar* **Zustandspassiv**.

Voz pasiva con "ser"

2.1 Das Vorgangspassiv

Das Vorgangspassiv wird gebraucht, um eine Handlung in den Mittelpunkt zu rücken.

Wandelt man einen Aktivsatz in einen Passivsatz um, wird das Objekt des Aktivsatzes zum Subjekt des Passivsatzes. Nur transitive Verben haben im Aktivsatz ein direktes Objekt, weshalb nur mit transitiven Verben das Passiv gebildet werden kann. Soll erwähnt werden, von wem eine Handlung durchgeführt wird, so wird das Subjekt des Aktivsatzes mit *por (von)* angehängt:

> **Aktiv:**
> El periódico (Subjekt) publica **esta noticia** (Objekt).
> **Passiv:**
> **La noticia** (Subjekt) es publicada **por** el periódico.

La voz pasiva y los tiempos

Das Passiv kann in allen Zeiten stehen, z. B.:

> La noticia es publicada por el periódico. (Präsens)
> La noticia ha sido publicada por el periódico. (Perfekt)
> La noticia fue publicada por el periódico. (*Indefinido*)
> La noticia será publicada por el periódico. (Futur)

Voz pasiva con "estar"

2.2 Das Zustandspassiv

Im Gegensatz zum Vorgangspassiv rückt hier nicht die Handlung selbst, sondern das Ergebnis einer Handlung in den Mittelpunkt:

> La presentación ya está preparada y los informes están escritos.

Sustitución de la pasiva

2.3 Passiversatz

Da das Passiv im Spanischen fast ausschließlich in der Schriftsprache vorkommt, gibt es Satzkonstruktionen, die anstelle des Passivs verwendet werden.

Objeto directo al principio de la oración

In einem Aktivsatz kann man das direkte Objekt in den Mittelpunkt stellen, indem man es an den Anfang des Satzes rückt und durch ein Akkusativpronomen vor dem Verb verdoppelt:

> La noticia la publicó el periódico local.

Im Spanischen werden Passivsätze häufig durch eine Konstruktion mit dem Reflexivpronomen *se* ersetzt. Das Verb
richtet sich nach dem Numerus des Subjekts:

> En Canadá se hablan dos idiomas.

3 Unpersönliche Sätze

**Oraciones
impersonales**

Unpersönliche Satzkonstruktionen haben kein Subjekt. Im
Deutschen steht in unpersönlichen Sätzen *man, sie* oder *es.*
Unpersönliche Sätze werden verwendet
→ bei Wetter- oder Klimaangaben:

> ¡Cómo nieva! ¡Qué calor hace!

→ mit *haber* im Präsens (*hay* oder *hay que*):

> Hay que limpiar la casa.
> Hay muchas nubes, ojalá no llueva.

Unpersönliche Sätze mit *hay* übersetzt man ins Deutsche
mit *es gibt* und Sätze mit *hay que* mit *man muss.* Bei weiteren unpersönlichen Konstruktionen steht *man.*
Außerdem werden unpersönliche Formen verwendet
→ in Sätzen ohne Subjekt, in denen das Verb in der 3. Person Plural steht:

> Dicen que hace mucho frío.
> Recomiendan este plato.

→ mit *se* und einem Verb im Singular:

> En Uruguay se vive muy bien.
> Se dice que esta región fue muy rica entonces.

→ in Sätzen mit Reflexivverben. Die unpersönliche Form bei
Reflexivverben wird mit *uno se* gebildet:

> Uno se lava los dientes después de comer.
> Uno se acuesta temprano cuando hay que madrugar.

Auf einen Blick:
Indirekte Rede, Passiv, unpersönliche Sätze

Indirekte Rede

Auch „berichtete Rede", um wiederzugeben, was jemand gesagt, gefragt, geäußert, gedacht hat.

Zeitenfolge

- Steht das einleitende Verb in einer Gegenwartszeit (*Presente, Perfecto*), ändert sich das Tempus der direkten Rede nicht.
- Steht das einleitende Verb in einer Vergangenheitsform (*Indefinido, Imperfecto,* Plusquamperfekt), ändert sich das Tempus der direkten Rede:
  Präsens → Imperfekt
  Indefinido → *Indefinido*, Plusquamperfekt
  Perfekt → Plusquamperfekt
  Futur → *Condicional*

Passiv

- Das Passiv wird im Spanischen überwiegend in der Schriftsprache gebraucht.
- Unterscheidung zwischen Vorgangs- und Zustandspassiv.
  Vorgangspassiv:
  ser + Partizip Perfekt: *El regalo fue entregado por el alumno.*
  Zustandspassiv:
  estar + Partizip Perfekt: *El paquete está hecho.*

Unpersönliche Sätze

Man verwendet sie

- wenn man über das Wetter spricht: *Está lloviendo mucho. Ayer nevó.*
- mit dem Verb **haber** → es gibt: *Hay mucha gente en el museo.*
- in Verbindung mit **hay que** → man muss: *Hay que reservar pronto el hotel.*
- mit dem Reflexivpronomen **se** und dem Verb in der 3. Person Singular → man: *En este restaurante se come muy bien.*
- in Sätzen ohne Subjekt, in denen das Verb in der 3. Person Plural steht: *Dicen que va a llover.*
- bei Reflexivverben und **uno se**: *Uno no se acuerda ya de aquellos tiempos.*

Zahlen und Zahlenangaben

Das Erste, was man in einer Fremdsprache lernt,
ist häufig das Zählen. Zahlen spielen eine große Rolle
in unserem täglichen Leben. Ohne sie könnten wir zum
Beispiel keine Mengen- oder Zeitangaben machen.
Auch Rechnen wäre ohne Zahlen nicht möglich. Neben
den Grundzahlen (auch: Kardinalzahlen) gibt es im
Spanischen, wie im Deutschen auch, Ordnungszahlen.
Mit diesen können Kapitel, Jahrhunderte, Könige, Päpste
usw. geordnet werden.

1 Zahlen

Spanische Zahlwörter sind relativ einfach zu lernen. Man unterscheidet zwischen den Grundzahlen (Kardinalzahlen, *números cardinales*) und den Ordnungszahlen *(números ordinales)*.

1.1 Grundzahlen

0	cero	50	cincuenta
1	uno/-a	60	sesenta
2	dos	70	setenta
3	tres	80	ochenta
4	cuatro	90	noventa
5	cinco	100	cien
6	seis	101	ciento uno
7	siete	168	ciento sesenta y ocho
8	ocho	200	doscientos/-as
9	nueve	201	doscientos uno – doscientas una
10	diez	280	doscientos/-as ochenta
11	once	300	trescientos/-as
12	doce	400	cuatrocientos/-as
13	trece	500	quinientos/-as
14	catorce	600	seiscientos/-as
15	quince	700	setecientos/-as
16	dieciséis	800	ochocientos/-as
17	diecisiete	900	novecientos/-as
18	dieciocho	1.000	mil
19	diecinueve	1.015	mil quince
20	veinte	1.427	mil cuatrocientos veintisiete
21	veintiuno/-a	1.999	mil novecientos noventa y nueve
22	veintidós	2.000	dos mil
23	veintitrés	10.000	diez mil
24	veinticuatro	700.000	setecientos/-as mil
30	treinta	1.000.000	un millón
31	treinta y uno	5.000.000	cinco millones
32	treinta y dos	100.000.000	cien millones
40	cuarenta	1.000.000.000	mil millones

Grundzahlen sind meist unveränderlich. Anders als im Deutschen sind sie im Spanischen maskulin:

el cinco → die Fünf	el viente → die Zwanzig

Julia, ¿es un cero o un ocho? – Sí, es un ocho.

> Von 200 bis 900 richten sich die Zahlen nach dem Genus des Substantivs. Auch dann, wenn sie mit anderen Zahlen kombiniert werden.

doscientos hoteles, doscientas casas
Al partido acudieron seis mil cuatrocientas cincuenta (6.450) personas.

Zusammengesetzte Zahlen

Bei zusammengesetzten Zahlen ist im Spanischen die Reihenfolge immer absteigend. Man beginnt mit den hohen Zahlengruppen und endet mit den Einern.

> 32 → treinta y **dos** (**zwei**unddreißig)
> 1547 → mil quinientos cuarenta y **siete**
> (eintausendfünfhundert**sieben**undvierzig)
> Reihenfolge also: Tausender – Hunderter – Zehner – Einer

Ähnlich wie im Deutschen steht zwischen den Hundertern und den Zehnern kein *y*. Im Deutschen kann man zwar sagen *einhundertundachtzig*, normalerweise verwendet man aber das kürzere *einhundertachtzig*.

trescientas cuarenta y seis (346) personas
doscientos veinticinco (225) coches

Bei den Zahlen zwischen 16–29 (ausgenommen 20) werden Zehner und Einer in einem Wort geschrieben. Dabei wird das ursprüngliche *y* zu *i*:

26 dieciséis, 28 veintiocho

Ab 31 steht zwischen Zehnern und Einern das *y*.

38 treinta y ocho, 46 cuarenta y seis.

Die Zahlen 21 *(veintiún)*, 22 *(veintidós)*, 23 *(veintitrés)* tragen einen Akzent. Bei den Zahlen 5, 7 und 9 ist eine Änderung der Schreibweise zu beachten:

5 cinco, 15 quince, 50 cincuenta, 500 quinientos
7 siete, 70 setenta, 700 setecientos
9 nueve, 90 noventa, 900 novecientos

Ab 101 *(ciento uno)* wird für *hundert (cien) ciento* gebraucht:

Tengo cien (100) días de vacaciones.
La entrada al concierto cuesta ciento cinco (105) euros.

Die Zahl *mil* ist unveränderlich:

En mil novecientos noventa y siete nació mi hija y en el dos mil mi hijo.
Acudieron tres mil personas al concierto.
Aber:
Miles de personas asistieron al concierto.
Tengo que hacer miles de cosas para mañana.

Zwischen der Zahl *millón/millones* und dem darauffolgenden Substantiv steht die Präposition *de*.

El mundial de fútbol lo ven millones de personas.
Tengo un millón de preguntas y dudas.

Die Zahl *uno*

Die Zahl *uno* passt sich dem Genus und Numerus des folgenden Substantivs an. Folgt ein weibliches Substantiv, steht *una*. Vor männlichen Substantiven wird *uno* zu *un* verkürzt. Dies gilt auch für zusammengesetzte Zahlen:

Tengo ciento un (101) euros.
Mi hija cumplió ayer veintiún (21) años.
¿Cuántas tienes? – Tengo veintiuna monedas.
En total son ciento sesenta y uno.

Aber wenn *un* vor *mil* steht, ist *un* unveränderlich:

Veintiún mil personas.
En este pueblo hay cuarenta y un mil casas.

Steht *uno (una, unos, unas)* vor Zahlen, bedeutet dies *ungefähr*:

En ciudad de México hay unos veinte millones de habitantes.
Vienen unas treinta personas a la fiesta.

Angabe der Telefonnummer

Bei der Angabe von Telefonnummer können die Zahlen einzeln gesagt oder in Zweier- oder Dreier-Gruppen zusammengefasst werden. Wenn die Telefonnummer mit einer Null beginnt, spricht man die Null und die darauf folgende Zahl einzeln aus.

0821 50827051

→ cero, ocho, dos, uno, cinco, cero, ocho, dos, siete, cero, cinco, uno.

→ cero, ocho, veintiuno, cincuenta, ochenta y dos, setenta, cincuenta y uno.

→ cero, ocho, veintiuno, quinientos ocho, veintisiete, cero, cinco, cincuenta y uno

0178 36451239

→ cero, uno, siete, ocho, tres, seis, cuatro, cinco, uno, dos, tres, nueve.

→ cero, uno, setenta y ocho, treinta y seis, cuarenta y cinco, doce, treinta y nueve.

Prozentangaben

Bei Prozentangaben muss man beachten, dass das Wort *Prozent, por ciento*, unveränderlich ist:

(100 %) cien por ciento, (5 %) cinco por ciento, (16 %) dieciséis por ciento.

Vor Prozentangaben steht der unbestimmte oder bestimmte Artikel.

El descuento es del 15 % (quince por ciento).
El banco presta al 3 % (tres por ciento).

Das Verb steht bei allen Prozentangaben im Singular.

El 70 % de los turistas está todo el día en la playa.
Solo el 62 % de los alumnos hace una carrera universitaria.

Bei Prozentangaben mit Dezimalzahlen spricht man das Komma mit.

Los intereses están bajos, solo al 1,8 % (uno coma ocho por ciento).
Las ventas han aumentado en un 12,5% (doce coma cinco por ciento).

1.2 Ordnungszahlen

Im Spanischen werden Ordnungzahlen *(números ordinales)* nicht durch einen Punkt nach der Zahl gekennzeichnet, sondern durch ein hochgestelltes *o* bzw. *a*. Sie richten sich nach dem Genus und Numerus des Substantivs.

1°, 1ª	primero/-a	11°	undécimo/-a
2°, 2ª	segundo/-a	12°	duodécimo/-a
3°, 3ª	tercero/-a	13°	decimotercero/-a
4°, 4ª	cuarto/-a	14°	decimocuarto/-a
5°, 5ª	quinto/-a	20°	vigésimo/-a
6°, 6ª	sexto/ -a	22°	vigésimo segundo/-a
7°, 7ª	séptimo/-a	30°	trigésimo/-a
8°, 8ª	octavo/-a	100°	céntesimo/-a
9°, 9ª	noveno/-a	1000°	milésimo/-a
10°, 10ª	décimo/-a		

Die Ordnungszahlen *primero* und *tercero* verlieren vor einem männlichen Substantiv das *-o*:

> El tercer coche es de Juan.
> En el primer piso está el consultorio del Dr. Castro.
> En la tercera plata está la sección de deportes.

Ordnungszahlen stehen meistens vor einem Substantiv oder ersetzen es:

> Es la tercera de cuatro preguntas que usted no sabe.
> El primer día visitamos el Prado, el segundo el Rastro y el tercero el museo Reina Sofía.
> Es la quinta vez que te llamo y no respondes.

Ab 11. *(undécimo)* werden Ordnungszahlen selten verwendet. Stattdessen benutzt man Kardinalzahlen und setzt diese hinter das Substantiv:

> En la habitación quince.   El consultorio está en el piso veintidós.

In der Umgangssprache verwendet man ab 11. *(undécimo)* häufig auch die Endung *-avo/-ava*:

> Es la quinceava vez que me preguntas lo mismo.
> Es el veinteavo motivo que te doy.

Möchte man eine größere Menge oder Zahl ausdrücken, verwendet man *por enésima vez*. Dies bedeutet zum *x-ten Mal*.

> Por enésima vez te lo repito, deja de hacer eso.
> Por enésima vez suena la misma canción.

2 Mengenangaben

Mengenangaben zu Fläche, Länge, Gewicht sowie Raummaße unterscheiden sich nicht vom Deutschen.

Gewicht, Raummaße, Flächen, Längen

1 mm	un milímetro	1 m²	un metro cuadrado
1 cm	un centímetro	1 kg	un kilo
1 dm	un decímetro	1 kg y ½	un kilo y medio
1 m	un metro	1 l	un litro
1 km	un kilómetro		

Maß- und Mengenangaben haben im Gegensatz zum Deutschen eine Pluralform (*dos litros, dos metros*). Folgt ihnen ein Substantiv (z. B. *agua, naranja*), wird dieses mit *de* angeschlossen:

dos litros de agua	tres kilos de naranjas

Bruchzahlen

Ist der Nenner von Bruchzahlen eine Zahl zwischen 4 bis 10, haben sie dieselbe Form wie Ordnungszahlen. Die Ordnungszahlen stehen jedoch mit dem bestimmten oder unbestimmten Artikel.

Bestimmter oder unbestimmter Artikel + Ordnungszahl:

He comido un cuarto de tarta yo sola.
Ya tengo lista una tercera parte del informe anual.

Bei *medio, media* verwendet man keine Artikel:
$^1/_2$ kg, $^1/_2$ lb, $^1/_2$ hora, $^1/_2$ l

El chuletón tiene medio kilo ($^1/_2$ kg) de carne.
En media hora ($^1/_2$ h) tengo una reunión con el director.

Bei gemischten Zahlen wird der Bruchteil mit *y* an die ganze Zahl angeschlossen:

Estuvimos en la reunión $3^1/_2$ h (tres horas y media).
La cirugía duró $1^3/_4$ h (una hora y tres cuartos).

Steht der unbestimmte Artikel *uno* oder *una* vor einem Bruch oder einer Zahl, bedeutet dies *ungefähr*.

La ceremonia fue larguísima, duró unos tres cuartos de hora.
Entre todos se tomaron unos veinte litros de cerveza.

Bei *un tercio* oder *un cuarto* steht die Präposition *de* zwischen dem Bruch und dem Substantiv. Bei Angaben zu einem Drittel bzw. Viertel wird folgende Konstruktion verwendet:

No he caminado un tercio del recorrido y ya estoy cansada.
La tercera parte del personal protesta por los nuevos horarios de trabajo.

Die Vervielfältigungszahlen *la mitad* (die Hälfte), *el doble* (das Doppelte) und *el triple* (das Dreifache) werden auch als Substantive gebraucht:

La mitad del recorrido es difícil porque hay muchas curvas.
Necesitas el doble de verdura, somos muchos.
Selma come el triple de lo que como yo.

Sammelzahlen

una docena de	→ ein Dutzend
un centenar de	→ etwa hundert
cientos de	→ Hunderte (von)
miles de	→ Tausende (von)
millones de	→ Millionen (von)

Daneben gibt es unbestimmte Mengenangaben, die **Indefinitpronomen** (s. S. 176, 187–193), die nicht mit den Zahlen verwandt sind:

todos /-as (los, las)	→ alle	casi nadie	→ fast niemand
casi todos/-as	→ fast alle	nadie	→ niemand
muchos/-as	→ viele	nada	→ nichts
algunos/-as	→ einige	algo	→ etwas
pocos/-as	→ wenige		

Trabajo todos los días.
Muchos turistas visitan la ciudad.
Algunos prefieren viajar en autobús.
Pocos van en coche.
Casi nadie conoce el restaurante.
¿Puedo ayudarte en algo?

3 Zeitangaben

3.1 Wochentage

lunes	→ Montag	viernes	→ Freitag
martes	→ Dienstag	sábado	→ Samstag
miércoles	→ Mittwoch	domingo	→ Sonntag
jueves	→ Donnerstag		

Wochentage sind maskulin *(el lunes)* und können einen Plural bilden *(los lunes, los sábados)*. Der Plural steht, wenn etwas regelmäßig an einem bestimmten Wochentag geschieht, und wird auf Deutsch mit *montags, dienstags, mittwochs* etc. übersetzt.

3.2 Monatsnamen

enero	→ Januar	julio	→ July;
febrero	→ Februar	agosto	→ August
marzo	→ März	se(p)tiembre	→ September
abril	→ April	octubre	→ Oktober
mayo	→ Mai	noviembre	→ November
junio	→ Juni	diciembre	→ Dezember

3.3 Jahreszeiten

la primavera	→ der Frühling
el verano	→ der Sommer
el otoño	→ der Herbst
el invierno	→ der Winter

3.4 Datum

Im Spanischen schreibt man Datumsangaben mit Binde- oder Schrägstrich:

05-11-1967	05/11/1967
11-06-2010	11/06/2010

Der Erste eines Monats heißt *el uno* oder *el primero*. Bei der Angabe des heutigen Datums steht er aber ohne Artikel:

Empiezo a trabajar el primero de septiembre.
El uno de diciembre salimos de viaje.
Hoy es 1 de mayo.

Wird das Datum ausgeschrieben, steht zwischen Tag und Monat sowie zwischen Monat und Jahr die Präposition *de*.

Nací el 07 de junio de 1985.
Mi hermano murió el 25 de diciembre de 1998.

3.5 Jahreszahlen

Anders als im Deutschen sind Jahreszahlen im Spanischen immer männlich. Sie werden wie jede andere Zahl gelesen.

1997 mil novecientos noventa y siete
2005 dos mil cinco

3.6 Jahrhunderte

Angaben zu Jahrhunderten werden im Spanischen mit römischen Ziffern wiedergegeben. Von 1 – 10 verwendet man Ordnungszahlen, danach Grundzahlen.

Angaben zu der Zeit vor Christus erhalten ein *a.C. (antes de Cristo)*. Seltener setzt man *d.C. (después de Cristo)* für Jahreszahlen nach Christi Geburt.

el siglo II a.C.	el siglo segundo antes de Cristo
el siglo V d.C.	el siglo quinto después de Cristo
el siglo XIX	el siglo diecinueve

Römische Ziffern werden übrigens auch bei Herrschern oder Päpsten benutzt. Sie stehen nach dem Namen. Als ausgeschriebenes Wort wird die Ziffer großgeschrieben.

Luis XIV	Luis Catorce
Juan Pablo II	Juan Pablo Segundo
Pablo VI	Pablo Sexto
La Batalla de Boyacá fue la III	la Batalla de Boyacá fue la Tercera
etapa V de la carrera	la etapa Quinta de la carrera

Eine Ausnahme bilden die **Weltkriege**. Bei ihnen steht die Ordnungszahl vor dem Substantiv:

la I Guerra Mundial *(la Primera Guerra Mundial)*

3.7 Uhrzeit

Die Uhrzeit wird mit dem Verb *ser* und dem bestimmtem Artikel angegeben. Man verwendet meistens nur die Zahlen 1-12, gibt aber zusätzlich an, um welche Tageszeit es sich handelt: *de la mañana/tarde/noche*. Das Substantiv *hora* wird hier nicht verwendet. Auf Flughäfen, Bahnhöfen, im Radio und Fernsehen wird die 24-Stunden-Zeitangabe verwendet:

Hemos quedado en casa de Luis a las tres de la tarde (15:00).
El vuelo sale a las quince horas y quince minutos (15:15).
La conferencia tiene lugar a las catorce horas (14:00).

Die Minuten, Viertelstunden und halben Stunden werden mithilfe von *y* zur vorangehenden Stunde hinzugezählt.

Son las once y cuarto (11:15).
Es la una y veinte (13:20).

Nach *halb* werden die Minuten mit *menos* bzw. *para* von der kommenden Stunde abgezogen. In Lateinamerikanischen wird nach *halb* der Ausdruck *falta/n... para* oder *menos cuarto* verwendet:

Son las doce menos cinco. *Oder*: Faltan cinco para las doce.
Son las ocho menos cinco. Son las nueve menos cuarto.

Numerus und Genus bei Uhrzeiten
Bei 1 Uhr, 12 Uhr mittags *(mediodía)* und um Mitternacht *(medianoche)* verwendet man den Singular *(es): es la una, es mediodía, es medianoche.*

Comemos a mediodía, por favor sé puntual.
Llego a eso del mediodía.
Salimos del teatro a eso de la medianoche.
Mateo y Alejandra se quedaron hasta medianoche.

Alle anderen Uhrzeiten stehen im Plural: *Son las dos.* Die Uhrzeiten sind feminin. Angaben zur Uhrzeit werden mit dem bestimmten Artikel und der entsprechenden Grundzahl gebildet.

Perdone, ¿qué hora es? – Son las tres (3:00, 15:00).
Son las doce (12:00, 24:00).

Uhrzeiten von 1–12 Uhr vormittags werden mit *de la mañana* und die Nachmittagsstunden mit *de la tarde* angegeben. Das Besondere an *de la tarde* ist, dass es nur bis zum Einbruch der Dunkelheit verwendet wird. Danach werden Uhrzeiten mit *de la noche* gemacht (vom Einbruch der Dunkelheit bis 24 Uhr). Diese Angabe ist jedoch sehr unterschiedlich, da es im Winter früher dunkel wird als im Sommer. Die Angabe *de la noche* ist also abhängig vom Tageslicht.

Tengo clase a las diez de la mañana (10:00).
Cenamos a las diez de la noche (22:00).
Vi a Karina ayer a las ocho. – ¿De la mañana o de la noche?
Por favor, quería reservar una mesa, para las ocho de la tarde.

Man kann ebenfalls *la madrugada (Morgenfrühe), la noche (Nacht)* und *la mañana (Morgen)* im Sinne von Dunkelheit oder Nacht verwenden:

Estuvimos en la discoteca hasta las tres de la noche.
Llegué a casa a las cuatro de la madrugada.
Me acosté a las cinco de la mañana.
La fiesta duró hasta las cinco de la mañana.
La fiesta duró hasta las cuatro de la madrugada.

Wenn man ausdrücken möchte, dass etwas pünktlich zu einer ganz bestimmten Uhrzeit geschieht, verwendet man *en punto*.

Son las cuatro en punto.
A las diez en punto es la reunión con los clientes.

Nach einem Zeitpunkt fragt man mit *¿A qué hora?* Auf diese Frage antwortet man mit *a la* bzw. *a las (um)*:

¿A qué hora es la clase de español? – Es a la una.
¿A qué hora llega Sonia? – Llega al mediodía, a las doce.
¿A qué hora cierran los supermercados? – Creo que a las ocho.

Ungenaue Zeitangaben kann man mit *a eso (ungefähr)* machen:

Vengo a eso de las seis para que comamos juntos.
Los invitados llegarán a eso de las nueve.

Zeiträume werden mit den Präpositionen *de ... a* und *desde ... hasta* ausgedrückt (s. S. 147):

Raúl, puedes ver televisión de cinco a seis.
Tengo que trabajar de nueve de la mañana a tres de la tarde.
Desde las doce hasta las dos están las oficinas cerradas.
Los niños están en la escuela desde las ocho hasta la una.

In einigen Ländern verwendet man bei festen Terminen (z. B. Arzttermin) das Wort *hora*. In Verbindung mit den Verben *pedir* und *tener* ergeben sich feste Wendungen:

pedir hora → sich einen Termin geben lassen; sich anmelden
¿Tiene hora? → Sind Sie angemeldet?

Necesito pedir hora con el Dr. Dueñas.
Tengo hora con el jefe a las tres.

Weitere feststehende Ausdrücke mit *hora*:

hora y media	→ anderthalb Stunden
horas muertas	→ Mußestunden
hora de cierre	→ Ladenschlusszeit
horas extras	→ Überstunden
+ *oder*: extraordinarias	
hora feliz	→ Happy Hour (im Lokal)
hora lectiva	→ Unterrichtsstunde

hora de llegada/salida	→ Ankunfts-/Abfahrtszeit
hora local	→ Ortszeit
horas de oficina	→ Bürozeiten
hora punta	→ Stoßzeit, Hauptverkehrszeit
a la hora	→ pünktlich
a altas horas de la noche	→ spät in der Nacht
a primera/última hora de la tarde	→ am frühen/späten Nachmittag
a todas horas	→ dauernd, ständig
a última hora	→ im letzten Augenblick
ya es hora de/ya va siendo hora de	→ es ist schon (an der) Zeit zu
dar la hora	→ (die Stunden) schlagen
le ha llegado/tocado su hora	→ seine Stunde hat geschlagen

Nuestra clase dura hora y media.
Las tiendas tienen horas de cierre reglamentadas.
Mi padre tiene muchas horas extras acumuladas.
El avión se retrasó y llegó a altas horas de la noche.
A todas horas quieres comer.
A última hora me di cuenta de que no tenía dinero conmigo.
Ya es hora de marcharnos a casa, es muy tarde ya.
No te preocupes, a él también le va a llegar su hora.
A la hora de decir algo, prefirió callarse.

3.8 Altersangaben

Im Deutschen werden Altersangaben mit dem Verb *sein* gemacht *(Man ist ... Jahre alt)*. Im Spanischen gibt man dagegen das Alter mit dem Verb *tener* („*Man hat ... Jahre.*") an und fragt nach dem Alter mit dem Interrogativpronomen *cuánto* und dem Verb *tener*.

¿Cuántos años tienes? – Tengo 38 años.
¿Cuántos años tiene el niño? – Ayer cumplió seis años.

Ist ein Jahr noch nicht vollendet, wird *tiempo* verwendet:

¿Cuánto tiempo tiene el bebé? – Tiene cinco meses.

3.9 Weitere Zeitangaben

Auch mit Adverbien können Zeitangaben gemacht werden. Allerdings sind diese meistens ungenauer, und man benötigt einen Anhaltspunkt, an dem sich die Zeitangabe orientiert:

primero	→ zuerst	siempre	→ immer
después	→ nachher, später	regularmente	→ regelmäßig
luego	→ dann, danach	muchas veces	→ oft
al final	→ schließlich	algunas veces	→ mehrmals, öfter
ahora	→ jetzt	pocas veces	→ selten
antes	→ vorher, früher	a veces	→ manchmal
más tarde	→ später	una vez al año	→ einmal im Jahr
ayer	→ gestern	una vez a la semana	→ einmal pro Woche
hoy	→ heute	de vez en cuando	→ ab und zu
mañana	→ morgen	casi nunca	→ fast nie
pasado mañana	→ übermorgen	nunca	→ nie

Mañana por la mañana tengo clase de nueve a doce.
Regularmente no trabajo los sábados.
Ahora no tengo tiempo, debo salir deprisa.
De vez en cuando me gusta salir con mis amigos.
Más tarde por la tarde iré con unas amigas a beber un café.

Daneben gibt es Angaben zur Häufigkeit und zur Dauer:

bimensual	→ alle zwei Wochen
quincenal	→ alle 14 (15) Tage
una quincena	→ 14 (15) Tage lang
mensual(mente)	→ einmal im Monat
un bimestre (2 meses)	→ zwei Monate (lang)
un trimestre (3 meses)	→ ein Quartal (lang)
un semestre (medio año)	→ sechs Monate (lang)

Mensualmente tenemos que presentar un informe a la central.
Nuestro contador nos envía cada trimestre un balance.
El curso tiene duración de un semestre.

4 Temperaturangaben

Temperaturen werden mit der Präposition *a* und einer Grundzahl angegeben.

Estamos a veintinueve grados (29°). Estamos a ocho grados bajo cero (–8°).
Estamos a cinco grados (5°).

Temperaturen können aber auch mit dem Verb *hacer* angegeben werden.

Hacen veintinueve grados (29°).   Hacen cinco grados (5°).
Hacen ocho grados bajo cero (–8°).   Hacen cero grados (0°).

5 Grundrechenarten

Addition (*suma, sumar*)
Additionen bildet man entweder mit *más* oder *y*. Das Verb *son* kann entfallen:

5 + 5 = 10	Cinco más cinco son diez. *Oder:* Cinco más/y cinco, diez.
8 + 3 = 11	Ocho y tres son once. *Oder:* Ocho más/y tres, once.

Subtraktion (*resta, restar*)
Subtraktionen werden mit *menos* gebildet. Das Verb kann entfallen:

12 – 2 = 10	Doce menos dos son diez. *Oder:* Doce menos dos, diez.
25 – 12 = 13	Veinticinco menos doce son trece.

Multiplikation (*multiplicación, multiplicar*)
Multiplikationen werden mit *por* gebildet. Das Verb kann entfallen:

2 x 2 = 4	Dos por dos son cuatro. *Oder:* Dos por dos, cuatro.
8 x 5 = 40	Ocho por cinco son cuarenta.

Teilung (*división, dividir*)
Teilungen werden mit *entre* oder *dividido* gebildet. Das Verb kann entfallen:

25 : 5 = 5	Veinticinco dividido cinco son cinco. *Oder:* Veinticinco entre cinco, cinco.
18 : 3 = 6	Dieciocho dividido/entre tres son seis.

Auf einen Blick: Zahlen und Zahlenangaben

Zahlen

Grundzahlen

- Sie sind maskulin: *el uno, el dos, el cuatro.*
- Zahlen von 200–900 richten sich nach dem Genus des folgenden Substantivs: *doscientas personas, trescientos pasajeros.*
- Reihenfolge bei zusammengesetzten Zahlen:
  Tausender – Hunderter – Zehner – Einer
  mil ciento cincuenta y ocho (1158)

Ordnungszahlen

- Sie werden meist nur zwischen 1–10 benutzt, ab 11 werden Grundzahlen verwendet.
- **Primero** und **tercero** verlieren vor einem maskulinen Substantiv das **–o**: *primer, tercer.*

Zahlenangaben

Uhrzeiten

- Meistens verwendet man die Zahlen 1–12, gefolgt von der Tageszeit: *de la mañana, de la tarde, de la noche. Son las cuatro de la tarde (16 h).*
- Auf Flughäfen und Bahnhöfen, im Radio und Fernsehen wird die 24-Stunden-Zeitangabe verwendet: *El avión sale a las dieciséis horas.*
- Uhrzeiten werden mit dem bestimmten femininen Artikel **(la, las)** genannt: *Es la una. Son las cuatro.*
- Die Minuten werden mit **y** *(nach)* und **menos** *(vor)* angegeben: *Es la una y diez (1:10; 13:10). Son las seis menos diez (5:50; 17:50).*
  In Lateinamerika wird für *vor* **para** verwendet: *Faltan veinte minutos para las cuatro (3:40; 15:40).*
- *Viertel* heißt **cuarto**, *halb* heißt **media**: *Son las cinco y cuarto (5:15; 17:15). Son las dos menos cuarto (1:45; 13:45). Son las siete y media (7:30; 19:30).*
- Nach einer Uhrzeit fragt man mit: *¿Qué hora es?*

Altersangaben

Sie werden mit *tener* gemacht: *Tengo trece años.*
Nach dem Alter fragt man mit *cuánto* oder *tener: ¿Cuántos años tienes?*

Stolpersteine

Es gibt eine Reihe Wörter, Begriffe und sprachliche
Konstruktionen, die Spanischlernern immer wieder
Schwierigkeiten bereitet. In diesem Kapitel werden die
häufigsten „Stolpersteine" aus dem Weg geräumt, unter
anderem wird auf wichtige Unterschiede zwischen den
beiden Vergangenheitszeiten *Indefinido* und Imperfekt
eingegangen.
„Stolpersteine" sind auch die unregelmäßigen Verben.
Eine Auflistung von „falschen Freunden" rundet das Kapitel
ab.

1 Einige Besonderheiten bei spanischen und deutschen Verben

1.1 Verben mit Präposition

Viele spanische Verben bilden mit Präpositionen feste Verbindungen. Es gibt auch Verben, die mit mehreren Präpositionen solche Verbindungen eingehen können, wie z.B. *hablar*. Je nach der Präposition, mit der ein Verb steht, ändert sich die Bedeutung, z.B. *hablar con = sprechen mit*, aber *hablar de = sprechen über*. Die folgenden Listen sind nach den Präpositionen geordnet, mit denen die Verben Verbindungen eingehen.

a

adaptarse	sich anpassen an
adherirse	kleben, haften an
afectar	betreffen, angehen, vortäuschen
aficionarse	gerne etwas tun, sich gewöhnen an
aprender	lernen zu
comenzar	anfangen, beginnen mit
empezar	anfangen, beginnen mit
ir	gehen zu, nach
ir a + Infinitiv	*Zukunft ausdrückend*
jugar	spielen
llegar	ankommen, eintreffen, gelangen, kommen, reichen
obligar	zwingen zu, verpflichten zu
ponerse a + Inf.	beginnen etwas zu tun
referirse	sich beziehen auf
renunciar	verzichten auf
volver	umwenden, umkehren
volver a + Inf.	etwas noch mal tun

con

acabar	beenden, abschließen, vollenden mit
acordar	beschließen, vereinbaren, ausmachen mit
comenzar	etwas anfangen
contar	zählen auf
continuar	fortsetzen, weiterführen mit
cumplir	erfüllen, ausführen

empezar	anfangen, beginnen mit
enfadarse	sich ärgern, böse werden über
entenderse	sich verständigen, sich verstehen mit
hablar	sprechen, reden mit
romper	abschließen, brechen mit
pactar	vereinbaren mit
terminar	Schluss machen mit

de

acordarse	sich erinnern an
acusar	anklagen, beschuldigen, bezichtigen wegen
bajar	herunternehmen, -holen, -bringen, -kommen von
constar	bestehen aus
diferenciarse	sich unterscheiden von
fiarse	vertrauen, sich verlassen auf
importar	importieren von
informarse	sich erkundigen, sich informieren über
irse	weggehen von, sterben, entgleiten
hablar	sprechen von/über
ocuparse	sich kümmern um
padecer	erleiden, erdulden, leiden an
preocuparse	sich sorgen, sich Sorgen machen über
protegerse	sich schützen vor
sacar	herausziehen, -holen aus
salir	austreten, herauskommen aus
sufrir	leiden an
tratar	versuchen
tratarse	handeln von

en

ahondar	eindringen in
basarse	basieren, beruhen auf
confiar	vertrauen, sich verlassen auf
creer	glauben an
entrar	eintreten, hineingehen in
esforzarse	sich anstrengen, sich bemühen
especializarse	sich spezialisieren auf
exceder	übersteigen, überschreiten

hablar	sprechen, sagen auf, z. B. *auf Spanisch*
pensar	denken an
profundizar	ergründen

por

atravesar	überqueren, durchqueren
cambiar	umtauschen gegen/für
comprar	kaufen, einkaufen
enfadarse	sich ärgern über
estar	für etwas sein
hablar	sprechen für
interesarse	sich interessieren für
luchar	kämpfen um
pasar	durchfahren, vorbeigehen an
preguntar	fragen nach
tomar	nehmen, annehmen, einnehmen für
vender	verkaufen

sobre

discutir	verhandeln, reden über
escribir	schreiben über
hablar	sprechen über
informarse	sich informieren über
triunfar	siegen über

1.2 Verben der Bewegung *verbos de movimiento*

Verben der Bewegung stehen häufig mit Präpositionen. Die Präpositionen geben dann die Richtung der Bewegung an.

ir a / de / en / con:	**gehen nach / zum / zu / mit**
ir a la escuela	→ zur Schule gehen
ir al teatro	→ ins Theater gehen
ir de compras	→ zum Einkaufen gehen
ir en autobús	→ mit dem Bus fahren
ir de bares	→ etwas Trinken gehen
ir con Elizabeth al cine	→ mit Elizabeth ins Kino gehen
venir de / en:	**abstammen, kommen aus / von / mit**
venir de Barcelona	→ aus Barcelona kommen
venir en avión	→ mit dem Flugzeug kommen

entrar en / a:	eintreten
entrar a hacer parte de un club	→ Mitglied in einem Club werden
entrar en el supermercado	→ in den Supermarkt eintreten
salir de:	austreten, rauskommen
Salgo del teatro a las nueve.	→ Ich komme um neun Uhr aus dem Theater.
llevar a / en / con:	bringen, mitbringen, mitnehmen
Llevo al niño a la escuela.	→ Ich bringe das Kind zur Schule.
Tania lleva a Julián en el coche	→ Tania nimmt Julian im Auto mit.
Llevamos con nosotros a Daniel.	→ Wir nehmen Daniel mit.
traer a / en / con:	bringen, mitbringen
Conchi trae a la fiesta un pastel de piña.	→ Conchi bringt zum Fest einen Ananaskuchen mit.
Los muebles los traen en camión.	→ Die Möbel werden mit dem Lastwagen gebracht.
quedarse en / con:	bleiben, verbleiben, sein
Me quedo en casa.	→ Ich bleibe zu Hause.
Quedé con Sonia y Tania para ir al cine.	→ Ich bin mit Sonia und Tania fürs Kino verabredet.
Esta blusa me queda pequeña.	→ Diese Bluse ist mir zu klein.
estar en:	sich befinden in, sein
Los libros están en casa.	→ Die Bücher befinden sich zu Hause.
Mi padre está en la clínica.	→ Mein Vater ist im Krankenhaus.

1.3 Verben mit Infinitiv oder Gerundium

Nach bestimmten Verben folgt entweder der Infinitiv oder das Gerundium. Dazu gehören Verben wie (s. S. 98):

acabar de + Inf.	→ gerade etwas getan haben
dejar de + Inf.	→ aufhören etwas zu tun
empezar a + Inf.	→ anfangen etwas zu tun
llevar + Ger.	→ schon seit ... etwas tun
llevar sin + Inf.	→ etwas schon so lange nicht mehr tun
seguir + Ger.	→ weiterhin etwas tun
seguir sin + Inf.	→ etwas immer noch nicht tun
volver a + Inf.	→ etwas wieder tun

Verben, die den Beginn, das Ende oder die Fortsetzung einer Handlung ausdrücken, haben jeweils unterschiedliche Bedeutungen mit Gerundium oder Infinitiv:

Fortsetzung einer Handlung

> **seguir + Gerundium**
> **Seguimos haciendo** excursiones en bicicleta.
> → Wir machen immer noch Ausflüge mit den Fährrädern.
> **seguir sin + Infinitiv**
> **Seguimos sin visitar** a Eva y a Dagmar en su nueva casa. ¡Es una pena!
> → Bis jetzt haben wir Eva und Dagmar noch nicht in ihrem neuen Haus besucht. Wie schade!

Beginn oder Ende einer Handlung

> **volver a + Infinitiv**
> ¡Imagínate!: Ana **vuelve a trabajar** a partir de septiembre, está feliz.
> → Stell dir vor: ab September fängt Ana wieder an zu arbeiten. Sie ist froh.
> **dejar de + Infinitiv**
> Dolores y Antonio **han dejado de ser** amigos. ¡Qué extraño!
> → Dolores und Antonio sind keine Freunde mehr. Seltsam!
> **empezar a + Infinitiv**
> Juliana y Luz **han empezado a discutir** en medio de la cena.
> → Juliana und Luz haben mitten beim Abendessen angefangen sich zu streiten.

1.4 Verben mit Dativ

Viele **Empfindungsverben** stehen mit dem Dativ. Sie benötigen immer ein Objekt, für das man etwas empfindet. Bei Empfindungsverben sind Sinnsubjekt und Sinnobjekt miteinander vertauscht:

Ich *mag das Boot. Das Boot gefällt* mir.

> A mí me encanta la música árabe, y a ti, ¿también te gusta? – No, ese tipo de música no me gusta nada. Pero me gusta mucho la música clásica.
> → Ich liebe arabische Musik. Und was ist mit dir? Magst du sie auch? – Nein, diese Art von Musik gefällt mir nicht. Aber ich mag klassische Musik sehr gern.

Viele Empfindungsverben folgen einer festen Satzstruktur:

a mí	me	gusta mucho	bailar
a ti	te		
a él, ella, usted	le	gustan mucho	los helados
a nosotros/-as	nos	gusta mucho	bailar
a vosotros/-as	os		
a ellos, ellas, ustedes	les	gustan mucho	los helados

Ist das, was gefällt, missfällt, fehlt usw. ein Substantiv im Singular oder ein Infinitiv, steht das Verb in der 3. Person Singular. Steht das, was gefällt usw., im Plural oder folgt eine Aufzählung, steht das Verb in der 3. Person Plural.

Das Subjekt bzw. das Objekt kann auch am Anfang des Satzes stehen, besonders, wenn der Dativ nicht verdoppelt wird.

> Me gusta mucho bailar. Bailar me gusta mucho.
> → Ich mag sehr gern tanzen. Tanzen gefällt mir sehr.

Viele Empfindungsverben, wie *gustar*, werden häufig mit Dativpronomen verwendet. Zur Bekräftigung wird der Dativ verdoppelt: *a mí, a ti, a él* usw. Im Deutschen werden diese Verben ebenfalls meistens mit dem Dativ wiedergegeben:

> Me duele el estomágo. → Mein Bauch tut mir weh.
> Me duelen las piernas. → Meine Beine tun mir weh.
> Me parece genial. → Ich finde es genial.

Einen hoher Grad an Gefallen usw. wird mit *mucho* ausgedrückt. Mit *no ... nada* wird mit Nachdruck Missfallen bzw. Misstrauen ausgedrückt.

> Me gusta mucho la sopa. → Ich mag die Suppe sehr gerne.
> No me gusta nada la sopa. → Ich mag die Suppe überhaupt nicht.

Bei ausdrucksstarken Verben wie *encantar* oder *fascinar* steht weder *mucho* noch *nada*.

> Zu beachten ist:
> 1. *Lieben* heißt nur bei Personen *querer*:
> ¡Te quiero mucho! → Ich liebe dich sehr!
> Ansonsten heißt es *encantar, gustar*:
> Me encanta ir a nadar, me encanta ir a la playa.
> → Ich liebe es, schwimmen zu gehen. Ich liebe es, an den Strand zu gehen.
> 2. Die Frage nach Zustimmung wird anhand der Präpositionen + Dativpronomen gebildet:
> A mí me encanta, y ¿a ti? → Ich liebe es – und du?

Verben mit Dativ

interesar	interessieren
gustar	mögen, gefallen, schmecken
encantar	sehr gerne haben
parecer bien/mal	gut/schlecht finden

preocupar	Sorgen machen
molestar	ärgern
pasar	passieren
doler	wehtun, schmerzen
bastar	reichen, genügen
faltar	fehlen
salir bien/mal	gut/schlecht gelingen
dar sueño	schläfrig machen
dar miedo	Angst machen
hacer falta	brauchen
hacer daño	wehtun, verletzen, schädlich sein

2 Richtige Verwendung der Zeiten

Neben der Bedeutungsveränderung von Verben mit Präpositionen können Verben auch in den verschiedenen Zeiten unterschiedliche Bedeutungen haben. So haben z. B. die Verben *estar, ir, saber, ver, conocer, tener* im Imperfekt und *Indefinido* jeweils andere Bedeutungen. In der folgenden Tabelle werden die unterschiedlichen Bedeutungen der Verben im Kontext erläutert. Dabei wird auch der Unterschied der beiden Tempora *Indefinido* und Imperfekt deutlich. Wichtig ist, dass der Gebrauch von *Indefinido* und Imperfekt häufig von der Person des Sprechers abhängt.

Verb	Gebrauch bei Imperfekt	Gebrauch bei *Indefinido*
tener → haben, bekommen	Él ya **tenía** la sopa, cuando ella **empezó** la ensalada. (Er hatte schon die Suppe, als sie mit dem Salat anfing.)	Al fin él **tuvo** la sopa cuando ella **empezaba** la ensalada. (Endlich bekam er die Suppe, als sie mit dem Salat angefangen hatte.)
	Ya **teníamos** el café pero no **teníamos** la tarta. (Wir hatten schon den Kaffee, aber noch nicht den Kuchen.)	Al fin **tuvimos** la tarta, porque ya **teníamos** el café. (Wir hatten schon den Kuchen bekommen, da kam endlich der Kaffee.)

Verb	Gebrauch bei Imperfekt	Gebrauch bei *Indefinido*
conocer → kennen, kennenlernen, entdecken	Cuando me trasladé a Berlín yo conocía muy bien la ciudad. (Als ich nach Berlin umgezogen bin, kannte ich die Stadt schon sehr gut.)	**Conocí** Berlín hace dos años. (Ich habe Berlin vor zwei Jahren kennengelernt.)
	Conocía su mirada, era tranquila. (Ich kannte seinen ruhigen Blick.)	Le miré a los ojos, y **conocí** su mirada tranquila. (Ich schaute ihm in die Augen und entdeckte seinen ruhigen Blick.)
ver → sehen	Todos los lunes **íbamos** al cine y **veíamos** buenas películas. (Jeden Montag gingen wir ins Kino und sahen gute Filme.)	El lunes pasado **vimos** una película muy mala. (Letzten Montag haben wir einen schlechten Film gesehen.)
	No nos **veíamos** desde tu boda. (Seit deiner Hochzeit hatten wir uns nicht gesehen.)	No nos **vimos** más desde tu boda. (Nach deiner Hochzeit haben wir uns nicht mehr gesehen.)
saber → wissen, erfahren	Mi abuela **sabía** las noticias, siempre **tenía** la televisión encendida. (Meine Oma wusste über die Nachrichten Bescheid, sie hatte immer den Fernseher an.)	Mi abuela **supo** la noticia antes que nosotros, siempre tiene la televisión encendida. (Meine Oma erfuhr als erste die Nachricht, da sie immer den Fernseher anhat.)
ir → gehen, fahren	Siempre **íbamos** de vacaciones a casa de los abuelos en el pueblo. (Wir fuhren immer in den Ferien in das Haus der Großeltern auf dem Land.)	Estas vacaciones **fuimos** a casa de los abuelos en el pueblo. (Diesmal fuhren wir in den Ferien in das Haus der Großeltern auf dem Land.)
estar → sein, sich befinden	**Estábamos** de compras, cuando nos **encontramos** a José. (Als wir einkaufen waren, trafen wir José.)	**Estuvimos** de compras, cuando nos encontramos a José. (Wir waren einkaufen, als wir José trafen.)

Indefinido oder Imperfekt?

Indefinido	Imperfekt
Handlungen, die einmal geschehen und abgeschlossen sind:	Handlungen oder Gewohnheiten, die in der Vergangenheit geschehen sind:
Conocí a Miguel en una tienda. (Ich lernte Miguel in einem Laden kennen.)	Cuando era pequeño bebía mucha leche. (Als ich klein war, trank ich viel Milch.)
Mi abuela murió en 1.987. (Meine Oma ist 1987 gestorben.)	De niña tenía un vestido rosa que me gustaba mucho. (Als ich ein Mädchen war, hatte ich ein rosa Kleid, das mir sehr gut gefiel.)
Mit dem *Indefinido* bezieht man sich auf einen konkreten Zeitpunkt in der Vergangenheit:	Der Sprecher beschreibt einen Zustand oder eine Dauer einer Handlung in der Vergangenheit:
Viví en Santiago durante 10 años. (Ich lebte 10 Jahre in Santiago.) Viajó a Europa por primera vez en 1.985. (Er fuhr das erste Mal 1985 nach Europa.)	No pude llamarte ayer, porque tenía poco tiempo. (Ich konnte dich gestern nicht anrufen, weil ich wenig Zeit hatte.)
Se conocieron en una fiesta, poco después se casaron y pronto nació su hijo José Luis. (Sie lernten sich auf einer Party kennen, kurz danach heirateten sie und bald wurde ihr Sohn José Luis geboren.)	Estaba muy cansada, así es que decidí quedarme en casa y no hacer nada. (Ich war sehr müde, sodass ich entschieden habe, zu Hause zu bleiben und nichts zu tun.)

Der Unterschied zwischen *Indefinido* und Imperfekt wird besonders deutlich, wenn beide Zeitformen im gleichen Satz stehen.

Estábamos comiendo tranquilamente, cuando sonó el teléfono.
Caminaba por la calle cuando de repente vi un perro.

Mit dem Imperfekt werden Handlungen in der Vergangenheit beschrieben, die noch nicht abgeschlossen sind, während eine andere Handlung einsetzt. Die neu einsetzende Handlung steht dann im *Indefinido*.

Eugenia estaba tan triste y estábamos hablando, cuando de pronto se puso a llorar y no pude calmarla en un buen rato.
Estábamos trabajando en el jardín y recogíamos cerezas, cuando Roberto se cayó del árbol y se rompió una pierna.

Perfekt oder Indefinido?

Das Perfekt wird gebraucht, um auszudrücken, dass Folgen oder Ergebnisse einer vergangenen Handlung noch bis in die Gegenwart reichen. Häufig wird das Perfekt mit dem *Indefinido* verwechselt. Die folgende Gegenüberstellung der beiden Zeiten zeigt die wichtigsten Unterschiede.

Perfekt	*Indefinido*
Der Sprecher bezieht sich auf Handlungen, die in der Vergangenheit geschehen sind, aber die noch einen Bezug zur Gegenwart haben:	Beim *Indefinido* gibt es keinen Bezug zur Gegenwart mehr, d.h. es wird von einem Ereignis berichtet, das in der Vergangenheit abgeschlossen wurde:
Esta semana **ha sido** el cumpleaños de Tania y **ha invitado** a todos sus amigos a comer. (Diese Woche hat Tania Geburtstag gehabt und hat alle ihre Freunde zum Essen eingeladen.)	Ayer **fue** el cumpleaños de Tania. (Tanja hatte gestern Geburtstag.)
Mamá, te **ha llamado** el Sr. Gutiérrez, ha dicho que por favor le llames. (Mama, Herr Gutierrez hat dich angerufen und hat gesagt, dass du ihn zurückrufen sollst.)	Mamá, te **llamó** el Sr. Gutiérrez, **dijo** que por favor le llames. (Mama, Herr Gutierrez hat dich angerufen, du sollst ihn zurückrufen.)
Die Verbindung zur Gegenwart kann auch subjektiv sein, wenn es sich um ein Ereignis in der Vergangenheit handelt, das den Sprecher immer noch beschäftigt:	Mit dem *Indefinido* wird mit Distanz über ein vergangenes Ereignis berichtet:
Mi madre **ha muerto** hace cinco años. (Meine Mutter ist vor fünf Jahren gestorben.)	Mi madre **murió** hace cinco años. (Meine Mutter starb vor fünf Jahren.)
Das Perfekt wird für abgeschlossene Handlungen verwendet, die im Zeitraum des Sprechens stattgefunden haben:	Das *Indefinido* bezeichnet abgeschlossene Handlungen in abgeschlossenen Zeiträumen.
Hoy hemos bebido mucho café. (Heute haben wir viel Kaffee getrunken.)	Ayer bebimos mucho café. (Gestern tranken wir viel Kaffee.)
Esta primavera ha **llovido** mucho. (Diesen Frühling hat es viel geregnet.)	La primavera pasada llovió mucho. (Letzten Frühling regnete es viel.)

Das deutsche Perfekt

Für das deutsche Perfekt kann im Spanischen das *Indefinido*, der Imperfekt oder das Perfekt verwendet werden. Je nachdem, welche Zeit man benutzt, kann man über ein Ereignis aus verschiedenen Perspektiven berichten:

Eduardo und Marina **haben** *in Mexiko Urlaub* **gemacht**.

> **Perfekt:** este año → dieses Jahr
> Eduardo y Marina **han pasado** las vacaciones en México.
> *Indefinido*: el mes pasado → letzten Monat
> Eduardo y Marina **pasaron** las vacaciones en México.
> **Imperfekt:** en esa época, varias veces → damals, mehrmals
> Eduardo y Marina **pasaban** las vacaciones en México.

3 Unregelmäßige Verben *verbos irregulares*

Die meisten spanischen Verben sind unregelmäßig. Auf die verschiedenen Konjugationsmuster wurde bereits ausführlich in dem Kapitel „Verb" (s. S. 43 ff.) eingegangen. Die folgenden Tabellen enthalten alle wichtigen unregelmäßigen spanischen Verben. Zur Erklärung: Generell ist die 1. Person Singular aller Verben in allen Zeiten angegeben. Nimmt man diesen Stamm, kann man alle anderen Personen richtig konjugieren. In den Fällen, in denen der Stamm der 1. Person Singular nicht als Muster dient, wurden die Abweichungen eingefügt.

averiguar – herausfinden

u → ü	yo	tú	él, ella, usted	nosotros/–as	vosotros/–as	ellos, ellas, ustedes
Präsens	averiguo					
Indefinido	averigüé	–guaste	–guó	–guamos	–guasteis	–guaron
Imperfekt	averiguaba					
Futur	averiguaré					
Konditional	averiguaría					
Subjuntivo	averigüe					
Imperativ		averigua	averigüe		averiguad	averigüen
Partizip	averiguado					
Gerundium	averiguando					

caber – hineingehen, hineinpassen

	yo	tú	él, ella, usted	nosotros/-as	vosotros/-as	ellos, ellas, ustedes
Präsens	quepo	cabes	cabe	cabemos	cabéis	caben
Indefinido	cupe					
Imperfekt	cabía					
Futur	cabré					
Konditional	cabría					
Subjuntivo	quepa					
Imperativ		cabe	quepa		cabed	quepan
Partizip	cabido					
Gerundium	cabiendo					

conducir – fahren

c → zc	yo	tú	él, ella, usted	nosotros/-as	vosotros/-as	ellos, ellas, ustedes
Präsens	conduzco	conduces	conduce	conducimos	conducís	conducen
Indefinido	conduje					condujeron
Imperfekt	conducía					
Futur	conduciré					
Konditional	conduciría					
Subjuntivo	conduzca					
Imperativ		conduce	conduzca		conducid	conduzcan
Partizip	conducido					
Gerundium	conduciendo					

conocer – kennen, kennenlernen

c → zc	yo	tú	él, ella, usted	nosotros/-as	vosotros/-as	ellos, ellas, ustedes
Präsens	conozco	conoces	conoce	conocemos	conocéis	conocen
Indefinido	conocí					
Imperfekt	conocía					
Futur	conoceré					
Konditional	conocería					
Subjuntivo	conozca					
Imperativ		conoce	conozca		conoced	conozcan
Partizip	conocido					
Gerundium	conociendo					

contar – zählen, erzählen

o → ue	yo	tú	él, ella, usted	nosotros/–as	vosotros/–as	ellos, ellas, ustedes
Präsens	cuento			contamos	contáis	
Indefinido	conté					
Imperfekt	contaba					
Futur	contaré					
Konditional	contaría					
Subjuntivo	cuente			contemos	contéis	
Imperativ		cuenta	cuente		contad	cuenten
Partizip	contado					
Gerundium	contando					

continuar – fortsetzen

u → ú	yo	tú	él, ella, usted	nosotros/–as	vosotros/–as	ellos, ellas, ustedes
Präsens	continúo			continuamos	continuáis	
Indefinido	continué					
Imperfekt	continuaba					
Futur	continuaré					
Konditional	continuaría					
Subjuntivo	continúe			continuemos	continuéis	
Imperativ		continúa	continúe		continuad	continúen
Partizip	continuado					
Gerundium	continuando					

creer – glauben

	yo	tú	él, ella, usted	nosotros/–as	vosotros/–as	ellos, ellas, ustedes
Präsens	creo					
Indefinido	creí		creyó			creyeron
Imperfekt	creía					
Futur	creeré					
Konditional	creería					
Subjuntivo	crea					
Imperativ		cree	crea		creed	crean
Partizip	creído					
Gerundium	creyendo					

dar – geben

	yo	tú	él, ella, usted	nosotros/-as	vosotros/-as	ellos, ellas, ustedes
Präsens	doy	das	da	damos	dais	dan
Indefinido	di					
Imperfekt	daba					
Futur	daré					
Konditional	daría					
Subjuntivo	dé	des	dé	demos	deis	den
Imperativ		da	dé		dad	den
Partizip	dado					
Gerundium	dando					

decir – sagen

-go, e → i	yo	tú	él, ella, usted	nosotros/-as	vosotros/-as	ellos, ellas, ustedes
Präsens	digo	dices	dice	decimos	decís	dicen
Indefinido	dije					dijeron
Imperfekt	decía					
Futur	diré					
Konditional	diría					
Subjuntivo	diga					
Imperativ		di	diga		decid	digan
Partizip	dicho					
Gerundium	diciendo					

dormir – schlafen

o → ue	yo	tú	él, ella, usted	nosotros/-as	vosotros/-as	ellos, ellas, ustedes
Präsens	duermo	duermes	duerme	dormimos	dormís	duermen
Indefinido	dormí		durmió			durmieron
Imperfekt	dormía					
Futur	dormiré					
Konditional	dormiría					
Subjuntivo	duerma			durmanos	durmáis	
Imperativ		duerme	duerma		dormid	duerman
Partizip	dormido					
Gerundium	durmiendo					

enviar – schicken

i → í	yo	tú	él, ella, usted	nosotros/-as	vosotros/-as	ellos, ellas, ustedes
Präsens	envío					
Indefinido	envié					
Imperfekt	enviaba					
Futur	enviaré					
Konditional	enviaría					
Subjuntivo	envíe					
Imperativ		envía	envíe		enviad	envíen
Partizip	enviado					
Gerundium	enviando					

estar – sich befinden

	yo	tú	él, ella, usted	nosotros/-as	vosotros/-as	ellos, ellas, ustedes
Präsens	estoy	estás	está	estamos	estáis	están
Indefinido	estuve					
Imperfekt	estaba					
Futur	estaré					
Konditional	estaría					
Subjuntivo	esté					
Imperativ		está	esté		estad	estén
Partizip	estado					
Gerundium	estando					

haber – haben

	yo	tú	él, ella, usted	nosotros/-as	vosotros/-as	ellos, ellas, ustedes
Präsens	he	has	ha*	hemos	habéis	han
Indefinido	hube					
Imperfekt	había					
Futur	habré					
Konditional	habría					
Subjuntivo	haya					
Imperativ		–	–		–	–
Partizip	habido					
Gerundium	habiendo					

* Como impersonal: hay

hacer – machen

	yo	tú	él, ella, usted	nosotros/-as	vosotros/-as	ellos, ellas, ustedes
Präsens	hago	haces	hace	hacemos	hacéis	hacen
Indefinido	hice		hizo			
Imperfekt	hacía					
Futur	haré					
Konditional	haría					
Subjuntivo	haga					
Imperativ		haz	haga		haced	hagan
Partizip	hecho					
Gerundium	haciendo					

incluir – einschließen

i → y	yo	tú	él, ella, usted	nosotros/-as	vosotros/-as	ellos, ellas, ustedes
Präsens	incluyo			incluimos	incluís	
Indefinido	incluí		incluyó			incluyeron
Imperfekt	incluía					
Futur	incluiré					
Konditional	incluiría					
Subjuntivo	incluya					
Imperativ		incluye	incluya		incluid	incluyan
Partizip	incluido					
Gerundium	incluyendo					

ir – gehen, fahren

	yo	tú	él, ella, usted	nosotros/-as	vosotros/-as	ellos, ellas, ustedes
Präsens	voy	vas	va	vamos	vais	van
Indefinido	fui	fuiste	fue	fuimos	fuisteis	fueron
Imperfekt	iba					
Futur	iré					
Konditional	iría					
Subjuntivo	vaya					
Imperativ		ve	vaya		id	vayan
Partizip	ido					
Gerundium	yendo					

jugar – spielen

u → ue	yo	tú	él, ella, usted	nosotros/-as	vosotros/-as	ellos, ellas, ustedes
Präsens	juego	juegas	juega	jugamos	jugáis	juegan
Indefinido	jugué	jugaste	jugó	jugamos	jugasteis	jugaron
Imperfekt	jugaba					
Futur	jugaré					
Konditional	jugaría					
Subjuntivo	juegue			juguemos	juguéis	
Imperativ		juega	juegue		jugad	jueguen
Partizip	jugado					
Gerundium	jugando					

morir – sterben

o → ue	yo	tú	él, ella, usted	nosotros/-as	vosotros/-as	ellos, ellas, ustedes
Präsens	muero	mueres	muere	morimos	morís	mueren
Indefinido	morí		murió			murieron
Imperfekt	moría					
Futur	moriré					
Konditional	moriría					
Subjuntivo	muera			muramos	muráis	
Imperativ		muere	muera		morid	mueran
Partizip	muerto					
Gerundium	muriendo					

oír – hören

-go, i → y	yo	tú	él, ella, usted	nosotros/-as	vosotros/-as	ellos, ellas, ustedes
Präsens	oigo	oyes	oye	oímos	oís	oyen
Indefinido	oí	oíste	oyó	oímos	oísteis	oyeron
Imperfekt	oía					
Futur	oiré					
Konditional	oiría					
Subjuntivo	oiga					
Imperativ		oye	oiga		oíd	oigan
Partizip	oído					
Gerundium	oyendo					

pedir – bitten, verlangen

e → i	yo	tú	él, ella, usted	nosotros/-as	vosotros/-as	ellos, ellas, ustedes
Präsens	pido	pides	pide	pedimos	pedís	piden
Indefinido	pedí		pidió			pidieron
Imperfekt	pedía					
Futur	pediré					
Konditional	pediría					
Subjuntivo	pida					
Imperativ		pide	pida		pedid	pidan
Partizip	pedido					
Gerundium	pidiendo					

pensar – denken

e → ie	yo	tú	él, ella, usted	nosotros/-as	vosotros/-as	ellos, ellas, ustedes
Präsens	pienso	piensas	piensa	pensamos	pensáis	piensan
Indefinido	pensé					
Imperfekt	pensaba					
Futur	pensaré					
Konditional	pensaría					
Subjuntivo	piense			pensemos	penséis	
Imperativ		piensa	piense		pensad	piensen
Partizip	pensado					
Gerundium	pensando					

poder – können

o → ue	yo	tú	él, ella, usted	nosotros/-as	vosotros/-as	ellos, ellas, ustedes
Präsens	puedo	puedes	puede	podemos	podéis	pueden
Indefinido	pude	pudiste	pudo	pudimos	pudisteis	pudieron
Imperfekt	podía					
Futur	podré					
Konditional	podría					
Subjuntivo	pueda			podamos	podáis	
Imperativ		puede	pueda		poded	puedan
Partizip	podido					
Gerundium	pudiendo					

poner – setzen, stellen, legen

-go	yo	tú	él, ella, usted	nosotros/-as	vosotros/-as	ellos, ellas, ustedes
Präsens	pongo	pones	pone	ponemos	ponéis	ponen
Indefinido	puse					
Imperfekt	ponía					
Futur	pondré					
Konditional	pondría					
Subjuntivo	ponga					
Imperativ		pon	ponga		poned	pongan
Partizip	puesto					
Gerundium	poniendo					

querer – wollen, mögen

e → ie	yo	tú	él, ella, usted	nosotros/-as	vosotros/-as	ellos, ellas, ustedes
Präsens	quiero	quieres	quiere	queremos	queréis	quieren
Indefinido	quise					
Imperfekt	quería					
Futur	querré	querrás	querrá	querremos	querréis	querrán
Konditional	querría					
Subjuntivo	quiera			queramos	queráis	
Imperativ						
Partizip	querido					
Gerundium	queriendo					

repetir – wiederholen

e → i	yo	tú	él, ella, usted	nosotros/-as	vosotros/-as	ellos, ellas, ustedes
Präsens	repito	repites	repite	repetimos	repetís	repiten
Indefinido	repetí		repitió			repitieron
Imperfekt	repetía					
Futur	repetiré					
Konditional	repetiría					
Subjuntivo	repita					
Imperativ		repite	repita		repetid	repitan
Partizip	repetido					
Gerundium	repitiendo					

saber – wissen

	yo	tú	él, ella, usted	nosotros/–as	vosotros/–as	ellos, ellas, ustedes
Präsens	sé	sabes	sabe	sabemos	sabéis	saben
Indefinido	supe					
Imperfekt	sabía					
Futur	sabré					
Konditional	sabría					
Subjuntivo	sepa					
Imperativ		sabe	sepa		sabed	sepan
Partizip	sabido					
Gerundium	sabiendo					

salir – weggehen, rausgehen

–go	yo	tú	él, ella, usted	nosotros/–as	vosotros/–as	ellos, ellas, ustedes
Präsens	salgo	sales	sale	salimos	salís	salen
Indefinido	salí					
Imperfekt	salía					
Futur	saldré					
Konditional	saldría					
Subjuntivo	salga					
Imperativ		sal	salga		salid	salgan
Partizip	salido					
Gerundium	saliendo					

sentir – fühlen

e → ie e → i	yo	tú	él, ella, usted	nosotros/–as	vosotros/–as	ellos, ellas, ustedes
Präsens	siento	sientes	siente	sentimos	sentís	sienten
Indefinido	sentí		sintió			sintieron
Imperfekt	sentía					
Futur	sentiré					
Konditional	sentiría					
Subjuntivo	sienta			sintamos	sintáis	
Imperativ		siente	sienta		sentid	sientan
Partizip	sentido					
Gerundium	sintiendo					

ser – sein

	yo	tú	él, ella, usted	nosotros/-as	vosotros/-as	ellos, ellas, ustedes
Präsens	soy	eres	es	somos	sois	son
Indefinido	fui	fuiste	fue	fuimos	fuisteis	fueron
Imperfekt	era	eras	era	éramos	erais	eran
Futur	seré					
Konditional	sería					
Subjuntivo	sea	seas	sea	seamos	seáis	sean
Imperativ		sé	sea		sed	sean
Partizip	sido					
Gerundium	siendo					

traer – bringen

-go	yo	tú	él, ella, usted	nosotros/-as	vosotros/-as	ellos, ellas, ustedes
Präsens	traigo	traes	trae	traemos	traéis	traen
Indefinido	traje					trajeron
Imperfekt	traía					
Futur	traeré					
Konditional	traería					
Subjuntivo	traiga					
Imperativ		trae	traiga		traed	traigan
Partizip	traído					
Gerundium	trayendo					

tener – haben

-go	yo	tú	él, ella, usted	nosotros/-as	vosotros/-as	ellos, ellas, ustedes
Präsens	tengo	tienes	tiene	tenemos	tenéis	tienen
Indefinido	tuve					
Imperfekt	tenía					
Futur	tendré					
Konditional	tendría					
Subjuntivo	tenga					
Imperativ		ten	tenga		tened	tengan
Partizip	tenido					
Gerundium	teniendo					

venir – kommen

–go, e → ie	yo	tú	él, ella, usted	nosotros/-as	vosotros/-as	ellos, ellas, ustedes
Präsens	vengo	vienes	viene	venimos	venís	vienen
Indefinido	vine					
Imperfekt	venía					
Futur	vendré					
Konditional	vendría					
Subjuntivo	venga					
Imperativ		ven	venga		venid	vengan
Partizip	venido					
Gerundium	viniendo					

ver – sehen

	yo	tú	él, ella, usted	nosotros/-as	vosotros/-as	ellos, ellas, ustedes
Präsens	veo	ves	ve	vemos	veis	ven
Indefinido	vi					
Imperfekt	veía					
Futur	veré					
Konditional	vería					
Subjuntivo	vea					
Imperativ		ve	vea		ved	vean
Partizip	visto					
Gerundium	viendo					

volar – fliegen

o → ue	yo	tú	él, ella, usted	nosotros/-as	vosotros/-as	ellos, ellas, ustedes
Präsens	vuelo			volamos	voláis	
Indefinido	volé					
Imperfekt	volaba					
Futur	volaré					
Konditional	volaría					
Subjuntivo	vuele			volemos	voléis	
Imperativ		vuela	vuele		volad	vuelen
Partizip	volado					
Gerundium	volando					

volver – zurückkommen, zurückkehren

o → ue	yo	tú	él, ella, usted	nosotros/-as	vosotros/-as	ellos, ellas, ustedes
Präsens	vuelvo			volvemos	volvéis	
Indefinido	volví					
Imperfekt	volvía					
Futur	volveré					
Konditional	volvería					
Subjuntivo	vuelva			volvamos	volváis	
Imperativ		vuelve	vuelva		volved	vuelvan
Partizip	vuelto					
Gerundium	volviendo					

4 Die Verneinung

Auf Spanisch verneint man mit **no**: *nein, nicht, kein*. Es kann allein stehen oder mit einem Verb zusammen. Im Spanischen gibt es neben einer einfachen Verneinung mit *no* die doppelte Verneinung.

4.1 Einfache Verneinung

Steht *no* allein, heißt es *nein*. Damit kann auf eine Frage negativ geantwortet werden.

¿Quieres un chocolate? – No, estoy a dieta. Gracias.
Tú eres Ana, ¿verdad? – No, soy Carolina.
¿Es usted el Sr. López? – No, mi nombre es Roldán.

Bei *no* im Sinne von *nicht*, wird das *no* vor das konjugierte Verb gestellt.

No tengo sed.

Es kann auch zu Verdoppelungen von *no* kommen (nein, nicht).

¿Quieres beber algo? – No, no tengo sed.

No wird in den einfachen Zeiten vor das konjugierte Verb gesetzt.

Hoy no tengo tiempo.
No he comprado las baterías ... lo he olvidado.
No he llamado a mi madre. La llamo mañana.

In Infinitiv- oder Gerundiumskonstruktionen und in zusammengesetzten Zeiten steht *no* ebenfalls vor dem konjugierten Verb. Dies ist das Modal- oder Hilfsverb.

No quiero que estés fumando.
No estés duchándote con agua tan caliente, es dañino.
Quisiera no estar siempre comiendo. Pero estoy nerviosa.

Wenn ein Objektpronomen vor dem Verb steht, geht diesem das *no* voran.

¡No puede ser! ¡No ha llegado la invitación! No la he recibido.
¿Quieres un café con leche? – Sí, no me gusta negro.
La carne no la como tan cruda. Fríela un poco más, por favor.
Las chicas jóvenes no se visten bien abrigadas en invierno.
En la mesa no se sienta uno.

4.2 Doppelte Verneinung

In der Umgangssprache wird die Verneinung durch Verdopplung häufig verstärkt,
zu dem *no* kommt ein *ni, nada* oder ein anderer Verneinungsausdruck.

No, ni hablar.	→ Nein, kommt nicht in Frage.
No tengo ni idea.	→ Ich habe keine Ahnung.
No, no sé nada de eso.	→ Nein, ich weiß überhaupt nichts davon.
Ni me lo digas.	→ Ich will es gar nicht wissen.

Man kann mehrere Verneinungselemente kombinieren. Diese Verneinungsausdrücke stehen dann hinter dem konjugierten Verb. Davor muss *no* stehen.

No hemos estado nunca en Tailandia.
No tengo ni un peso.

Im Deutschen gibt es diese Konstruktion nicht. In der Mundart hört man jedoch
manchmal Sätze wie: *Ich habe gar nie nicht geschlafen.*
Kombinationen aus *nicht* und z. B. *niemand* ergeben im Deutschen einen anderen
Sinn: *Niemand kauft nichts.* Das heißt: *Jeder kauft was.* Die doppelte Verneinung
wird im Deutschen zur Bejahung, im Spanischen nicht.
Verneinungsausdrücke sind:

nadie	→ niemand	apenas	→ kaum/erst
nunca	→ nie	ya no	→ nicht mehr
jamás	→ niemals	ni	→ und nicht/auch kein
nada	→ nichts	de ningún modo	→ auf keinen Fall
ninguno/-a	→ kein/-e	ni … ni	→ weder… noch
tampoco	→ auch nicht	de ninguna	
todavía no	→ noch nicht	manera	→ keineswegs

Si no ahorramos, nunca podremos comprar la casa.
Mi amiga Isabel ni llama, ni escribe y tampoco aparece.
Nunca jamás he visto cosa semejante.
No he visto ni oído nada. ¿Has visto tú algo extraño?
De ninguna manera quiero que salgas así, hace frío.
Hace días que ya no sé de él.
Walter ya no tiene tiempo y tampoco nos visita.

Stehen *nada, nadie, nunca, jamás, ni, ninguno* oder *tampoco* vor dem Verb, dann entfällt *no*.

A Sergio no le gusta nada. = A Sergio nada le gusta.
No ha llegado nadie. = Nadie ha llegado.
No ha llamado nadie. = Tampoco ha llamado nadie.
No quiero carne y tampoco pescado.
Este chico no está bien, nada come.
Y nada hago de ejercicio, es que me falta el tiempo.

Ist *nadie* ein Objekt, so steht *a* davor:

No respondí a nadie.
No veo a nadie conocido.
¿Ha llegado ya alguien? – No, no he visto a nadie.

Stehen *todavía* oder *ya* vor dem Verb, dann folgt ihnen *no*.

No me he duchado todavía. = Todavía no me he duchado.
No canto ya, hago otras cosas. = Ya no canto, ahora hago otras cosas.
No viajo tanto como antes. = Ya no viajo tanto como antes.

Statt einer zweiten Verneinung mit *no* kann *ni* stehen. *Ni* kann wiederum häufiger im Satz vorkommen.

Mira que esta chica me preocupa: no quiere hacer nada: ni estudiar ni trabajar...
no sé que hacer...
No me gusta ninguno, ni el rosado ni el verde, es que no son mis colores.

Feste Wendungen mit Verneinungsausdrücken

un don Nadie	→	ein Niemand
de nada	→	bitte sehr
nada de eso	→	kommt nicht in Frage
antes de nada	→	zuerst einmal

nada menos que	→	sogar
como si nada	→	als ob nichts dabei wäre
nada de nada	→	überhaupt nichts
No es nada.	→	Das ist nicht schlimm.
pues nada	→	also gut
para nada	→	für nichts und wieder nichts
es mejor algo que nada	→	ist besser als gar nichts
no del todo	→	nicht ganz
ya no	→	nicht mehr
no más	→	nur
no más que	→	nur noch
no por eso	→	nichtsdestoweniger
así no más	→	einfach so
¿A que no?	→	Etwa nicht? Wetten, dass nicht!
no fumador	→	Nichtraucher

Así no más dejamos Gabriela y yo de hablar.
Bueno, por lo menos sacaste nueve puntos, es mejor algo que nada.
Ese tipo es un don Nadie, no me gusta para tu hija.
Como si nada, llegó un día a casa y dijo que quería hablar conmigo.
¿A que no es bonito este perro? Me gusta más el pastor alemán.
Restaurante con sección de no fumadores.

5 Großschreibung

Im Spanischen ist die Kleinschreibung vorherrschend. Die meisten Wörter, auch Substantive, werden klein geschrieben. Nur am Satzanfang werden alle Wörter groß geschrieben:

Me gusta Barcelona, es una ciudad fascinante.

Wenige Arten von Substantiven schreibt man immer groß. Dazu zählen:
→ Eigennamen von Personen

Martín, Valentina, Müller, González

→ Städte

Múnich, Londres, Granada, Caracas

→ Regionen, Meere, Flüsse

la Patagonia, el Caribe, el Pacífico, el Danubio

→ Länder

España, Alemania, Suiza, Turquía

→ Berge

los Andes, los Alpes, los Pirineos

→ Studienfächer und Wissenschaften

Filosofía, Química, Medicina

→ Sterne, Planeten und Trabanten

el Sol, la Tierra, la Luna

Großgeschrieben werden außerdem:

Bezeichnungen von Institutionen und öffentlichen Ämtern	
la Universidad de Madrid	→ die Universität von Madrid
el Ministerio del Exterior	→ das Außenministerium
el Planetario	→ das Planetarium
el Presidente	→ der Präsident
el Canciller	→ der Kanzler
el Papa	→ der Papst
el Rector	→ der Direktor /Manager
Bezeichnungen von Festen	
Navidad	→ Weihnachten
Pascua	→ Ostern
Pentecostés	→ Pfingsten
Día de Todos los Santos	→ Allerheiligen
Día de la Independencia	→ Tag der Freiheit
Nochevieja	→ Silvester
Abkürzungen von Anreden	
señor, Sr.	→ Herr
señora, Sra.	→ Frau
señorita, Srta.	→ Fräulein
usted, Ud. / Vd.	→ Sie (Anrede)
don, D.	→ Herr
doña, Dª	→ Frau

Kleingeschrieben werden dagegen folgende Substantivarten:

→ Nationalitäten

los chilenos, los franceses, los alemanes (*aber*: Chile, Francia, Alemania)

→ Sprachen

español, alemán, francés (*aber*: España, Alemania, Francia)

→ Monate

enero, febrero, diciembre, agosto (*aber*: Navidad, Nochevieja)

→ Wochentage

domingo, lunes, martes, miércoles

→ Jahreszeiten

la pimavera, el verano, el otoño, el invierno

6 Falsche Freunde *falsos amigos*

Der Begriff „falsche Freunde" stammt ursprünglich aus dem Englischen. Man versteht darunter Wörter, die in zwei Sprachen ähnlich aussehen oder klingen, aber eine unterschiedliche Bedeutung haben. Ein typischer „false friend" ist z. B. das englische „become", was im Deutschen nicht etwa „bekommen", sondern „werden" heißt. Auch Wörter, die häufig falsch übersetzt bzw. verwendet werden, bezeichnet man als „falsche Freunde". Das Spanische hat relativ viele solcher Wörter, die hier in alphabetischer Reihenfolge geordnet sind.

alto: nicht *alt*, sondern
- groß, im Sinne vom Höhe.
  Mi hijo mayor es muy alto. Mide dos metros.
  Mein ältester Sohn ist sehr groß. Er ist zwei Meter groß.
- alt heißt **viejo** oder **mayor**.
  Este sofá es muy viejo. Lo compré hace quince años.
  Dieses Sofa ist sehr alt. Ich habe es vor fünfzehn Jahren gekauft.

ambiente: nicht *Ambiente*, sondern
- in Verbindung mit *medio*: Umwelt
  En los últimos años el medio ambiente ha cambiado mucho.
  In letzter Zeit hat sich die Umwelt stark verändert.
- in Verbindung mit *de trabajo*: Betriebsklima
  Esta oficina tiene un buen ambiente de trabajo.
  Dieses Büro hat ein angenehmes Betriebsklima.

ambulancia: nicht *Ambulanz*, sondern
- Krankenwagen
  El herido fue transportado en una ambulancia.
  Der Verletzte wurde in einem Krankenwagen transportiert.
- Ambulanz im Krankenhaus heißt **ambulatorio**.
  El tratamiento se realizó en el ambulatorio.
  Die Behandlung wurde in der Ambulanz durchgeführt.

amigo: nur *Freund* in allgemeinem Sinne
  Miguel y Tomás son amigos desde la infancia.
  Miguel und Tomas sind Freunde seit ihrer Kindheit.
- Freund(in) als Geliebte(r) heißt **novio, novia, enamorado, enamorada** etc.
  Elena me ha presentado hoy a su novio.
  Elena hat mich heute ihrem Freund vorgestellt.

aportar: nicht *apportieren*, sondern
- besorgen, bringen, beitragen
  Me gusta este lugar, me aporta mucha paz.
  An diesem Ort fühle ich mich wohl, er bringt mich zur Ruhe.
- Apportieren heißt **traer** oder **cobrar**.
  Bruno, mi perro, me trajo su pelota.
  Bruno, mein Hund, hat seinen Ball apportiert.

arena: nicht *Arena*, sondern
- Sand
  Las playas del Caribe tienen una arena fantástica.
  Die karibischen Strände haben einen fantastischen Sand.
- Arena heißt **teatro abierto** oder **teatro al aire libre**.
  Ver una obra en el Teatro abierto de Verona es una experiencia increíble.
  Ein Theaterstück in der Arena von Verona zu sehen, ist ein einmaliges Erlebnis.
- Arena als Stierkampfplatz heißt **plaza de toros**.
  La plaza de toros estaba llena.
  Die (Stierkampf-)Arena war voll.

banda: nicht (nur) *Band,* **sondern auch**
- Bande
  Cuidado con esos tipos, pertenecen a una banda de criminales.
  Vorsicht mit diesen Typen, sie gehören zu einer kriminellen Bande.
- Schar
  ¡Mira, una banda de golondrinas!
  Schau, eine Schar Schwalben!

betún: nicht *Beton,* **sondern**
- Schuhcreme
  Tengo que poner betún a mis zapatos. Están muy sucios.
  Ich muss meine Schuhe putzen. Sie sind sehr schmutzig.
- Beton heißt **hormigón.**
  La terraza tiene un buen cimiento de hormigón.
  Die Terrasse hat ein gutes Fundament aus Beton.

bono: nicht *Bonus,* **sondern**
- Gutschein
  Por mi cumpleaños recibí un bono para el cine por 6 meses.
  Zum Geburtstag habe ich einen Kinogutschein für 6 Monate bekommen.
- Bonus ist **una gratificación.**
  Nuestra empresa siempre a fin de año nos da una gratificación.
  Unsere Firma gibt uns am Ende jeden Jahres einen Bonus.

campo: nicht *Campus,* **sondern**
- Acker, Land, Grund
  Cuando tengo tiempo me gusta pasar unos días en el campo.
  Wenn ich Zeit habe, verbringe ich ein paar Tage auf dem Land.
- Campus heißt **campus universitario.**
  El partido es en el campus de la universidad de Barcelona.
  Das Spiel findet auf dem Campus der Universität von Barcelona statt.

casa: nicht *Kasse,* **sondern**
- Haus, Wohnung
  Mauricio y Sita, los amigos de David, viven en una casa con jardín.
  Mauricio und Sita, die Freunde von David, wohnen in einem Haus mit Garten.
- Kasse heißt **caja.**
  ¿Ya tienes todo? Entonces vamos a la caja, es tarde.
  Hast du schon alles? Also, dann gehen wir zur Kasse, es ist schon spät.

codo: nicht *Code*, sondern

- Ellbogen
  Por favor, baja los codos de la mesa.
  Nimm bitte die Ellbogen vom Tisch.
- Code/Kennwort heißt auf Spanisch **clave secreta** oder **código**.
  He olvidado el código de mi banco y no puedo retirar dinero.
  Ich habe meine PIN-Nummer vergessen und jetzt kann ich kein Geld abheben.

concurso: nicht *Konkurs*, sondern

- Wettbewerb, Ausschreibung
  Vamos a participar en el concurso de perros de raza.
  Wir werden an einem Wettbewerb für Rassehunde teilnehmen.
  Hay un concurso para maestros de inglés.
  Es gibt eine Ausschreibung für Englischlehrer.
- Konkurs heißt **quiebra** oder **bancarrota**.
  La empresa no tuvo otra opción que declararse en quiebra.
  Die Firma hatte nur die Möglichkeit, Konkurs anzumelden.

clase: nicht (nur) *Klasse*, sondern

- neben Schulklasse auch eine Gruppe von Schülern oder Studenten
  David empieza la primera clase.
  David fängt in der ersten Klasse an.
- *La clase* heißt außerdem Unterricht(sstunde).
  No tenemos clase de inglés, el profesor está enfermo.
  Wir haben keinen Englischunterricht, der Lehrer ist krank.

dato: nicht *Datum*, sondern

- Unterlage
  Ya le he mandado al asesor de impuestos los datos para el banco.
  Ich habe dem Steuerberater schon die Unterlagen für die Bank zugesandt.
- Datum heißt **fecha**.
  Mi familia estuvo de viaje por la misma fecha que escribía mis exámenes.
  Meine Familie ist (genau an dem Datum) verreist, als ich meine Prüfungen schrieb.

decente: nicht *dezent*, sondern

- anständig, sittlich
  Me encanta que mi hija sea novia de Marcos: es un chico decente.
  Ich bin froh, dass meine Tochter Marcos als Freund hat: er ist ein anständiger Kerl.

- Dezent im Sinne von schwach, zurückhaltend heißt **tenue**.
  A Marcos le gustan los ambientes con luz tenue.
  Marcos mag gern Umgebungen mit dezentem Licht.

defecto: nicht *Defekt*, sondern
- Schwäche
  El defecto de Carola es meterse en lo que no le importa.
  Carolas Schwäche ist, dass sie sich überall einmischt.
- Fehler, Mangel
  Este jersey tiene un defecto.
  Dieser Pullover ist fehlerhaft.
- Defekt heißt **defectuoso, estropeado**.
  Oye, ¿el ascensor está estropeado?
  Sag mal, ist der Aufzug defekt?

delicado: nicht *Delikatesse*, sondern
- zärtlich, empfindlich
  Esta es una seda súper delicada.
  Diese Seide ist sehr empfindlich.
  Diana es una mujer delicada.
  Diana ist eine zärtliche Frau.
- Delikatesse heißt **un manjar exquisito** oder **algo muy rico**.
  El jamón serrano es algo exquisito.
  Serrano-Schinken ist eine Delikatesse.

desierto: nicht *Dessert*, sondern
- Wüste
  El desierto de Atacama es el más seco del mundo.
  Die Atacama-Wüste ist die trockenste Wüste der Welt.
- Dessert heißt **postre**.
  Yo tomo el postre de fresas con crema.
  Ich nehme Erdbeeren mit Sahne zum Dessert.

disertación: nicht *Dissertation*, sondern
- Abhandlung oder Vortrag
  Después de la exposición tuvimos una disertación sobre el arte.
  Nach der Austellung hatten wir eine Diskussion über Kunst.
- Dissertation wird übersetzt mit **tesis doctoral**.
  Para poder graduarme tengo que escribir mi tesis (doctoral).
  Ich muss meine Dissertation schreiben, damit ich einen Abschluss habe.

dispuesto: nicht *disponiert*, sondern

- bereit
  La familia Arboleda siempre está dispuesta a ayudar.
  Die Familie Arboleda ist immer bereit zu helfen.
- Disponiert heißt **predispuesto.**
  Nico y Félix son niños predispuestos a alergias.
  Nico und Felix sind für Allergien disponiert.
- Indisponiert heißt **indispuesto.**
  Mi hermana no puede trabajar hoy porque está indispuesta.
  Meine Schwester kann heute nicht in die Arbeit gehen, da sie indisponiert ist.

ende, por ende: nicht *Ende*, sondern

- daher, deshalb
  No hace buen tiempo, por ende no podemos hacer el picnic.
  Es ist kein schönes Wetter, deshalb können wir kein Picknick machen.
- Ende heißt **fin, final.**
  El final de la película fue fantástico, no lo esperaba.
  Das Ende des Films war fantastisch, ich hatte es nicht erwartet.

estadista: nicht *Statist*, sondern

- Staatsmann, Staatsoberhaupt
  Uribe es un buen estadista para Colombia.
  Uribe ist ein gutes Staatsoberhaupt für Kolumbien.
- Statist heißt **comparsa figurante.**
  Mis sueños de actriz no pasaron de actuar en una comparsa.
  Mein Traum vom Schauspielerleben ist nicht über das eines Statisten hinausgegangen.

feria: nicht *Ferien*, sondern

- Messe
  La feria del libro es en Francfort.
  Die Buchmesse ist in Frankfurt.
- Ferien, Urlaub heißt **vacaciones** und steht immer im **Plural.**
  ¿Qué, te vas de vacaciones?
  Sag mal, fährst du in den Urlaub?

firma: nicht *Firma* sondern

- Unterschrift
  ¿Paga con tarjeta de crédito? Por favor, escriba su firma aquí.
  Zahlen Sie mit Kreditkarte? Bitte unterschreiben Sie hier.

- Firma heißt **empresa**.

  Me he presentado para un puesto en una empresa internacional.
  Ich habe mich bei einem internationalen Unternehmen beworben.

gesto: nicht *Gäste*, sondern

- Miene, Gebärde oder Gestik

  Cuando Paquita está molesta hace gestos muy raros.
  Wenn Paquita verärgert ist, zieht sie ein komisches Gesicht.

- Geste

  Ha sido un gesto muy bonito de tu parte.
  Es war eine schöne Geste von dir.

- Gäste heißen **invitados**.

  Hoy por la noche tenemos invitados.
  Heute Abend haben wir Gäste.

harto: nicht *hart*, sondern

- satt, überdrüssig

  Estoy harta de este tiempo tan malo.
  Ich habe die Nase voll von diesem schrecklichen Wetter.

- Hart heißt **duro, firme, sólido**.

  Miguel aparenta ser un hombre duro pero no lo es.
  Miguel scheint ein harter Mann zu sein, aber er ist es nicht.

ilusión: nicht nur *Illusion*, sondern

- Freude, Vorfreude

  Tengo mucha ilusión de volver a ver a mi familia.
  Ich bin voller Vorfreude, meine Familie wieder zu sehen.

- aber auch Illusion

  No te hagas ilusiones con ese coche: es muy caro.
  Mach dir keine Illusionen: dieses Auto ist zu teuer.

importe: nicht *Import*, sondern

- Betrag

  El importe de esta compra fueron 185 €.
  Der Betrag dieses Einkaufs war 185 €.

- Import heißt **importación**.

  Las importaciones aumentaron el año pasado.
  Letztes Jahr sind die Importe gestiegen.

infusión: nicht *Infusion*, sondern
- Kräutertee, Aufguss
  A mi hijo le gusta la infusión de menta.
  Mein Sohn mag Pfefferminztee.
- Infusion heißt **suero**.
  Ella tenía tanta fiebre que le pusieron un suero.
  Sie hatte so hohes Fieber, dass sie eine Infusion bekommen hat.

jornal: nicht *Journal*, sondern
- Tageslohn, Tagwerk
  El jornal de los de la plantación de manzanas es bajo.
  Der Tageslohn der Arbeiter auf der Apfelplantage ist niedrig.
- Journal heißt **diario** oder **periódico**.
  Suelo leer el periódico en el metro.
  Ich pflege die Zeitung in der U-Bahn zu lesen.

léxico: nicht *Lexikon*, sondern
- Wortschatz
  El que es médico domina el léxico en latín.
  Wer Arzt ist, beherrscht den lateinischen Wortschatz.
- Lexikon ist **enciclopedia** oder **diccionario**.
  Hoy en día puedes comprar una buena enciclopedia en formato Cd-Rom.
  Heutzutage kann man ein gutes Lexikon auf CD-ROM kaufen.

mesa: nicht *Messe*, sondern
- Tisch
  Al fin compré la mesa que quería.
  Endlich habe ich den Tisch gekauft, den ich wollte.
- Messe heißt **feria** (s. o.).

moto: nicht *Motto*, sondern
- Motorrad
  En Sudamérica mucha gente va en moto.
  In Südamerika fahren viele Leute Motorrad.
- Motto heißt **lema** oder **divisa**.
  El lema de la protesta es que se gana muy mal.
  Der Protest steht unter dem Motto „schlechte Bezahlung".

musical: nicht (nur) Musical

- musikalisch
  Mi primo toca el piano y es muy musical.
  Mein Cousin spielt Klavier und ist sehr musikalisch.
- wie im Deutschen Musical (-Theater)
  "El gato en el tejado" es un musical precioso.
  "Die Katze auf dem Dach" ist ein sehr schönes Musical.

montura: nicht *Montur*, sondern

- Reitzeug
  La montura de mi caballo está estropeada.
  Das Reitzeug von meinem Pferd ist kaputt.
- Brillengestell
  Tus gafas tienen una montura muy bonita.
  Dein Brillengestell ist sehr schön.
- Montur heißt **uniforme**.
  Mi uniforme de trabajo es azul.
  Meine Arbeitsmontur ist blau.

neto: nicht *nett*, sondern

- Netto
  El precio neto son 140 €, está barato.
  Der Nettopreis ist 140 €. Das ist billig.
- Nett heißt **simpático, gentil, amable**.
  Udo y Silvia son unos vecinos muy simpáticos.
  Udo und Silvia sind sehr nette Nachbarn.

noticia: nicht *Notiz*, sondern

- Nachricht, Neuigkeit, Information
  Lo dijeron en las noticias.
  Sie haben es in den Nachrichten gebracht.
- Notiz heißt **nota**. Es steht mit **tener** oder **hacer**.
  Me hago una nota.
  Ich mache (mir) eine Notiz.

novela: nicht *Novelle*, sondern

- Roman, Fernsehserie
  "La casa de los espíritus" es una novela de Isabel Allende.
  "Das Geisterhaus" ist ein Roman von Isabel Allende.
  En la televisón están pasando una novela mexicana.
  Im Fernsehen kommt eine mexikanische Fernsehserie („Seifenoper").

- Novelle (juristisch) bedeutet **ley complementaria**.
  La abogada me explica la ley complementaria.
  Die Rechtsanwältin erklärt mir die Gesetzesnovelle.

presa: nicht *Presse*, sondern

- Beute, Fang
  El león lleva su presa en la boca.
  Der Löwe hat seine Beute im Maul.
- Stauwehr, Talsperre
  Los domingos, cuando hace buen tiempo, vamos a la presa a caminar.
  Sonntags machen wir bei bei schönem Wetter einen Spaziergang zur Talsperre.
- Presse heißt **prensa**.
  ¿Dónde queda la libertad de prensa?
  Wo bleibt da die Pressefreiheit?

presidio: nicht *Präsidium*, sondern

- Gefängnis
  Cuando las personas salen del presidio, lo tienen un poco difícil.
  Wenn die Leute aus dem Gefängnis kommen, haben sie es nicht ganz einfach.
- Präsidium heißt **presidencia**.
  La presidencia de Colombia está en Bogotá y la de Alemania en Berlín.
  Der Regierungssitz von Kolumbien ist in Bogota und der von Deutschland in Berlin.

prima: nicht *prima*, sondern

- Cousine
  Mira, esta es mi prima Mónica y estos son mis otros primos, los que viven en Francia.
  Schau mal, dies ist meine Cousine Monica und dies sind meine Cousins, die in Frankreich wohnen.
- Prima heißt **fantástico, excelente, estupendo, chupi**.
  Fantástico Luis, te felicito, obtuviste unas notas muy buenas.
  Prima Luis, gratuliere, du hast sehr gute Noten bekommen.

puntuar: nicht *punktieren*, sondern

- bewerten
  El examen fue difícil, pero el profesor lo punteó de forma justa.
  Die Prüfung war schwer, aber der Lehrer bewertete sie gerecht.
- Rechtschreibung
  Hay que puntuar bien para que los niños lean bien el texto.
  Die Rechtschreibung muss richtig sein, damit die Kinder den Text gut lesen können.

rabia: nicht *rabiat*, sondern
- Tollwut
  En Europa Central ya casi no hay casos de rabia.
  In Mitteleuropa gibt es kaum noch Fälle vonTollwut.
- Rabiat heißt auf Spanisch **brutal, violento**.
  Cuando Tobias toma vino, se vuelve violento.
  Wenn Tobias Wein trinkt, wird er rabiat.
  El boxeo me parece un deporte muy brutal.
  Boxen ist für mich ein sehr brutaler Sport.

recuerdo: nicht *Rekord*, sondern
- Erinnerung
  Recuerdo cuando le vi por primera vez.
  Ich kann mich daran erinnern, als ich ihn das erste Mal gesehen habe.
- Rekord heißt **récord**.
  Esta cantante colombiana batió el récord en ventas con su nuevo disco.
  Diese kolumbianische Sängerin hat mit ihrem neuen Album den Rekord gebrochen.

referente: nicht *Referent*, sondern
- bezüglich, hinsichtlich
  En lo referente a las vacaciones, creo que es mejor quedarnos aquí.
  Bezüglich des Urlaubs halte ich es für besser, hier zu bleiben.
- Referent heißt **ponente**.
  La conferencia fue excelente, el Dr. Molina es un buen ponente.
  Die Konferenz war fantastisch. Dr. Molina ist ein guter Referent.

regalo: nicht *Regal*, sondern
- Geschenk
  Tenemos que comprar el regalo para María.
  Wir müssen das Geschenk für Maria kaufen.
- Regal heißt **estantería**.
  Jairo tiene muchos libros en su estantería.
  Jairo hat viele Bücher in seinem Regal.

regreso: nicht *Regress*, sondern
- Rückkehr
  Lucas está de regreso de Polonia en una semana.
  Lucas kommt in einer Woche aus Polen züruck.
- Regress heißt **recurso, indemnización**.
  Como es culpable, tiene que pagar una indemnización.
  Da er schuldig ist, ist er regresspflichtig.

refrán: nicht *Refrain*, sondern
- Sprichwort
  Doña Purificación siempre está hablando con refranes.
  Frau Purificación verwendet immer Sprichwörter.
- Refrain heißt **estribillo**.
  Me encanta esta canción, tiene un estribillo muy pegadizo.
  Dieses Lied gefällt mir, der Refrain ist ein Ohrwurm.

reservado: nicht *Reservat*, sondern
- reserviert, zurückhaltend
  Es una persona reservada.
  Er ist ein zürückhaltendender Mensch.
- vertraulich, geheim
  Estos documentos son reservados.
  Diese Dokumente sind vertraulich.
- Reservat heißt **reserva**.
  Los animales de la sabana en África están en reserva para protegerlos de la caza.
  Die Tiere der afrikanischen Savanne leben in einem Naturschutz-Reservat.

resonar: nicht *räsonieren*, sondern
- erklingen, ertönen
  Me gusta como resuenan las trompetas en el jazz.
  Mir gefällt der Klang der Jazztrompeten.
- Räsonieren heißt **reflexionar, pensar**.
  He estado reflexionando en eso y pienso que no es una buena idea.
  Ich habe darüber räsoniert und denke, das ist keine gute Idee.

resorte: nicht *Ressort*, sondern
- (Spann-)Feder, Band
  He perdido el resorte de mi bolígrafo.
  Ich habe die Feder meines Kugelschreibers verloren.
- Ressort heißt **cartera, incumbencia**.
  El doctor Jiménez recibe la cartera de Hacienda.
  Das Ressort des Finanzministers erhält Dr. Jiménez.

requerir: nicht *requirieren, beschlagnahmen*, sondern
- beantragen, auffordern, ersuchen
  Requerimos los pasaportes para poder salir del país.
  Wir haben die Pässe beantragt, um das Land verlassen zu können.

- verlangen, auffordern, brauchen
  Para obtener ese empleo requieres de buenos conocimientos de inglés.
  Für diese Stelle werden sehr gute Englischkenntnisse verlangt.
- Requirieren, beschlagnahmen heißt **requisar**.
  Las fuerzas militares requisaron el camión.
  Das Militär requirierte den Lastwagen.

salud: nicht *Salut*, sondern
- Gesundheit (auch, wenn jemand niest oder man mit jemanden anstößt)
  A su salud.
  Auf Ihr Wohl!
  Cora, aunque es muy vieja, tiene muy buena salud.
  Obwohl Cora so alt ist, ist sie bei guter Gesundheit.

Señor: nicht *Senior*, sondern
- Herr (höfliche Anrede), Gentleman
  Señor Pérez...
  Herr Pérez...
  Este Martín es un señor.
  Dieser Martin ist ein Gentlemann.
- Senior heißt **senior, persona mayor.**
  Vamos a hacer un curso de gimnasia para seniores.
  Wir machen einen Gymnastikkurs für Senioren.

sesión: nicht *Saison*, sondern
- Treffen, Besprechung
  La sesión de hoy termina a las doce.
  Die heutige Besprechung endet um zwölf Uhr.
- Termin
  Mi sesión de masaje termina a las cuatro; después podemos vernos.
  Mit meiner Massage bin ich um vier fertig, danach könnten wir uns sehen.
- Saison heißt **temporada.**
  La temporada de teatro al aire libre comienza la próxima semana.
  Die Freilichtbühnensaison beginnt nächste Woche.

tableta: nicht *Tablett*, sondern
- kleine Tafel, Brettchen
  Necesito una tableta de chocolate para los churros.
  Ich brauche für die Churros (spanisches Gebäck) *eine Tafel Schokolade.*

- Tablette
  ¿Dónde tienes tus tabletas para el dolor de cabeza?
  Wo hast du deine Kopfschmerztabletten?
- Tablett heißt **bandeja**.
  Roberto trae la bandeja para recoger los vasos, que son muchos.
  Roberto bringt das Tablett, um die vielen Gläser aufzuräumen.

talla: nicht *Taille*, sondern
- Kleidergröße
  Normalmente uso la talla 38, pero en ropa italiana uso la 40.
  Normalerweise trage ich Größe 38, aber bei italienischer Kleidung brauche ich 40.
- Taille heißt **cintura**.
  ¡Qué cintura la que tiene Adriana! Parece una avispa.
  Was für eine Wespentaille Adriana hat!

término: nicht *Termin*, sondern
- Ende, Schluss, Ziel
  Nuestro viaje llegó a su término.
  Unsere Reise ist zu Ende gegangen.
- Termin heißt **fecha, cita, hora**.
  Hoy tenemos una cita importante: recibimos nuestra casa.
  Heute haben wir einen wichtigen Termin: wir bekommen unser Haus.
  Pedro y Mónica tienen hora con el médico.
  Peter und Monica haben einen Arzttermin.

tiempo: nicht *Tempo*, sondern
- Zeit
  Ahora no tengo tiempo.
  Jetzt habe ich keine Zeit.
- Wetter
  ¡Qué tiempo tan bueno el que está haciendo!
  Was für ein herrliches Wetter haben wir jetzt!
- Tempo (Geschwindigkeit) heißt **velocidad**.
  Manuel conduce siempre por la autopista a gran velocidad.
  Manuel fährt auf der Autobahn immer mit hohem Tempo.

tomates pasados: nicht *passierte Tomaten*, sondern
- verfaulte Tomaten
  Los tomates ya están malos y pasados.
  Die Tomaten sind schon schlecht und verfault.

- Passierte (pürierte) Tomaten sind **tomates triturados, tamizados**.
  Para el gazpacho se requieren tomates triturados.
  Für eine Gazpacho benötigt man passierte Tomaten.

tropas: nicht *Tropen*, sondern

- Truppen, militärisch und in der Umgangssprache
  En Irak hay tropas de diferentes países.
  Im Irak sind Truppen verschiedener Länder.
  Éramos una tropa inmensa, claro, como somos una familia tan grande...
  Wir waren eine riesige Truppe, klar, bei so einer großen Familie ...
- Tropen heißt **trópico, zonas trópicos** oder **zonas tropicales**.
  Nos vamos al trópico de vacaciones.
  Wir fahren im Urlaub in die Tropen.

último: nicht *Ultimo*, sondern

- letzte/r/s/n, an letzter Stelle, schliesslich.
  Mi coche es el último de la fila.
  Mein Auto kommt als letztes an die Reihe.
- Ultimo heißt **fin(es) de mes**.
  La empresa paga los salarios a fines de mes.
  Die Firma zahlt die Gehälter bis Ultimo.

vaso: nicht *Vase,*, sondern

- Glas
  ¿Sólo quieres un vaso de agua?
  Möchtest du nur ein Glas Wasser?
- Vase heißt **florero** oder **jarrón**.
  ¡No tengo un florero tan grande!
  Ich habe keine so große Vase!

vestido: nicht *Weste*, sondern

- Kleid
  En verano se llevan vestidos de lino muy bonitos.
  In Sommer trägt man sehr schöne Kleider aus Leinen.
- Weste heißt **chaleco**.
  Los trajes con chalecos los usaba mi abuelo. Ahora no son modernos.
  Anzüge mit Weste hat mein Opa getragen. Heutzutage sind sie nicht so modern.

Anhang

1 Spanisch in Spanien und Lateinamerika

Die sprachlichen Unterschiede, die es zwischen den verschiedenen Ländern gibt, in denen Spanisch gesprochen wird, verhindern keineswegs eine Kommunikation. Wir werden uns hier vor allem mit den Unterschieden zwischen Spanien und Lateinamerika beschäftigen.

Die **Hauptunterschiede** bestehen in der **Intonation** und Aussprache, z. B. dem seseo. Ein weiterer Unterschied liegt im grammatikalischen Bereich bei dem Gebrauch der **Personalpronomen** *tú, vos* (voseo), *vosotros* und *usted/ustedes*. Im **Wortschatz** sind die Unterschiede zwischen Spanien und Lateinamerika, aber auch zwischen den einzelen Ländern relativ groß.

Generell wird in Spanien schneller und auch etwas energischer gesprochen als in Lateinamerika, wo alles etwas ruhiger angegangen wird. Die Sprache klingt dort somit weicher und für europäische Ohren sogar fast melodisch. Lateinamerikaner finden wiederum das spanische Spanisch hart und fast etwas vulgär.

Allerdings gibt es auch zwischen den einzelnen lateinamerikanischen Ländern Unterschiede in der Aussprache und Sprachmelodie.

Ein wichtiger Punkt ist der sogenannte seseo, d. h. die Aussprache von *za, zo, zu* und *ce, ci*; Laute, die in großen Teilen Spaniens interdental ausgesprochen werden (etwa wie im Englischen das stimmlose *th*). In ganz Lateinamerika, in Südspanien und auf den Kanarischen Inseln hingegen gibt es diesen Laut nicht. Es wird einfach ein *s* verwendet.

Das führt manchmal zu Problemen in der Schriftsprache, da oftmals das *c* bzw. *z* durch ein unkorrektes *s* ersetzt wird. Korrekt ist dagegen:

Valencia, corazón, zapato, Cecilia, Zaragoza, cielo, Barcelona, gracias, Martínez.

Der Gebrauch der **Personalpronomen** stellt einen weiteren Unterschied dar. In weiten Teilen Lateinamerikas wird das Pronomen *tú* durch *usted* ersetzt; in Chile, Argentinien, Uruguay und Teilen von Paraguay, Kolumbien und Guatemala durch **vos**. Dieses *vos* hat sogar eine eigene Verbform, die die Betonung auf der letzten Silbe trägt. Bei den Verben mit Diphthong geht dieser verloren:

Infinitiv	tú	vos
correr	corres	corrés
venir	vienes	venís
dormir	duermes	dormís
seguir	sigues	seguís
volar	vuelas	volás

¿Quieres agua?	→	¿Vos querés agua?
¿Tienes un diccionario?	→	¿Tenés un diccionario?
¡Juegas muy bien al fútbol!	→	¡Vos jugás muy bien al fútbol!
¿Hablas francés o inglés?	→	¿Hablás francés o inglés?

In der Regel ist das *usted/ustedes* die Höflichkeitsform. Aber in vielen Regionen Lateinamerikas wird sie als Du-Form verwendet, z. B. im Familien- oder sogar im Freundeskreis.

Mami, ¿quiere un café?
¿Qué van a hacer ustedes? – Nosotros vamos a ir al cine, ¿quieren venir?

Dieser Verlust von *vosotros* verursacht auch Änderungen im Bereich der Possessivpronomen, da das *vuestro* ausfällt. Es wird durch *su/suyo* ersetzt. Um Verwirrungen mit dem Pronomen der 3. Person Singular zu vermeiden, wird in Latinamerika häufig *de* + Personalpronomen verwendet.

¡Pero qué jardín tan bonito el de ustedes! Este jardín es más bonito que el de nosotros.
Markus, el hijo de los Cerezos, está más alto que el de ustedes.

Etwas, was für Lateinamerikaner fast grob klingt, ist der häufige Gebrauch des **Imperativs** in Spanien. Die Direktheit der Spanier kommt so oft zum Ausdruck; sei es am Telefon: *¿Dígame?* oder in der Kneipe: *¡Ponme un café!*. Die Lateinamerikaner verwenden hingegen die Konditionalform: *¿Me podrías poner un café, por favor?* Der Imperativ ist in Spanien allerdings nicht als unhöflich zu werten, er entspricht dem normalen Sprachgebrauch dort.

Im Bereich des **Akkusativpronomens** können wir einen weiteren Unterschied feststellen, nämlich bei der Verwendung von *lo* und *le*. *Lo* ist die maskuline Form des Akkusativpronomens. In Spanien wird bei Personen *lo* durch *le* ersetzt (**leísmo**). In Lateinamerika hingegen wird das *lo* auch bei Personen verwendet:

¿Has visto a Juan?
No, no le he visto. (Spanien)   No, no lo he visto. (Lateinamerika)

Ein weiteres Phänomen, das vor allem in Lateinamerika vorkommt, ist der sogenannte **dequeísmo**, d. h. hier wird *de que* anstelle von *que* bei der Konstruktion von untergeordneten Nebensätzen benutzt. Das ist allerdings grammatikalisch nicht korrekt.

Me han dicho de que vienes a mi casa. *Anstelle vom richtigen:*
Me han dicho que vienes a mi casa.
¿De qué has comprado una casa? *Anstelle von* ¿Has comprado una casa?

In Spanien kommt der *dequeísmo* auch vereinzelt in der Umgangssprache vor, was aber **nicht korrekt** ist.

Beim Gebrauch der **Vergangenheitsformen** lässt sich folgender Unterschied feststellen: In Lateinamerika wird häufiger das *Indefinido*, in Spanien das *Perfecto* verwendet.

Actuó muchas veces en la televisión. *Anstelle von*:
Ha actuado muchas veces en la televisión.
¿Cómo dormiste? *Anstelle von*: ¿Cómo has dormido?

In Lateinamerika und auch regional in Spanien tritt oftmals der bestimmte Artikel vor dem Personennamen auf. Wenn man dagegen in Spanien *„la Mónica"* sagt, kann das je nach Gegend negativ oder ironisch klingen.

Mama, te llamó la Olga, que viene una hora más tarde de lo convenido.
El Matías se fue para Irlanda para seis meses.
Eso lo dirá la Mónica...

Die **Zeitangabe** erfolgt auch auf unterschiedliche Art und Weise. Aufgrund des Einflusses der englischen Sprache hört man in Lateinamerika häufig:

Son diez para las nueve. *Anstelle von*: Son las nueve menos diez.
La clase es faltando un cuarto para las nueve. *Statt*: La clase es a las nueve menos cuarto.

Auch die Frage nach der Uhrzeit wird verschieden gestellt:

¿Qué horas son? *Oder*: ¿Qué hora es?

Der **Diminutiv** (Verkleinerungsform) wird normalerweise mit *-ito/a, -illo/a, -cito/a, -cill/a* gebildet. In Lateinamerika wird v. a. die Bildung mit *-ito/a* bevorzugt, sie hat eine besonders freundliche Bedeutung und wird sehr häufig verwendet.

¡un momentito! ¡ahorita mismo! ¡un regalito! ¡un pedacito!¡un cafecito!
una cucharita, cucharilla → Löffelchen
un cochecito, cochecillo → kleines Auto

In den letzten beiden Fällen ist der unterschiedliche Gebrauch sowohl in Spanien
als auch in Lateinamerika ausschliesslich regional bedingt.
In Mexiko und Guatemala wird der Gebrauch des Diminutivs fast schon übertrie-
ben, oft kommt er in einem Satz mehrere Male vor.

Mamá, ven un momentito y tómate este cafecito.
Ayudadme un ratito con este problemita.

Eine andere Verkleinerung, die oft in Zentral-, Nord- und Südamerika angewendet
wird, ist -ico/a bei Wörtern, die auf t + Vokal enden.

zapatico, puertica, momentico, ratico, gatico

Auch beim Gebrauch der **Präpositionen** lassen sich häufig Unterschiede zwischen
Spanien und Lateinamerika feststellen. Hier einige von ihnen:
Delante de statt **ante**:
In Spanien wird *delante de*, im Gegensatz zu Lateinamerika, nur räumlich benutzt.

Ante esa situación no pude hacer mucho.
Delante de esa situación no pude hacer mucho. (Lateinamerika)
Angesichts dieser Situation konnte ich nicht viel machen.

Debajo de statt **bajo**:
Wieder wird in Spanien *debajo de* nur räumlich gebraucht.

Ella caminaba feliz bajo la lluvia.
Ella caminaba feliz debajo de la lluvia. (Lateinamerika)
Sie lief glücklich im Regen.

Der Gebrauch von **hasta**:
Im normalen Sprachgebrauch wird **hasta** mit **bis** übersetzt: In Spanien kann es in
Kombination mit einem **no** als **nicht bevor** gebraucht werden.

El señor Jurado no llega hasta las diez.
Herr Jurado kommt nicht vor zehn Uhr.
El Dr. Garzón no atiende hasta las tres, ¿desea esperarlo?
Dr. Garzón behandelt erst ab drei. Möchten Sie auf ihn warten?
No comemos hasta que llegué Juan.
Wir essen nicht, bevor Juan kommt.

In Lateinamerika wird das *no* weggelassen, behält aber die Bedeutung von *nicht bevor* bei.

El señor Jurado llega hasta las diez.
El Dr. Garzón atiende hasta las tres, ¿desea esperarlo?
Comemos hasta que llegue Juan.

In Spanien würde diese Ausdrucksweise zu Missverständnissen führen, da ohne *no* die Bedeutung *bis* verstanden wird. (z. B. Wir essen, bis Juan kommt!)

En statt **por:**
In Lateinamerika wird oft **por** durch **en** ersetzt, wenn es um einen Zeitraum geht.

Voy a la universidad en la tarde. (Lateinamerika)
Voy a la universidad por la tarde. (Spanien)

Cuando statt **de:**
Cuando kann in bestimmten Wendungen als Präposition stehen. So z. B. bei:

als Kind → cuando niño	wenn ich mal groß bin → cuando grande

Cuando grande, seré médico.
Cuando niño no comía chocolates. Ahora sí, solo un poco.

In Spanien ist dies nicht möglich, es wird *de* verwendet *(de niño, de mayor)*. Es gibt aber auch die Möglichkeit, *cuando* zu benutzen; dann wird aber ein Verb benötigt *(cuando era niño, cuando sea mayor)*.
Ein letzter Punkt ist der Gebrauch der **unbestimmten Pronomen** bzw. Adverbien *nada, nadie* und *nunca* mit dem Partikel *más*. Während man in Spanien eine Nachstellung des *más* bevorzugt, wird es in Lateinamerika vorgestellt.

¿Quieres algo? Nada más, gracias.
¿Quieres algo? Más nada, gracias. (Lateinamerika)
Willst Du was? Danke, nichts mehr.

Nadie más ha preguntado por ti.
Más nadie ha preguntado por ti. (Lateinamerika)
Es hat niemand mehr nach dir gefragt.

Nunca más he vuelto a saber nada de él.
Más nunca volví a saber nada de él. (Lateinamerika)
Ich habe nie wieder etwas von ihm gehört.

2 Unterschiede im Wortschatz

In Spanien und Südamerika gibt es in verschiedenen Bereichen des täglichen Lebens eine Reihe unterschiedlicher Wörter. Lateinamerika ist groß und besteht aus vielen Staaten, die sich voneinander unterscheiden, die eine andere Geschichte, Kultur, Geografie und Landschaft haben. Dies alles beeinflusst die Sprache und vor allem den Wortschatz. In der Regel bereiten die Unterschiede kaum Schwierigkeiten, dennoch sind einige Wörter darunter, die nicht auf Anhieb verständlich sind. In den folgenden Tabellen finden sich wichtige lexikalische Unterschiede.

Wohnung *vivienda*

Spanien	Lateinamerika	Deutsch
distrito	parroquia	Bezirk
manzana	cuadra	Häuserblock
comunidad de vecinos	condominio	Hausgemeinschaft
alquilar	arrendar	mieten
inquilino	arrendatario	Mieter
casero	arrendador	Vermieter
piso	apartamento	Wohnung
habitación	cuarto, pieza	Zimmer
dormitorio	cuarto, recámara	Schlafzimmer
cuarto de estar, salón	sala	Wohnzimmer
ascensor	elevador, ascensor	Aufzug
lavabo	lavamanos	Waschbecken
váter	poceta	WC
ducha	regadera	Brause, Dusche
césped, hierba	grama, pasto	Rasen
bombilla	bombillo	Glühbirne
máquina de afeitar	cuchilla, afeitadora	Rasierapparat
hamaca	chinchorro	Hängematte
maceta	matero	Blumentopf
caseta del perro	perrera	Hundehütte
interruptor de la luz	suiche	Schalter
enchufe	tomacorriente	Stecker
piscina	alberca, pileta	Schwimmbad
papel pintado	papel tapiz	Tapete
báscula	peso	Waage

sofá	poltrona	Sessel
cajón	gaveta	Schublade
ático	pent house	Dachgeschoss
trastero	maletero	Rumpelkammer
rinconera	esquinera	Ecktisch
suelo	piso	Boden
somier	bastidor	(Bett-)Rahmen

Küche *cocina*

Spanien	Lateinamerika	Deutsch
cubertería	cuchillería	Besteck
palangana	ponchera	Bowlenschüssel
sartén	paila	Bratpfanne
tabla de planchar	mesa de planchar	Bügelbrett
cubo	balde	Eimer
licuadora	extractor de jugos	Entsafter
congelador	freezer	Gefrierfach
frasco	tarro, pote	Glas
botellón	garrafa	Glasballon
bidón	envase, garrafón	Kanister
pinzas	ganchos	Klammer
fuegos de una cocina	hornillas	Kochplatte
frigorífico, nevera	nevera, heladera	Kühlschrank
bayeta, trapo	trapo	Lappen
lejía	cloro	Lauge
disolvente	tiner	Lösemittel
cocina	estufa	Ofen
rallador	rallo	Reibe
batidora de vaso	licuadora	Rührgerät
estropajo	esponja	Schwamm
pastilla de jabón	barra de jabón	Seife
mueble de cocina	gabinete de cocina	Speiseschrank
fregadero de los platos	lavaplatos	Spülbecken
depósito de agua	tanque	Tank
lavavajillas	lavaplatos	Tellerwäscher
cubo de basura	caneca	Tonne
cacerola, olla	olla	Topf
lavadero de la ropa	batea	Waschküche

lavadora	lavadora, lavarropas	Waschmaschine
hervidor	tetera	Wasserkocher
fregona	mopa, trapeador	Wischmopp

Lebensmittel *alimentos*

Spanien	Lateinamerika	Deutsch
helado de nata	helado de crema	Sahneeis
azúcar sin refinar	papelón	Rohzucker
magdalena	ponqué	Muffin
fruta escarchada	fruta cristalizada	glasierte Frucht
cenar	merendar	Abendessen
melocotón	durazno	Pfirsich
plátano	banano, banana	Banane
racimo de plátanos	mano de plátanos	(eine Hand voll) Bananen
fresa	frutilla	Erdbeere
tarrina	vasito	Becher
bocadillo	sándwich	belegtes Brötchen
judía verde	vainita, fríjoles	(grüne) Bohnen
brocheta, pincho	pincho, chuzo	Bratspieß
pollo asado	pollo asado, a la brasa	Brathähnchen
azúcar moreno	azúcar morena	brauner Zucker
cruasán	croissant	Croissant
donut	dona	Donut
muy hecha, en su punto, poco hecha	muy cocida, medio cocida, $^3/_4$ término medio	durch, medium, blutig
entrecot	churrasco	Entrecote
guisante	arveja	Erbse
cacahuete	maní	Erdnüsse
solomillo	lomito	Filet
verduras	vegetales	Gemüse
pomelo	toronja	Grapefruit
carne picada	carne molida	Hackfleisch
segundo plato	plato fuerte	Hauptgericht
levadura	polvo para hornear	Hefe
comida basura	comida chatarra	Junkfood
patata	papa	Kartoffel
pan de molde	pan tajado	Kastenbrot
hueso	pepa	Kern

tapa	picada, aperitivo	kleine Vorspeise
salsa rosa	salsa rosada	Cocktailsauce
tarta	torta	Kuchen
calabaza	ahuyama, zapallo	Kürbis
polo	paleta	Wassereis
maíz tierno	choclo	Maiskolben
fruta de la pasión, maracuyá	parchita, maracuyá	Maracuya
comer comida al mediodía	almorzar	mittagessen
papaya	lechosa, papaya	Papaya
pimiento	pimentón	Paprika
pasta	pasta seca	Pasta (Nudeln)
crep	panqueca, crepe	Pfannkuchen
palomitas	crispetas, cotufas	Popcorn
carne de vaca	carne de res	Rindfleisch
col de bruselas	repollitos	Rosenkohl
pasa	uva pasa	Rosine
zumo	jugo	Saft
nata	crema chatilli	Sahne
pirulí, chupachús	chupeta, pirulito	Lolli, Lutscher
soja	soya	Soja
barra de pan	canilla de pan	Stangenbrot
pastel de frutas	pie	Torte
helado de vainilla	helado de mantecado	Vanilleeis
gofre	wafle	Waffel

Kleidung und Schuhe *ropa y calzado*

Spanien	Lateinamerika	Deutsch
probarse la ropa	medirse la ropa	anprobieren
traje de chaqueta	traje sastre, traje ejecutivo	Anzug
bañador	traje de baño	Badeanzug
albornoz	bata de baño	Bademantel
sujetador	brasier	BH
colgar la ropa	guindar	Wäsche aufhängen
chaqueta	saco	Jacke
vaqueros	jeans, pantalones de mezclilla, bluyín	Jeans

percha	gancho	Kleiderbügel
poncho	ruana	Poncho
jersey	sueter, buzo, pulóver, chompa	Pullover
cremallera	cierre	Reißverschluss
dobladillo	ruedo	Saum
chal	pañoleta	Schal
pantalones cortos	chores	Shorts
bragas	calzones	Slip
calcetines	medias	Socken
mallas	licras	Leggins
zapatillas	tenis	Turnschuhe
calzoncillo, slip	interiores	Unterwäsche

Transport *transporte*

Spanien	Lateinamerika	Deutsch
autocar	autobús, ómnibus	Reisebus
autobús	ómnibus, colectivo, guagua	Bus
billete	boleto, pasaje	Ticket
estación de autobuses	terminal de autobuses, de ómnibus	Busbahnhof
facturar	chequear	einchecken
hacer la maleta	empacar	einpacken
deshacer la maleta	desempacar	auspacken
maleta	valija	Koffer
descapotable	convertible	Kabrio
caraván	casa rodante, carrocasa	Wohnwagen
matrícula	placa	Nummernschild
coche	carro, auto	Auto
maletero	maleta	Kofferraum
depósito	tanque	Tank
gasolinera	bomba	Tankstelle
neumático	caucho	Reifen
altavoces	parlante	Lautsprecher
carné	permiso, licencia	Führerschein
conducir	manejar	fahren

atasco	trancón	Stau
rotonda	glorieta	Kreisverkehr
bandas sonoras	policías acostados	Bodenwellen
aparcamiento	estacionamiento	Parkplatz
adelantar	pasar	überholen

Geld, Währung *dinero*

Spanien	Lateinamerika	Deutsch
dinero, pasta	plata	Geld
tener suelto	tener sencillo	Kleingeld
dineral	platal	eine Stange Geld
factura	cuenta	Rechnung
talonario de cheques	chequera	Scheckheft
a plazos	a crédito	Ratenkauf
costes	costos	Kosten
IVA Impuesto sobre el Valor Añadido	IVA Impuesto al Valor Agregado	Mehrwertsteuer
ganancias	utilidades	Gewinnrechnung
no tener pasta	no tener ni un solo peso	Pleite sein
hacer una colecta	hacer una vaca	Geld zusammenlegen
presupuesto	cotización	Kostenvoranschlag
vuelta	vuelto, devuelta	Wechselgeld
hucha	alcancía	Sparbüchse
dinero que se le da a los niños para sus gastos	mensualidad, mesada	Taschengeld
cartera	billetera	Geldbeutel

Verschiedenes *varios*

Spanien	Lateinamerika	Deutsch
sonar el teléfono	repicar	(Telefon-)Klingeln
auricular	bocina	Gehör
sello	estampilla	Stempel
prefijo	código de áreas, indicativo	Vorwahl
marcar un número	discar	wählen
ayuntamiento	alcaldía, municipalidad	Rathaus
carné de identidad	cédula de identidad	Ausweis
partida de nacimiento	registro civil	Geburtsurkunde
portavoz	vocero	Sprecher
libro de familia	acta de matrimonio	Heiratsurkunde

tirita	curita	Pflaster
gripe	gripa	Grippe
estar de baja/incapacitado	estar de alta	krankgeschrieben sein
coger un tren, un taxi	tomar	nehmen
coger en brazos	cargar	hochheben
coger, pillar	agarrar, descubrir	schnappen
tener prisa	estar apurado	unter Zeitdruck
hacerse un lío	complicarse, enrollarse	verkomplizieren
¿cara o cruz?	¿cara o sello?	Kopf oder Zahl? (Münze)
hacer caso	parar bola	etwas berücksichtigen
llevar retraso	estar demorado	sich aufhalten

Informatik *informática*

Spanien	Lateinamerika	Deutsch
informática	computación	Informatik
ordenador	computadora	Computer
mando a distancia	control remoto	Fernbedinung
móvil	celular	Handy
buzón de voz	correo de voz	Mailbox
buscapersonas	beeper, biper	Personensuchgerät

Adjektive

Neben obigen Substantiven und einigen Verben gibt es weitere Wörter, deren Gebrauch in Spanien und Südamerika unterschiedlich ist. Häufig sind das Adjektive, mit denen auf die Frage *¿cómo es?* geantwortet wird.

klein

In Spanien verwendet man für *klein* das Adjektiv *pequeño*. Im Lateinamerikanischen kann statt *pequeño* auch *chico* (spanisch: Junge) stehen:

Estos pantalones me quedan pequeños.
Estos pantalones me quedan chicos. (Lateinamerika)
Diese Hose ist mir zu klein.

leicht

Statt dem spanischen *ligero* kann auch *liviano* stehen:

Esta maleta está muy ligera.
Esta maleta está muy liviana. (Lateinamerika)
Dieser Koffer ist sehr leicht.

krumm, schief

Im Lateinamerikanischen wird das spanische *torcido* oder das umgangssprachliche *chueco* verwendet.

Estos zapatos están torcidos.
Estos zapatos están chuecos. (Lateinamerika)
Diese Schuhe sind schief.

schön

Lindo, hermoso, bello sind die lateinamerikanischen Varianten von *bonito*.

Las rosas son muy bonitas.
Las rosas son muy lindas/hermosas. (Lateinamerika)
Die Rosen sind schön.

fantastisch

Statt *estupendo, magnífico* sagt man auch *bárbaro, fantástico*.

Pasamos unas vacaciones estupendas.
Pasamos unas vacaciones bárbaras/fantásticas. (Lateinamerika)
Wir haben einen Super-Urlaub gehabt.

grob

Basto wird im Lateinamerikanischen auch mit *tosca* ausgedrückt.

Esta tela es muy basta.
Esta tela es muy tosca. (Lateinamerika)
Dieser Stoff ist sehr grob.

langweilig

Aburrido ist in Lateinamerika auch *tedioso*.

Qué película tan aburrida.
Qué película tan tediosa. (Lateinamerika)
So ein langweiliger Film.

Weitere Unterschiede:

→ Bei Zeitangaben auf die Frage *¿cúando?* antwortet man in Spanien z. B. mit *esta mañana, tarde, noche*. In Lateinamerika sagt man auch *hoy en la mañana, tarde* oder *noche*.

→ Für *la mañana, tarde, noche* verwendet man in Lateinamerika auch *en la mañana* oder *por la mañana*.

→ *Antes de ayer* = vorgestern, ist in Lateinamerika auch als *antier* zu hören.

→ *Enseguida* = sofort, wird in Lateinamerika zu *ahora, ahorita, luego*.

→ *Poco a poco* kann auch *de a poco* sein.

→ Statt *un día sí y otro no* sagt man auch *día por medio*.

Adverbien des Ortes auf die Frage *¿dónde?* können auch unterschiedlich sein:

→ *Aquí* wird auch verwendet in der Form *acá*.

¿Los platos? Acá están.
Die Teller? Die sind hier.

→ *Allí* steht auch in der Form *allá*.

Allí está la Catedral de Santo Tomé.
Die Kathedrale von St.Tomé ist dort.

3 Umgang mit der spanischen Sprache

Sprache ist nicht nur als reines Kommunikationsmittel zu sehen, sie beinhaltet auch viele kulturelle Werte und Normen. Unter diesem Aspekt ist das lateinamerikanische Spanisch voller Einflüsse aus dem Ursprungsland.

Im 15. Jahrhundert wurde durch Kolumbus Spanisch nach Lateinamerika gebracht und damit auch sämtliches Kulturgut. Von diesem Zeitpunkt an entwickelte sich das Spanische in Spanien und Lateinamerika getrennt voneinander. Dies führte dazu, dass es im Bereich der Redewendungen, Sprichwörter und Allgemeinplätze zu erheblichen Unterschieden kam. Selbst in den verschiedenen lateinamerikanischen Ländern gibt es viele unterschiedliche Abwandlungen von Sprichwörtern, was wiederum zum enormen kulturellen Reichtum der spanischen Sprache beiträgt.

Redewendungen und Sprichwörter spielen eine enorm wichtige Rolle in der spanischen Sprache und werden regelmäßig verwendet. Als Lerner ist es deshalb notwendig, nicht immer den wörtlichen Sinn verstehen zu wollen, da der inhaltliche Zusammenhang wichtiger ist. Hier einige Beispiele, wobei man bedenken muss, dass es nicht für alle eine passende Übersetzung ins Deutsche gibt.

Sprichwörter

A caballo regalado no se le mira el diente.
→ Einem geschenkten Gaul schaut man nicht ins Maul.
Le salió el tiro por la culata.
→ Der Schuss ist nach hinten losgegangen.
Al que madruga Dios le ayuda.
→ Morgenstund hat Gold im Mund.
a Dios rezando y con el mazo dando
→ den Sprüchen keine Taten folgen lassen
En boca cerrada no entran moscas.
→ Reden ist Silber, Schweigen ist Gold.
matar dos pájaros de un tiro
→ zwei Fliegen mit einer Klappe schlagen

Redewendungen

mejor algo que nada (menos es nada)	→ besser als nichts
ser más pesado que un cerdo en brazos	→ voll auf den Wecker gehen
creerse el ombligo del mundo	→ sich für den Mittelpunkt der Welt halten
tomar el pelo a alguien	→ jemanden auf den Arm nehmen
tener la mosca detrás de la oreja	→ etwas ahnen
no tener pelos en la lengua	→ Haare auf den Zähnen haben
hacer de tripas corazón	→ in etwa: die Zähne zusammenbeißen
meterse en la boca del lobo	→ sich in Gefahr begeben
darle la espalda a alguien	→ jemandem den Rücken zukehren
echar en cara algo a alguien	→ jemandem etwas vorwerfen
tener dos dedos de frente	→ Grips haben
ser de armas tomar	→ mit Vorsicht zu genießen
darse rodeos	→ um den heißen Brei herumreden
estar en las nubes	→ abwesend/abgelenkt sein
quedarse de brazos cruzados	→ untätig bleiben
pillar con las manos en la masa	→ jemanden auf frischer Tat ertappen
estar como un fideo	→ dünn wie ein Faden sein
pedir peras al olmo	→ Unmögliches verlangen
irse por las ramas	→ sich verzetteln
no andarse por las ramas	→ kurzen Prozess machen

Spezielle Ausdrücke

a bocajarro → plötzlich
La lluvia nos pilló a bocajarro, sin paraguas y sin nada.
hacerse un lío → total verwirrt sein
Esta Claudia se hace cada lío, es que es muy complicada.
hacerse el sueco → sich dumm stellen
Florencia es tonta, la vi en la calle y se hizo la sueca.
echar de menos → vermissen
Regresa pronto, te echo de menos.
meter prisa → jemanden hetzen
Elena, no quiero meterte prisa, pero el proyecto debe estar listo para el viernes.
tener prisa → es eilig haben
Apúrese, Verónica, que tengo prisa.
dar el pecho → ein Baby stillen
Mi hermana le está dando el pecho al bebé.
¡vale! → In Ordnung!
¡Vale! Quedamos a las nueve en el bar „Don Camilo".
¡Es pan comido! → Es ist extrem einfach.
La tarea de matemáticas es pan comido.

Wie hier deutlich wird, gehört weitaus mehr dazu, eine Sprache zu lernen, als nur Vokabeln und Grammatik zu pauken! Eine Sprache beinhaltet viel Kultur, Werte und Normen. Durch Literatur, Musik, Film und ständigen Kontakt wird das Sprachenlernen natürlich erleichtert.

4 Auswahl grammatischer Begriffe

Lateinisch	Deutsch	Spanisch
Adjektiv	Eigenschaftswort: schön, nervös ...	adjetivo
Adverb	Umstandswort: oft, normalerweise ...	adverbio
Akkusativ	Wenfall, 4. Fall: Er liest *ein Buch.*	acusativo
Aktiv	Tätigkeitsform: *Er liest* ein Buch.	voz activa
Artikel	Geschlechtswort: der, eine ...	artículo
Demonstrativ-pronomen	hinweisendes Fürwort: diese/r ...	demostrativo
Dativ	Wemfall, 3. Fall: Sie schreibt *ihrem Freund.*	dativo
Diphthong	Doppellaut: ue, ua, ie	diptongo
Femininum	weibliche Form: die, sie	femenino
Futur	Zukunft: ich werde fahren	futuro
Genus	grammatisches Geschlecht	género
Gerundium	Verlaufsform: gerade arbeiten (arbeitend)	gerundio
Hilfsverb	Hilfszeitwort: ich *habe* geschlafen	verbo auxiliar
Imperativ	Befehlsform: Setzen Sie sich!	imperativo
Imperfekt	Präteritum: wir fuhren	imperfecto
Indefinido	Historische Vergangenheit	indefinido
Indefinit-pronomen	unbestimmtes Fürwort: jemand, jeder ...	indefinido
Indikativ	Wirklichkeitsform: Ich habe Kopfschmerzen.	indicativo
indirekte Rede	wiedergegebene Rede: Er sagte, *seine Frau sei im Büro.*	estilo indirecto
Infinitiv	Grundform des Zeitwortes: singen	infinitivo
Interrogativ-pronomen	Fragepronomen: wer? was?	interrogativo
Komparativ	Vergleichsform, 1. Steigerung: kleiner, besser	comparativo
Konditional	Bedingungsform: sie würde tanzen	condicional
Konjugation	Beugung des Verbs: er kocht, sie lasen	conjugación
Konjunktion	Bindewort: und, obwohl ...	conjunción
Konsonant	Mitlaut: p, m, f, g ...	consonante
Maskulinum	männliche Form: er, der	masculino
Modalverb	Zeitwort der Art und Weise: können, müssen ...	verbo modal
Modus	Aussageweise: Indikativ, Imperativ, Konjunktiv	modo

Numerus	Anzahl	número
Objekt	Satzergänzung: Ich schreibe *einen Brief*.	objeto, complemento
Objektprono-men: direktes	Stellvertreter einer Ergänzung im 4. Fall: Ich sehe *ihn*.	pronombre de objeto directo
Objektprono-men: indirektes	Stellvertreter einer Ergänzung im 3. Fall: Ich gebe *ihr* die Blumen.	pronombre de objeto indirecto
Partizip	Mittelwort: geschrieben	participio
Passiv	Leideform: Das Buch *wird vorgelesen*.	voz pasiva
Perfekt	vollendete Gegenwart: er hat gearbeitet	pretérito perfecto
Personal-pronomen	persönliches Fürwort: ich, du...	pronombre personal
Plusquam-perfekt	vollendete Vorvergangenheit: er hatte gearbeitet	pluscuamperfecto
Possessiv-pronomen	besitzanzeigendes Fürwort: mein, dein...	posesivo
Plural	Mehrzahl: die, mehrere	plural
Prädikat	Satzaussage: Das Kind *spielt*.	predicado
Präposition	Verhältniswort: in, zu, auf, nach...	preposición
Präsens	Gegenwart: er arbeitet	presente
Reflexiv-pronomen	rückbezügliches Fürwort: *sich* waschen	pronombre reflexivo
Relativ-pronomen	bezügliches Fürwort: der, die, das, welcher, welche, welches ...	pronombre relativo
Singular	Einzahl: ein, eine	singular
Subjekt	Satzgegenstand: *Peter* ist Maler.	sujeto
Subjuntivo	Möglichkeitsform: *Möge* Gott uns *helfen*!	subjuntivo
Subjekt-pronomen	Stellvertreter des Satzgegenstandes: *Sie* ist Lehrerin.	pronombre sujeto
Substantiv	Hauptwort, Nomen: Bluse, Sonne ...	sustantivo
Superlativ	Vergleichsform, höchste Steigerungsstufe: der größte	superlativo
Tempus	Zeit: Präsens, Vergangenheit ...	tiempo
Verb	Zeitwort, Tätigkeitswort: kommen, essen ...	verbo
Vokal	Selbstlaut: a, e, i, o, u	vocal

5 Tipps für den Umgang mit Wörterbüchern

Jeder, der eine Sprache richtig lernen will, braucht ein Wörterbuch zum Nachschlagen der unbekannten Begriffe. In guten modernen Wörterbüchern wie z. B. Langenscheidt Power Wörterbuch Spanisch werden nicht nur Hinweise zur Aussprache des Wortes (Lautschrift in eckigen Klammern) gegeben. Es wird auch genau aufgezeigt, was ein Wort in welcher Situation bedeutet (kursive Schrift, Ziffern vor den jeweiligen Bedeutungen). Ein kleines Warndreieck bedeutet: Vorsicht! Hier kann man etwas verwechseln! Hier ist eine Ausnahme!

---

tapete   490

Tapas

Tapas sind die berühmten kleinen Häppchen, die in Spanien gerne als Zwischenmahlzeit oder **aperitivo** eingenommen werden. Man sagt, der Name **tapas** (von **tapar**, abdecken) käme davon, dass man früher beim Essen und Trinken im Freien gern die Gläser mit Brotscheiben abgedeckt hat zum Schutz vor Insekten. Der Begriff hat sich später auf die verschiedenen Beläge für diese Brotstücke ausgeweitet. Im Norden, z. B. im Baskenland, heißen die **tapas** auch **pinchos** (Spieße). Hier eine kleine Auswahl:

aceitunas	Oliven
albóndigas	Fleischbällchen
boquerones fritos	gebackene Sardellen
ensaladilla rusa	Kartoffelsalat mit Majonäse, harten Eiern, Gemüse und Thunfisch
gambas al ajillo	Garnelen in Knoblauchöl
jamón serrano	*luftgetrockneter* roher Schinken
queso manchego	Manchego-Käse (*Hartkäse*)
pinchos morunos	Fleischspießchen

der Tapas gegessen werden); **ir de tapeo** auf Tapas-Tour gehen
el **tapete** [ta'pete] **1** *auf dem Tisch usw.*: Zierdecke **2** *figurativ* **poner sobre el tapete** zur Sprache bringen (△ die Tapete = *el papel pintado*)

el tapete

el tapete

ABER:
el papel
pintado

la **tapia** ['tapja] **1** *aus Lehm*: Wand **2** *zum Schutz*: (Umfassungs)Mauer **3** *figurativ* **más sordo/sorda que una tapia** *umg.* stocktaub *umg.*
la **tapicería** [tapiθe'ria] **1** *zur Dekoration*: Wandbehang **2** *Geschäft*: Tapezier- (*bzw.* Polster)geschäft
el **tapicero**, la **tapicera** [tapi'θero, -a] **1** Tapezierer, -in **2** *für Möbel*: Polsterer, Polsterin
el **tapiz** [ta'piθ] (*Pl.* **tapices**) (Wand-) Teppich
tapizar [tapi'θar] (z → c, *Formen* ☞ **cruzar** S. *1041*) polstern (*Möbel*) (△ tapezieren = **empapelar**)
el **tapón** [ta'pon] (*Pl.* **tapones**) **1** *vom*

Abfluss usw.: Stöpsel **2** *von einer Flasche*: Korken
◇ el **tapón de rosca** Schraubverschluss
◇ el **tapón de tráfico** (Verkehrs)Stau
taponar [tapo'nar] **1** stopfen (*Loch*) **2** *figurativ* verstopfen
el **tapujo** [ta'puxo] Heimlichtuerei; **sin tapujos** klipp und klar *umg.*
la **taquicardia** [taki'karðja] Herzjagen
la **taquigrafía** [takigra'fia] Steno(grafie)
taquigrafiar [takigra'fjar] stenografieren
la **taquilla** [ta'kiʎa] **1** *am Bahnhof*: (Fahrkarten)Schalter **2** *im Theater*: Kasse **3** (≈ *kleiner Schrank*) Spind **4** *in Mittelamerika*: Schänke
taquillero, **-a** [taki'ʎero, -a] (*Film usw.*) zugkräftig; **la película taquillera** der Kassenschlager
el **taquillero**, la **taquillera** [taki'ʎero, -a] Kartenverkäufer, -in
el **taquímetro** [ta'kimetro] Tacho(meter)
la **tara** ['tara] **1** *eines Lkw usw.*: Tara, Leergewicht **2** (≈ *Defekt*) Mangel
tarado, **-a** [ta'raðo, -a] **1** (*Person*) dumm **2** (*Sache*) fehlerhaft
el/la **tarambana** [taram'bana] *umg.* Spinner, -in *umg.*
la **tarántula** [ta'rantula] *Spinne*: Tarantel
tararear [tarare'ar] trällern
la **tardanza** [tar'danθa] (≈ *Verspätung*) Verzögerung
tardar [tar'ðar] **1** dauern; **¿cuánto se tarda a Sevilla?** wie lange braucht man nach Sevilla? **2** lange dauern; (*Person*) lange brauchen; **las dos no tardaron en enfrentarse** die zwei

T

6 Register